HAYMON taschenbuch **268**

W0086637

AUTONOME PROVINCIA
PROVINZ AUTONOMA
BOZEN DI BOLZANO
SÜDTIROL ALTO ADIGE
Deutsche Kultur - Cultura tedesca

Gedruckt mit freundlicher Unterstützung durch
die Südtiroler Landesregierung / Abteilung Deutsche Kultur.

MIX
Papier aus verantwor-
tungsvollen Quellen
FSC® C083411

Auflage:
4   3   2   1

2022   2021   2020   2019

HAYMON tb **268**

Originalausgabe
© Haymon Taschenbuch, Innsbruck-Wien 2019
www.haymonverlag.at

ISBN 978-3-7099-7914-3

Umschlag- und Buchgestaltung: Hana Hubálková nach Entwürfen
von himmel. Studio für Design und Kommunikation, Innsbruck /
Scheffau – www.himmel.co.at
Umschlagbild: Der Kaiser zwischen Ratsherr und Hofnarr, Relief am
Goldenen Dachl – Original im Tiroler Landesmuseum Ferdinandeum
(TLM, Ältere Kunstgeschichtliche Sammlungen, Inv. Nr. P 990,
Leihgabe Stadt Innsbruck, Foto Tiroler Landesmuseen)
Karten: Hana Hubálková nach Angaben von Michael Forcher
Autorenfoto: Christian Forcher
Bildnachweis: Seite 367

Gedruckt auf umweltfreundlichem,
chlor- und säurefrei gebleichtem Papier.

Michael Forcher

Kaiser Max und sein Tirol

Geschichten von Menschen und Orten

Michael Forcher
Kaiser Max und sein Tirol

Inhalt

Seit zwei Jahren hatte Tirol einen neuen Landesfürsten, als 1492 auf dessen Veranlassung im Halltal der fünfte Stollen zur Salzgewinnung angeschlagen wurde. Niemandem wäre es eingefallen, ihn Kaiser-Maximilian-Stollen zu nennen. »Kaiser« war der damals gerade 33 Jahre alte Habsburger ja noch nicht, sondern Erzherzog von Österreich, Herzog von Burgund und seit ein paar Jahren römischer König und damit designierter Nachfolger seines Vaters Friedrich III. als Kaiser des Heiligen Römischen Reichs Deutscher Nation. Also König-Maximilian-Stollen? Nein, man wählte den Namen König-Max-Stollen. Denn die übliche Namensform für Maximilian war Max, im Alltag jedenfalls, nur bei offiziellen Anlässen, in Urkunden und anderen Schriftstücken wurde Maximilian ausgeschrieben. Übrigens fand man bis ins 20. Jahrhundert hinein auch in der Wissenschaft nichts dabei, vom Kaiser Max zu sprechen. Heinrich Ulmann wechselt in seiner 1891 erschienenen Biographie ständig zwischen den beiden Namensformen.

Heikler ist der Begriff Kaiser. Denn genau genommen darf man erst ab Februar 1508 vom Kaiser Maximilian I. oder Kaiser Max sprechen, nachdem er – nach jahrelangen vergeblichen Versuchen, zur Kaiserkrönung nach Rom zu ziehen – im Dom von Trient feierlich verkünden ließ, dass er den Titel eines Erwählten Römischen Kaisers für sich in Anspruch nehme. Was ihm aufgrund alter

Reichsgesetze durchaus zustand. Trotzdem war es eine Notlösung. Er selbst sah es nicht anders. Mit dem neuen Titel war auch ein anderes Wappen verbunden. Statt des einköpfigen Adlers des Königs führte er nun den doppelköpfigen Adler als Symbol des Kaisertums. Am Goldenen Dachl in Innsbruck wurden die mittleren Wappenreliefs ausgetauscht.

Wir müssen uns daran gewöhnen, König Maximilian zu sagen, solange von Ereignissen erzählt wird, die eindeutig in die Zeit vor 1508 fallen. Der Kaiser Max kommt danach. Schwieriger wird es, wenn es um die gesamte Regierungszeit geht, um den Menschen Maximilian, um sein Lebenswerk. Da kann man getrost vom Kaiser Maximilian sprechen, klar. Überhaupt sollte man sich nicht zu viel Kopfzerbrechen machen. Ich halte es in diesem Buch so, dass ich den Titel möglichst weglasse und nur von Maximilian spreche oder einfach den Titel wähle, der an der Stelle am besten passt.

Dieses Taschenbuch sollte übrigens kein Buch über Kaiser (oder König) Maximilian werden, sondern sein Verhältnis zu Tirol beleuchten. Es gibt eine ganze Reihe von Tirolern, die an der Seite Maximilians für ihr Land, für das zusammenwachsende Österreich, für das Reich oder ganz persönlich für den König und Kaiser tätig waren. Ein paar von ihnen gehörten zum ganz kleinen Kreis der Männer an den Hebeln der Macht. Über sie ausführlicher zu erzählen bleibt in einem »normalen« Buch über Maximilian kein Platz (Hermann Wiesfleckers fünf dicke Bände sind eine Ausnahme). Diese Überlegung war der Ausgangspunkt für dieses Buch. Es sollten einmal die Lebensgeschichten dieser Männer erzählt werden, die man sich sonst in der vielfältigen Literatur zusammensuchen muss. Aber nicht nur Menschen spielten eine wichtige Rolle in der Beziehung Maximilians zu Tirol, auch einzelne Orte hatten große Bedeutung für seine Regierung oder waren entscheidend dafür, dass ihm Tirol zur Heimat des Herzens wurde. Manche waren auch Schauplätze von Ereignissen großer Tragweite.

Die folgenden Geschichten von Menschen und Orten beruhen auf wissenschaftlichen Erkenntnissen und stützen sich auf die Arbeit mehrerer Generationen von Historikern. Die Wichtigsten von ihnen im Anhang zu nennen, war mir umso mehr ein Anliegen, als ich das Buch für ein breites Publikum erarbeitet und geschrieben habe und die leichte Lesbarkeit nicht durch einen Anmerkungsapparat beeinträchtigt werden sollte. Es sind Tiroler Schicksale, Tiroler Zustände und Ereignisse der Jahrzehnte um 1500, die geschildert werden, aber es taucht wie in einem Spiegel hinter den lokalhistorischen Fakten das facettenreiche Bild der überregionalen, ja europäischen Herrschergestalt Kaiser Maximilians I. auf.

Michael Forcher
Innsbruck, im Frühling 2019

Einleitung
HEIMAT SEINES HERZENS

Zwei bekannte Aussprüche Kaiser Maximilians I., so unterschiedlich sie sind, geben sein Verhältnis zu Tirol in bezeichnender Weise wieder: »*Tirol ist ein rauher Bauernkittel, aber er wärmet gut*« lässt ahnen, wie sehr diesem Hauptakteur auf dem Spielfeld Europa das kleine Gebirgsland im Zentrum des Kontinents zur Heimat seines Herzens geworden ist. Und sein Vergleich Tirols mit einem »*Geldbeutel, in den man nie umsonst greift*« beleuchtet die praktisch-egoistische Seite der Beziehung. Die Schätze aus den Bergen Tirols und die immer drückender werdende Steuerlast seiner Bewohner haben seine Politik und seine Kriege zu einem Großteil finanziert.

Für Maximilian musste nicht nur das Fließen der Steuern wichtig sein, sondern auch die Sicherung der Landesgrenzen, führte er doch viele Jahre hindurch Krieg in Oberitalien, und nach Niederlagen oder – noch häufiger – bei Rückzügen der kaiserlichen Landsknechte infolge Geldmangels musste dem nachdrängenden Gegner der Weg ins Land versperrt bleiben. Diese Aufgabe sah der Herrscher bei den braven Tirolern in besten Händen. Nicht ohne Grund nannte er sie »*die ersten und trefflichsten*« seiner Untertanen.

Wie kam dieser Habsburger überhaupt nach Tirol? Er entstammte der steirischen Linie dieser Dynastie, deren Residenz Maximilians Vater, Kaiser Friedrich III., von Graz nach Wiener Neustadt verlegt hatte, das im Mittelalter zur Steiermark gehörte. Hier kam Maximilian am 22. März 1459 zur Welt. Mit dem Aussterben des in Wien regierenden Familienzweigs, der Albertiner, waren 1457 die Länder an der Donau mit der Haupt- und Residenzstadt Wien an Friedrich gefallen. Der Kaiser sah sich jedoch in Wien mit heftigem Widerstand der Bürgerschaft konfrontiert und verlor die Stadt außerdem zusammen mit weiten Landstrichen seines niederösterreichischen Erbes an den Ungarnkönig Matthias Corvinus.

Der bedrängten Situation seines Vaters entsprechend wuchs der junge Maximilian in sehr bescheidenen Verhältnissen auf. Dagegen führte der Vetter seines Vaters,

Erzherzog Sigmund der Münzreiche mit seinen beiden Frauen Eleonore von Schottland (Mitte) und Katharina von Sachsen auf dem Stammbaum Kaiser Maximilians im Habsburgersaal von Schloss Tratzberg

Herzog (ab 1477 Erzherzog) Sigmund der Münzreiche, in Innsbruck einen glänzenden Hof. Seit 1363 gehörte die Grafschaft Tirol den Habsburgern und wurde das ganze 15. Jahrhundert hindurch zusammen mit den Vorlanden, wie man die habsburgischen Stammlande und Besitzungen am Oberrhein und im Schwäbischen nannte, von der dritten habsburgischen Zweiglinie regiert, die Herzog Friedrich IV. mit der leeren Tasche als der erste »Tiroler Habsburger« begründet hatte und die sein Sohn, Erzherzog Sigmund der Münzreiche, nun fortsetzte. Er regierte über ein Land, das wegen seiner Bergschätze und der verkehrspolitischen Lage beiderseits der Nord- und Südeuropa verbindenden Alpenpässe von großer Bedeutung war. Als ihm weder seine erste Frau, die schottische Königstochter Eleonore (†1480), noch seine zweite Gemahlin Katharina von Sachsen (†1524) einen Nachkommen gebar, war der Zusammenschluss aller habsburgischen Länder nur mehr eine Frage der Zeit.

Maximilian I. wurde so zum habsburgischen Alleinerben. Seine Hochzeit mit Maria von Burgund, das einzige Kind des 1477 bei Nancy im Kampf gegen die Schweizer Eidgenossen gefallenen Herzogs Karl des Kühnen, führte ihn aus der Enge und Rückständigkeit des Wiener Neustädter Hofes in eines der reichsten und modernsten Staatsgebilde Europas. Erst diese Verbindung ebnete dem Haus Habsburg den Aufstieg zur europäischen Großmacht. Allerdings brachte sie der Dynastie auch die erbitterte Feindschaft Frankreichs ein und hatte jahrzehntelange Kriege zur Folge. Maximilian war in Burgund nur Prinzgemahl und konnte sich nach Marias Tod (†1482) als Regent für den erst vierjährigen Sohn Philipp nur mühsam gegen die Machtansprüche der selbstbewussten niederländischen Stände durchsetzen. Seine Wahl zum römischen König (1486) machte ihn zwar zum designierten Nachfolger seines kaiserlichen Vaters, im Heiligen Römischen Reich Deutscher Nation mitregieren durfte er nicht.

Umso mehr kam dem jungen Fürsten entgegen, dass die Tiroler Landstände ihren Landesherrn Sigmund den Münzreichen loswerden wollten. Denn mit seiner verschwenderischen Hofhaltung und der Hörigkeit auswärtigen Räten gegenüber hatte er das Land an den Rand des finanziellen Ruins geführt, einen unnötigen Krieg mit Venedig angezettelt und durch Pfandschafts- und andere Verträge die Gefahr heraufbeschworen, dass Tirol samt den Vorlanden an die bayerischen Wittelsbacher fallen könnte. Da mussten der Kaiser und sein Sohn natürlich eingreifen. Tirol musste habsburgisch bleiben. Und für Maximilian bot sich die Chance, endlich ein Land selbständig zu regieren.

Auf einem Landtag im August 1487, dem – wie in Tirol seit Jahrzehnten üblich – neben Adel, Geistlichkeit und Bürgern auch Abgeordnete der Landgemeinden angehörten, musste Sigmund den Großteil seiner Macht einem Ausschuss des Landtags übertragen. Dass diesem mehrere Adelige angehörten, die als Parteigänger Kaiser Friedrichs III. und König Maximilians I. bekannt waren, war wohl kein Zufall. Im November desselben Jahres traten die Ständevertreter neuerlich zusammen und beschlossen – jetzt bereits in Anwesenheit von persönlichen Vertretern König Maximilians – eine Reihe von Maßnahmen zur Rettung des Landes: Friede mit Venedig, Kündigung der Verträge mit den Wittelsbachern und den vollständigen Rückzug Sigmunds von den Regierungsgeschäften. Das beispiellose, vom Erzherzog bestätigte Schlussdokument des Landtags eröffnete der Ständeversammlung sogar die Möglichkeit einer Absetzung des Landesfürsten. So weit ließ es Erzherzog Sigmund der Münzreiche aber nicht kommen. Im März 1490 übergab er sein Land König Maximilian, der höchstpersönlich nach Innsbruck geeilt war, um gleich die Huldigung der Ständevertreter als ihr neuer Landesfürst entgegenzunehmen und die Regierung dieses habsburgischen Teilgebietes anzutreten.

Als König Maximilian nach dem Tod seines Vaters (1493) auch die anderen Erbländer der Habsburger unter seinem Szepter vereinte, hätte Tirol seine Sonderstellung verlieren können. Doch für Maximilian, dessen Herrschafts- und Interessensgebiete von der Schweiz bis auf den Balkan, von den Niederlanden bis nach Italien reichten, dessen Ehe- und Bündnispolitik darüber hinaus Spanien und England, ja sogar Schweden und Russland mit einbezog, für diesen Herrscher voll weit gespannter Pläne war Tirol geradezu das natürliche Zentrum seiner Regierung. Außerdem hegte der König, der 1508 den Titel eines Erwählten Römischen Kaisers annahm, eine besondere Vorliebe für das Land. Er nützte jede Gelegenheit, um nach Tirol zu kommen, und verweilte hier länger als anderswo. Er war leidenschaftlicher Jäger, liebte die Natur und die Berge. Manche haben ihn als ersten Alpinisten bezeichnet, der sogar bis in die Gletscherregion vordrang. Stolz schrieb er in sein privates Jagdbuch, er sei auf dem höchsten Gebirg Europas gewesen, ohne das Erdreich zu berühren. Für Erich Egg besteht kein Zweifel, dass Tirol für diesen durchaus »europäischen« Herrscher zur »Heimat seines Herzens« wurde.

Egg sieht einen Grund dafür im Beginn seiner Herrschaft in Tirol. Maximilian hätte auf dem Landtag von 1490 selbst miterlebt, wie die Ständevertreter an dem zum Rücktritt gedrängten Landesfürsten Sigmund heftige

Porträt Maximilians I.
von Hofmaler Bernhard Strigel
aus dem Tiroler Landesmuseum
Ferdinandeum in Innsbruck

Kritik übten und dann doch mit der Gewährung eines ansehnlichen Jahresbetrages zur Finanzierung seiner aufwändigen Hofhaltung einverstanden waren und außerdem die Versorgung der großen Zahl seiner unehelichen Kinder übernahmen. Für Egg ein Beweis »für das menschliche Band, das in Tirol Fürst und Volk umschloss«. Er argumentiert weiter: »Man sagte sich laut die Wahrheit ins Gesicht und mochte sich eigentlich doch ganz gern. Dieses Erlebnis war für Maximilian neu, der in den Niederlanden fast nur Intrigen und Gewalt erfahren hatte.« Dieser Theorie, die manchen wohl als zu romantisch scheinen mag, steht die Tatsache gegenüber, dass Maximilian gerade wegen der Erfahrungen in Flandern von allzu großer ständischer Macht und Mitregierung wenig hielt und sicher mit gemischten Gefühlen miterlebte, wie der rechtmäßige Landesfürst aus der Regierung gedrängt wurde. In Tirol schaltete er deshalb von Anfang an die »ständischen Sippschaften« (Wiesflecker) weitgehend aus und setzte ganz auf seine persönlichen Vertrauensleute. Einige brachte er mit, doch umgab er sich zu allen Zeiten seiner Herrschaft gerne mit Tirolern und setzte sie für wichtige Aufgaben ein.

Bei der Reform der Tiroler Regierungs- und Verwaltungsbehörden spielte das Vorbild Burgund eine große Rolle. Das »Tiroler Regiment« galt bald schon als Muster einer modernen Staatsverwaltung. Die neuen Gesetze wurden von der Bevölkerung durchaus als Verbesserung der rechtlichen Situation und ihrer Lebensumstände erkannt. Zu Maximilians Reformen gehörte die Einführung der Erbleihe für alle Höfe auf landesfürstlichem Grund, was andere Grundherrn veranlasste, ebenso zu verfahren, und den Tiroler Bauern persönliche Sicherheit und wirtschaftliche Entfaltungsmöglichkeit gewährte. Als Maximilian in den niederösterreichischen Ländern daranging, Regierung, Verwaltung und besonders das Finanzwesen neu zu ordnen, ließ er mehrmals Tiroler und Vorderösterreicher nach Wien kommen, um ihre Erfahrungen weiterzugeben, oder setzte sie gleich auf wichtige Positionen des niederösterreichischen Regiments.

Die Tiroler in Maximilians engster Umgebung und die häufigen Besuche seiner Tiroler Jagdreviere mögen dokumentieren, dass der Kaiser das Land und seine Menschen schätzte, dass er sich hier vielleicht wirklich daheim fühlen konnte. Die machtpolitische Bedeutung der Erwerbung lag jedoch vor allem in den Bergschätzen des Landes, die Maximilians Unternehmungen finanzierten und deren Ausbeutung 1490 den Höhepunkt noch nicht erreicht hatte. Ertragreiche Gruben gab es im ganzen Land. Sie alle übertraf Schwaz, wo allein im Revier Falkenstein 1510 einige tausend Knappen das silber- und kupferhaltige Fahlerz zu Tage förderten. Die Edelmetalle wurden noch vor Ort in zahlreichen Schmelzhütten aus dem Gestein herausgelöst. 332.000 kg reines Silber wurden während der Regierungszeit Kaiser Maximilians in Schwaz gewonnen und großteils in der Haller Münzstätte weiterverarbeitet. Ein bedeutender Teil des Gewinns stand dem Landesfürsten zu. In die halbe Welt exportiert wurde auch das begehrte Kupfer, das durch ein spezielles Verfahren während des Schmelzvorgangs vom Silber getrennt wurde.

Die einzelnen Gruben waren anfangs im Besitz kleiner Unternehmer, sogenannter Gewerken. Einigen der einheimischen Bergherren gelang der Aufstieg in die Nähe jener großen ausländischen Handelshäuser, denen in späteren Jahren die meisten Gruben gehörten, wie den Baumgartnern, Welsern oder den Fuggern aus Augsburg. Ob Hochzeit mit standesgemäßem Aufwand zu feiern, ein Krieg zu führen oder Bestechungsgeld für die Kurfürsten fällig war, Jakob Fugger – oder ein anderer dieser modernen Kapitalisten – streckte das Geld vor. Als die benötigten Summen immer größer wurden, verpfändete Maximilian einzelne Gruben oder gleich das ganze Silber, das über einen gewissen Zeitraum aus einem Revier zu erwarten war.

Vor allem die Tiroler Bergschätze garantierten dem Landesfürsten reiches Einkommen.
(Darstellung der Arbeit von Bergknappen in der Barbarakapelle des Bergwerkortes Gossensaß)

Gegenüber den Einnahmen aus dem Bergsegen spielten der landesfürstliche Grundbesitz, Steuereinnahmen und selbst die Straßenzölle eine untergeordnete Rolle, obwohl dank gestiegenem Warenverkehr auf den Hauptlinien des europäischen Warenaustausches auch diese Geldquelle reichlich floss. Schon in den ersten Jahren seiner Regierung steigerte Maximilian das Steueraufkommen um ein Vielfaches, weil er mit der unter Sigmund eingerissenen Schlampigkeit der Verwaltung aufräumte, mit verschiedensten Vergünstigungen Schluss machte, strenge Kontrollen einführte und das Finanzwesen auf doppelte Buchführung umstellte. Auch bei den Ausgaben wurde gekürzt, was vor allem der zurückgetretene Landesfürst Erzherzog Sigmund zu spüren bekam. Sein Nachfolger nahm ihn zwar gern auf die Jagd mit, aber dass das vereinbarte Jahressalär einen Gutteil der Einnahmen verschlang, wollte Maximilian nicht einsehen und zwang seinen »lieben Oheim«, wie er ihn gerne nannte, etwas weniger aufwändig zu leben. 1496 fiel durch Sigmunds Tod dieser Posten des Landesbudgets ohnehin weg. Dank dieser Maßnahmen mussten in den ersten Jahren von Maximilians Regierung die regulären Steuern und Abgaben nicht erhöht werden, wie es dann in späteren Jahren mehrmals geschah. Zusätzlich zu der immer drückender werdenden Steuerlast verlangte der Kaiser vom Landtag ein ums andere Mal die Bewilligung beträchtlicher Sondermittel für seine Kriege.

Die 1511 erlassene Steuerordnung verband der Landesfürst mit neu festgelegten Richtlinien der Landesverteidigung, die den Tirolern allein überlassen wurde, während er sie gleichzeitig von der Verpflichtung zu Kriegsdiensten außerhalb des Landes befreite. Dieses bis heute von den Tiroler Schützen als ihr Gründungsdokument betrachtete »Elfjährige Landlibell« beruht

Siegel Kaiser Maximilians I. am »Tiroler
Landlibell« von 1511 mit der Unterschrift des
Tirolers Zyprian von Serntein, der vom
Sekretär zum Hofkanzler aufgestiegen war

auf älterer Praxis und entsprechenden Ordnungen Sigmunds des Münzreichen und war das Ergebnis von eingehenden Beratungen mit Vertretern der Landstände. Dass die Tiroler die Kriege der Habsburger mitfinanzieren mussten und in Feindschaften hineingezogen wurden, die ihren ureigensten Interessen widersprachen, war einer der Nachteile der Verbindung mit dem habsburgischen Imperium. So schädigten die Kriege gegen die Republik Venedig den lebenswichtigen Transithandel. Außerdem standen zwischen 1508 und 1516

Jahr für Jahr fast 10.000 Tiroler unter Waffen, um bei Rückschlägen der kaiserlichen Kriegsführung die Landesgrenzen zu verteidigen. 1499 mussten Tiroler Bauern gegen ihre Schweizer Standesgenossen in den Kampf ziehen. Die Folge war eine verheerende Niederlage der Tiroler an der Calven bei Glurns. 4000 bis 5000 Leichen sollen auf dem Schlachtfeld geblieben sein. Anschließend plünderten und verwüsteten die Sieger den Vinschgau bis nach Schlanders hinunter.

Die Nähe zum oberitalienischen Kriegsschauplatz machte Innsbruck zum idealen Platz, eine regelrechte Rüstungsindustrie aufzubauen (Herstellung von Waffen und Brustpanzern, Geschützguss) und ein umfangreiches Waffenlager anzulegen. Aus dem Innsbrucker Zeughaus konnten mehrere Heere ausgerüstet werden. Innsbruck war überhaupt – das kann man ohne Übertreibung sagen – das Zentrum von Maximilians Regierung, nicht nur als Tiroler Landesfürst, sondern auch als römisch-deutscher König und Kaiser. Abgesehen von Augsburg weilte er in keiner Stadt öfter und länger als in der Tiroler Hauptstadt, die er auch zur Residenz seiner zweiten Gemahlin Bianca Maria Sforza bestimmte. Wäre ihm im Zuge einer Reichsreform die Einführung zentraler Behörden gelungen, hätte er diese nirgendwo anders als in Innsbruck etabliert. Hier tagte 1518 auch der Generallandtag, der erstmals Vertreter aller habsburgischen Erbländer zusammenführte und für das Zusammenwachsen »Österreichs« wichtig war.

Zu Maximilians Zeiten war Innsbruck ein Hauptziel europäischer Diplomaten, die oft wochenlang auf eine Audienz warten mussten. Der König und seine Berater trafen sich hier oder anderswo in Tirol mit Fürsten und Würdenträgern großer und kleiner Staaten zu Verhandlungen und zum Abschluss von Verträgen. Danach gab es Einladungen zu höfischen Jagdausflügen, zu Konzerten der Hofmusik und verschiedenen Festlichkeiten mit Tanz und Mummereien.

Innsbruck hatte in kultureller Hinsicht jedem Gast viel zu bieten, war die Stadt doch schon unter Sigmund dem Münzreichen zu einem europäischen Kulturzentrum aufgestiegen, und Maximilian hatte dessen Bedeutung noch steigern können. Seine naive Freude an Ritterspiel und Tanz, an Geselligkeit und volkstümlicher Unterhaltung paarte sich mit höheren kulturellen Interessen und viel Verständnis für das künstlerische Schaffen seiner Zeit. Die Ausgestaltung Innsbrucks mit so prachtvollen und repräsentativen Kunstwerken wie dem Wappenturm und dem Goldenen Dachl muss auf die zahlreichen Diplomaten und Würdenträger, die sich hier in der Residenzstadt trafen, einen gewaltigen Eindruck gemacht haben. Genau dies wollte der Kaiser erreichen. Die volle Entfaltung des kaiserlichen Glanzes war ein legitimes Mittel seiner Politik. Alle Zweige der Kunst und vor allem auch das Kunsthandwerk sollten dazu beitragen. Dem gleichen Repräsentationszweck dienten Schaujagden und Turniere. Stempelschneider und Münzmeister wiederum waren es, die den Weltruf der maximilianischen Siegel, Münzen und Medaillen begründeten. Auf erstklassige Ausführung seines Porträts mit der typischen Hakennase legte Maximilian auch bei den Münzen größten Wert.

Kunsthandwerk und Kunst aller Sparten sollten nicht nur Maximilians Ansehen bei den Großen seiner Zeit und seine Popularität steigern, es ging auch darum, der Nachwelt ein glanzvolles Bild seines Herrschertums und seines Hauses zu überliefern. Als Höhepunkt, Abschluss und Zusammenfassung seiner zahlreichen diesbezüglichen Initiativen plante Maximilian ein monumentales

Grabmal: Alle seine großen Ahnen sollten ihm – in Erz gegossen und vergoldet – das Totengeleit geben und das Haus Habsburg glorifizieren. Die hochentwickelte Technik und lange Erfahrung der Innsbrucker Bronzegießer, die auch den höchsten künstlerischen Anforderungen gerecht wurden, machte es möglich, die Verwirklichung des kühnen Planes in Angriff zu nehmen. Die Bemühungen der Augsburger, den Auftrag für ihre Stadt zu gewinnen, scheiterten.

Mit seinem Grabmal, wenn es auch unvollendet blieb, schuf der Kaiser Maximilian I. für sich ein bleibendes »Gedächtnus« und für Innsbruck bis heute einen der bedeutendsten Kulturschätze und Anziehungspunkt für Besucher aus aller Welt. Dem Land Tirol gab Kaiser Maximilian nicht nur europäische Bedeutung. Er vergrößerte es auch und gab ihm die Grenzen, die sich bis zum Ende des Ersten Weltkriegs nicht mehr veränderten. Unter seiner Regierung kamen 1500 die Herrschaft Lienz und das Pustertal zu Tirol, vier Jahre später auch die bis dahin bayerischen Gerichte Kufstein, Kitzbühel und Rattenberg.

Die letzte Erwerbung war eine Folge des »Großen Venedigerkrieges«, der acht Jahre lang mit kaum vorstellbarer Brutalität gewütet und ganze Landstriche in Oberitalien verwüstet hinterlassen hatte. Völlige Erschöpfung seiner Länder und die Aussichtslosigkeit, weitere finanzielle Mittel aufzutreiben, hatten den Kaiser gezwungen, die Vermittlung seines Enkels Karl, des Königs von Spanien, anzunehmen und 1516 dem für ihn beschämenden Frieden von Brüssel zuzustimmen. Es blieben ihm nur einige Landstriche im östlichen Friaul und an der Tiroler Grenze das Etschtal südlich von Trient mit Rovereto, Herrschaften am Gardasee (Riva) und das Gebiet von Ampezzo (heute besser bekannt als Cortina d'Ampezzo) an der wichtigen Straße vom Pustertal ins Cadore und nach Venedig.

Die Forschung hat längst widerlegt, dass Kaiser Maximilian im Dezember 1518 die Tore Innsbrucks verschlossen vorgefunden hätte und weiterziehen musste, weil er seine Schulden bei den Wirten der Stadt nicht bezahlen hätte können. Die hätten so ein Verhalten – trotz aller Altersmilde des Herrschers – wahrlich bitter gebüßt. An der Geschichte stimmt nur, dass der Tross im Freien kampieren musste, bis wenigstens ein Teil der offenen Rechnungen beglichen war. Der Kaiser hatte auf dem Weg von Augsburg nach Innsbruck noch einige Tage in Ehrenberg und am Heiterwanger See gejagt, am 30. Oktober erreichte er Innsbruck und bezog seine Räumlichkeiten in der Hofburg. Am 2. November überfiel ihn heftiges Fieber. Trotzdem zog er nach wenigen Tagen weiter. Geschwächt, wie er war, stieg er nicht aufs Pferd, sondern ließ sich in einer Sänfte tragen. Ab Hall benützte man den Wasserweg. Von unterwegs schrieb er dem Tiroler Regiment, er werde nach Weihnachten zurückkehren, um einige noch offene Geschäfte zu erledigen. Dazu kam es aber nicht mehr. In Wels, wo der kaiserliche Zug am 25. November ankam, warf den Kaiser ein Gallen- und Nierenleiden aufs Krankenbett, das er nicht mehr verließ. Maximilian I. starb am 12. Jänner 1519.

I

NEUE AUFGABEN FÜR ALTE KAMPFGEFÄHRTEN

Einige Tiroler hatte Maximilian I. schon kennengelernt, lange bevor er nach Tirol kam und neuer Landesfürst der Grafschaft und der habsburgischen Vorlande wurde. Sie folgten ihm nach Flandern, waren seine Kampfgefährten, als es galt, das burgundische Erbe gegen die Ansprüche des französischen Königs zu verteidigen, und standen ihm in den kritischen Jahren der Auseinandersetzung mit den aufständischen Bürgern der flandrischen Städte bei. Als gekrönter römisch-deutscher König nach Tirol gekommen, wo er 1490 Sigmund den Münzreichen als Landesfürst ablöste, waren sie wieder zur Stelle und übernahmen in seinem Dienst wichtige Aufgaben. Die Rede ist vom adeligen Veit von Wolkenstein und vom Bauernsohn Florian Waldauf. Der Name des einen ist mit der Burg Rodenegg bei Brixen verbunden, an den anderen erinnert heute noch die Waldaufkapelle in der Stadtpfarrkirche von Hall in Tirol.

Schon in seiner Zeit in Burgund waren Tiroler an Maximilians Seite. Auf diesem Holzschnitt aus seinem autobiografischen Ritterroman »Theuerdank« gerät Florian Waldauf mit dem König in Seenot.

Veit von Wolkenstein –
Ritter und Redner

Vielleicht war Veit von Wolkenstein der erste Tiroler,
den der spätere Kaiser Maximilian I. kennenlernte. Denn
der Sohn des Pflegers von Rodeneck, Enkel des auch den
Zeitgenossen bekannten Ritters und Dichters Oswald
von Wolkenstein, war im Gefolge des jungen Habsburgers nach Burgund geritten. Dort sollte Erzherzog Maximilian von Österreich, der Sohn Kaiser Friedrichs III.,
Hochzeit mit Maria von Burgund feiern, der Erbtochter

Wappenstein des Veit von Wolkenstein auf
Schloss Rodenegg, das sein Vater als Pfleger
verwaltet hatte und das ihm sein kaiserlicher
Dienstherr und Freund 1491 in Anerkennung
seiner Verdienste schenkte

des »Großen Herzogtums des Abendlandes«, und damit Frankreichs Ansprüche abwehren und dem Hause Habsburg eine glänzende Zukunft sichern.

Was den 21-jährigen Veit von Wolkenstein veranlasste, sich an dieser »Brautfahrt« nach Flandern, in Burgunds »niedere Lande«, zu beteiligen, kann man nur vermuten. Abenteuerlust hat sicher eine wesentliche Rolle gespielt. Verstärkt vielleicht durch die von Rittermythen genährte Begeisterung, den jungen Prinzen und zukünftigen Kaiser beschützen zu helfen und mit ihm ein edles Fräulein vor dem Ansturm der Feinde zu erretten. Das »Bilderbuch« seiner Kindheit, die Fresken der Iwein-Sage im »Wohnzimmer« der Burg, in der er aufgewachsen war, könnte seine Wirkung entfaltet haben.

In der Schlacht von Guinegate (1479) gegen ein französisches Ritterheer tat sich Veit rühmlich hervor und gewann die Gunst des Herzogpaares. Nach Marias Unfalltod (1482) begleitete er Maximilian 1486 als Rat und Kämmerer zur Königswahl nach Frankfurt und zur Krönung nach Aachen, wo er den Ritterschlag empfing. In Flandern hingegen wurde er in die Auseinandersetzung Maximilians mit den Ständevertretern der Niederlande verwickelt, die sich von der neuen Würde des Habsburgers nicht beeindrucken ließen. Als sich die Bürger von Gent und Brügge gegen Maximilian erhoben und ihn einsperrten, gerieten auch Veit von Wolkenstein wie andere Freunde und Günstlinge des Königs in Gefangenschaft, kam jedoch bald wieder frei, eilte ins Reich und kehrte mit dem von Kaiser Friedrichs III. befehligten Reichsheer zurück. Einer gewaltsamen Befreiung Maximilians bedurfte es nicht mehr, denn der hatte gerade unter allerlei Versprechungen die Freiheit wieder erlangt. Zwei Geiseln sollten die Einhaltung von Maximilians Zusagen garantieren. Dass sich neben Graf Rudolf von Anhalt der Tiroler Freiherr Veit von Wolkenstein dazu bereit erklärte, wissen wir aus einem Brief, den der aus Hall bei Innsbruck stammende Jurist und Diplomat Dr. Johannes Fuchsmagen (*siehe S. 90–97*) an Erzherzog Sigmund von Tirol schrieb. Fuchsmagen war als kaiserlicher Rat in die Verhandlungen eingebunden. Die rebellische Bürgerschaft ließ die beiden jedoch bald wieder frei, wohl weil man die Rache des Kaisers fürchtete, denn dass dieser sich nicht an die Versprechungen seines Sohnes gebunden fühlte, musste jedem klar sein.

Nur zwei Jahre nach diesen dramatischen Ereignissen wurde Maximilian Landesfürst von Tirol und belohnte die Treue seines Tiroler Freundes damit, dass er das bisher von der Familie Wolkenstein nur verwaltete Schloss Rodeneck in dessen Besitz übergehen ließ. Veit aber blieb in den folgenden Jahren fast ständig in Maximilians Nähe, der vor allem seine wohl vom Großvater geerbte Rednergabe nutzte und ihn bei Verhandlungen und auf Reichstagen die entscheidenden Reden halten ließ. Veit von Wolkensteins vertraute Stellung war allgemein bekannt, sodass mächtige Reichsfürsten und nicht minder wichtige Städte den Wolkensteiner in oft heiklen Angelegenheiten um Vermittlung beim König baten. Wie fast jeden seiner Räte und Beamten pumpte der König auch den Wolkensteiner um beträchtliche Summen an und überließ ihm dafür 1496 Schloss und Herrschaft Ivano in der Valsugana als Pfandlehen.

Zu dieser Zeit beendete Veit von Wolkenstein, der mit Elisabeth von Montfort verheiratet war, aber keine Kinder hatte, das ständige Herumreisen. Vermutlich stand es mit seiner Gesundheit nicht zum Besten, denn er überließ Burg Rodenegg gegen eine Leibrente seinem

Schloss Rodenegg, seit 1491 im Besitz
des Veit von Wolkenstein

Bruder Michael, übernahm zwar noch das Amt eines
Statthalters in den Vorlanden, starb aber bereits um den
Jahreswechsel 1498/99 in Freiburg im Breisgau. Er
könnte sich dort anlässlich eines Reichstages aufgehalten
haben. Es wird wohl König Maximilian gewesen sein,
der ihn im Chor des dortigen Münsters bestatten ließ.
War immerhin eine große Ehre.

Florian Waldauf – Diplomat und Reliquiensammler

Unter den Tirolern im Umkreis Maximilians kommt Florian Waldauf eine besondere Stellung zu: Erstens weil er vielleicht der Einzige war, den man ohne Übertreibung als persönlichen Freund des Königs bezeichnen kann, zweitens wegen seiner Herkunft aus dem Bauernstand und drittens wegen seiner tief im Mittelalter verwurzelten, von Humanismus und Zeitgeist unbeeinflussten Religiosität, worin er dem in anderen Lebensbereichen »modernen« Maximilian nicht unähnlich war.

Etwas revidieren muss man wohl die gängige Vorstellung vom armen »Bauernbuben« Florian und seiner überraschenden Karriere am Kaiserhof. Denn so groß und unvorhersehbar war der Sprung nicht. Waldaufs Vater gehörte zu den Wohlhabenden der Gemeinde. Und die Baldauf (so die ursprüngliche Namensform) vom Balfenhof im Weiler Asch der Pustertaler Ortschaft Anras hatten angesehene Bürger in Lienz als Verwandte, einige standen im Dienst der Görzer Grafen. Sie besaßen Höfe und Gründe im weiten Umkreis und verpachteten sie an Bauern. Aus der Verwandtschaft von Florians Mutter Walburga Wieser in Kartitsch und Sillian waren ebenfalls mehrere Mitglieder bereits in sozial höhergestellte Schichten aufgestiegen. Unter ihnen gab es Domherren, Richter und landesfürstliche Beamte. Über einen von ihnen wird der um 1465 als eines von sieben Kindern geborene Florian zunächst wohl in die Brixner oder die Innichner »Domschule« gekommen sein, wo er sich hervorragende Kenntnisse der lateinischen Sprache und jene Bildung aneignen konnte, für die er zeit seines Lebens

Diesen kunstvoll gemeißelten Grabstein ließ Florian Waldauf von Waldenstein 1493 seinem Vater Jörg in Asch setzen, einem Ortsteil von Anras im Pustertal.

bekannt war. Sein Onkel Hans Wieser in Innsbruck, Sekretär des Landesfürsten Erzherzog Sigmund, war es dann, der ihm eine Anstellung bei den Landesbehörden vermittelte. Aus Dank dafür kümmerte sich Florian Waldauf nach Hans Wiesers Tod 1486 um dessen Kinder als deren »nächster Freund und Beistand«. Auf Familiennetzwerke konnte man sich offenbar verlassen.

In diesem Zusammenhang ist auch interessant, dass Florians Bruder Leonhard mit Veronika Hölzl aus Sillian verheiratet war, der Schwester des ebenfalls in Sigmunds und später in Maximilians Diensten stehenden Blasius Hölzl (siehe S. 78–89). Seinem 1493 verstorbenen Vater Georg setzte der auf der Karriereleiter emporgekletterte Sohn an der Kirchenmauer von Asch einen Grabstein,

den die Wappen der inzwischen geadelten Familie Waldauf von Waldenstein und das Familienwappen der Wieser aus Kartitsch zieren. Die hohe künstlerische Qualität
des Steins lässt erkennen, dass er bei einem der besten
Hofbildhauer Innsbrucks in Auftrag gegeben wurde.

Eine erste Wappenbesserung wurde Florian Waldauf
– damals noch Baldauf geschrieben – bereits 1483 durch
Erzherzog Sigmund den Münzeichen gewährt und von
Kaiser Friedrich III. bestätigt. Einige Jahre vorher –
Heinz Moser meint um 1470 – dürfte er seinen Dienst
als Kanzleischreiber angetreten haben. In der entsprechenden Urkunde wird als Grund für diese landesfürstliche Gnade genannt, dass er sich als »*sehr verwendbar*«
erwiesen habe. Als sich der Landesfürst in den 1480er
Jahren durch seine Verschwendungssucht und durch
eine den Landesinteressen abträgliche Politik den Un-
willen der Ständevertretung zuzog, musste sich Florian
Waldauf entscheiden, ob er ohne Vorbehalte zu seinem
Dienstherren stehen oder ob er sich auf die Seite eines
einflussreichen Personenkreises stellen sollte, der eine
Änderung der Herrschaftsverhältnisse herbeiführen
wollte. Bestand doch die ernste Gefahr, dass Tirol und
die Vorlande den Habsburgern verloren gehen konnten.
Sigmund verpfändete laufend Tiroler Herrschaften, ja
ganze Teile seines Fürstentums an die Wittelsbacher,
um sein aufwändiges Hofleben finanzieren zu können.
Er stand völlig unter dem Einfluss der »Bayernpartei«
am Hof und einiger Räte, die aus München reichlich
dafür entlohnt wurden. Er war ja auch mit dem Wittelsbacher Herzog Albrecht IV. von Bayern befreundet und
half ihm, Maximilians Schwester Kunigunde gegen den
Willen des Kaisers zu heiraten. Dass die Hochzeit noch
dazu in Innsbruck stattfand, mussten beide als Affront
empfinden.

In dieser Situation musste der Kaiser eingreifen. Während die Ständevertreter im Landtag ein Gesetz zur weitgehenden Entmachtung des Landesfürsten und die Bildung einer landständischen Regierung vorbereiteten, betrieb Friedrich III. insgeheim die Übernahme der Herrschaft in Tirol durch seinen Sohn und Alleinerben Maximilian. Dazu brauchte er Verbündete in Tirol, die unabhängig von den mächtigen Adelsfamilien im Land waren. Denn diese wollten selbst von Sigmunds Schwäche profitieren und dachten weniger an die Interessen des Hauses Habsburg. Auf Habsburgs Seite stand der Haller Jurist Dr. Johannes Fuchsmagen, der seit 1485 nicht mehr für den Tiroler Landesfürsten tätig war, sondern als kaiserlicher Rat agierte. Wahrscheinlich hat er Florian Waldauf dazu gebracht, ebenfalls in den Dienst Kaiser Friedrichs bzw. Maximilians zu treten, der gerade zum römisch-deutschen König und damit zum Nachfolger seines Vaters auf dem Kaiserthron gewählt worden war. Denn als Beamter des amtierenden Landesfürsten war er an seinen Diensteid gebunden und hätte kaum etwas unternehmen können. Eine Bestellungsurkunde ist nicht erhalten, doch nennt König Maximilian in einer am 16. Mai 1487 ausgestellten Urkunde Florian Baldauf (immer noch in dieser Schreibweise) »unseren Sekretär« und bedankt sich – wohl informiert von Dr. Fuchsmagen – für die Dienste, die er den »Häusern Österreich und Burgund« geleistet habe, insbesondere für dessen Bemühungen, dass Tirol »bei uns und unserem Haus Österreich bleiben und davon nichts gewendet noch zerstreut werde«. Als Belohnung bekommt Florian Waldauf reichliche Pfründe aus einem Haller Salinenamt zugesprochen.

Als dann im Haller Landtag vom August 1487 Sigmund unter Kuratel gestellt, die »bösen Räte« entlassen und Verpfändungen rückgängig gemacht werden, ist dies für

Maximilian Anlass genug, Florian Waldauf (ab jetzt gilt diese Schreibweise des Namens) in den Ritterstand mit dem Adelsprädikat »von Waldenstein« zu erheben. Und wieder nennt der König den Grund für diese bedeutende Auszeichnung. Es ist Waldaufs »*getreuer Fleiß, die Mühe und die Arbeit bei der Zerstörung des unordentlichen Regiments mit Wagung seines Leibs und Lebens*«. Eine ähnliche Formulierung findet man auch in einer späteren Urkunde. Es muss wohl wichtig gewesen sein. Für uns bleibt dieser Punkt rätselhaft, denn wir wissen nicht, warum und wie Waldauf bei seinen pro-habsburgischen Aktivitäten in Lebensgefahr gekommen sein könnte. Wollten ihn seine Gegner aus dem Weg schaffen? Wir können uns ja überhaupt schwer vorstellen, was sich so Dramatisches abgespielt haben könnte in jenen Wochen und Tagen, als es um die Rettung Tirols für Österreich ging. Stoff für einen historischen Thriller. Hier ist Phantasie gefragt. Der seriöse Historiker kann aufgrund der erhaltenen Quellen nicht mehr dazu sagen. Waldauf selber nimmt nie darauf Bezug, was auch seltsam ist, denn er stellt sonst sein Licht nie unter den Scheffel.

Kurz nach den Ereignissen des Jahres 1487 beginnt Waldaufs Zeit an des Königs Seite. Maximilians Sekretär wird zu dessen Kampfgenossen. Im Frühjahr 1488 weilte Kaiser Friedrich III. gerade zu Verhandlungen mit seinem weitgehend entmachteten Vetter Sigmund und der vom Landtag eingesetzten Ständeregierung in Innsbruck, als die Nachricht eintraf, dass der um das burgundische Erbe, die Regentschaft und die Vormundschaft für seinen Sohn Philipp ringende König Maximilian von den aufständischen Bürgern von Brügge in eine Falle gelockt und gefangen genommen worden sei. Eine ungeheure Schandtat, einen rechtmäßigen Landesherrn und gesalbten König derart zu behandeln! Überall im Reich herrschten

Entsetzen und Empörung, nicht nur in den habsburgischen Ländern. In Andachten und Bittprozessionen erflehten die Menschen seine Befreiung. Der sonst so bedächtige, selten zu raschem Handeln entschlossene Kaiser rief sofort zur Sammlung eines Reichsheeres auf, wobei er diesmal auf die Unterstützung wenigstens einiger der wichtigen Fürsten zählen konnte, da es nicht zuletzt um die Ehre des Reichs ging.

Mit dem Kaiser brach ein kleines Tiroler Aufgebot nach Flandern auf. Auch Florian Waldauf schloss sich ihm an, rüstete auf eigene Kosten einige Knechte aus und erschien Ende April vor Brügge. Irgendwann kam in Tirol die Geschichte auf – und sie hält sich bis heute –, Florian Waldauf hätte versucht, seinen König aus der misslichen Lage zu befreien. Er hätte sich dazu mit dem schwäbischen Ritter Kunz von der Rosen zusammengetan, einem einfallsreichen und lustigen Gesell, der auch von Historikern unzutreffend als Maximilians Hofnarr bezeichnet wird. Und die beiden wären, als Mönche verkleidet, zu Maximilian vorgedrungen. Der Tiroler hätte vorgeschlagen, Maximilian solle die Kutte anziehen und entkommen, er würde an seiner statt in der als Gefängnis dienenden Cranenburg bleiben. Maximilian hätte dies aber entschieden abgelehnt. – Alles reine Erfindung! Wie es wirklich war, wurde in Zusammenhang mit Veit von Wolkensteins Rolle beim flandrischen Bürgeraufstand schon dargestellt (*siehe S. 29–30*).

Florian Waldauf war jedenfalls von Maximilians Befreiung an immer in seinem engsten Umkreis zu finden, machte alle Kämpfe gegen die flandrischen Rebellen mit und folgte dem König auch in das Herzogtum Brabant und in die nördlichen Grafschaften Seeland und Holland, wo es ebenfalls Unruhen zu beschwichtigen und Kämpfe zu bestehen gab. *»Tapfer, ritterlich, keck und* *unverdrossen*« hätte er sich verhalten, lobt Maximilian seinen treuen Tiroler im Adelsbrief. Sicher viel zur gegenseitigen Verbundenheit beigetragen hat ein Abenteuer, das die beiden am Tag nach Dreikönig des Jahres 1489 zu bestehen hatten. Es geschah während der Überfahrt von dem damals noch weitgehend von Wasser umschlossenen Amsterdam nach Sperdam (heute Spaarndam, ein zur Gemeinde Haarlem gehöriges Dorf). Hofgesinde und Kriegsvolk benützten mehrere große Schiffe, doch ging es dem König zu langsam, und er befahl, ein kleineres, schnelleres Boot heranzuschaffen, das außer Segel auch über Ruder verfügte.

Zusammen mit einem Teil seines Gefolges stieg er um und eilte den anderen Schiffen voraus. Doch plötzlich fiel dichter Nebel ein und sie verloren die Orientierung. Gleichzeitig schnitten die vielen am Wasser treibenden Eisschollen die dünnen Holzplanken auf, sodass Wasser ins Boot drang. Eile war geboten, doch niemand wusste, in welche Richtung es zum sicheren Hafen ging. Bald standen alle knöcheltief im Wasser, schrien verzweifelt um Hilfe und erflehten Rettung von allen Heiligen und Engeln. Nur der König behielt die Ruhe, zeigte »*keine Entfärbung des Gesichts*«, blieb »*ganz tröstlich und unerschrocken*« und ließ die Lecks mit Kleidungsstücken verstopfen. Es nützte wenig. Wie Florian Waldauf später bekennt, war auch er von Todesangst erfüllt und gelobte im Falle ihrer Errettung eine dreifache Stiftung: Als Erstes wolle er stiften, was Gott am wichtigsten und für das Seelenheil vielen Christenmenschen am notwendigsten sei. Zweitens wolle er stiften, was der Jungfrau Maria am wohlgefälligsten sei, und zum Dritten, was den Engeln und Heiligen am meisten Lob und Ehre bringe. Kaum waren diese Gedanken zu Ende gebracht und durch heiligen Eid besiegelt, lichtete sich der Nebel, die Sonne kam

König Maximilian I. mit Gefolge in Seenot
(Holzschnitt von Hans Burgkmair d.Ä.
im Haller Heiltumsbuch)

hervor, die Eisschollen schmolzen dahin, und die Ruder-
knechte sahen das Ziel vor Augen. Zwei Stunden später
gingen der Kaiser und sein Gefolge samt dem frommen
Pustertaler in Sperdam heil und gesund an Land.

Drei Tage später berichtete Waldauf seinem Beichtvater von dem Gelübde und wollte dessen Rat, wie er
sein Versprechen verwirklichen sollte. Denn in Todes-
gefahr etwas zu geloben und es dann in die Tat umzu-
setzen, ist etwas ganz Verschiedenes. Das merkte auch
der wackere Ritter nur zu bald. Woher das Geld nehmen?
Und was hatte er eigentlich versprochen? Was war am
gottgefälligsten, was nützte den Christenmenschen am
meisten, womit stellte er die Muttergottes zufrieden,

was brachte den Engeln und Heiligen am meisten Lob und Ehre? Der Beichtvater riet ihm, alles dem König zu erzählen. Maximilian, der ja wahrscheinlich diesem Gelübde sein Leben verdanke, würde ihm sicher in jeder Weise helfen. Und so war es dann auch. Der König zog den Bischof von Brixen sowie Theologen und Rechtsgelehrte von sieben Universitäten hinzu, um richtig auszulegen, was der Tiroler in Seenot versprochen hatte, und dann bei der Erfüllung des Gelübdes ja nichts falsch zu machen. Das Ergebnis dieser Beratungen wurde in einem Stiftungsbrief niedergeschrieben. Die wesentlichen Punkte sind die Stiftung eines Predigeramtes, die Erbauung einer Maria-Himmelfahrt-Kapelle und die Gründung eines »Heiltums« mit möglichst vielen Reliquien. Die Verwirklichung wurde zu Waldaufs eigentlichem Lebensziel. Die Kosten übernahm zu einem beträchtlichen Teil der König.

Bevor Florian Waldauf an die fromme Aufgabe schreiten konnte, standen weiter Politik und Kampf im Vordergrund. Zunächst war Tirols Landesfürst Sigmund der Münzreiche zu überreden, auf die Herrschaft zu verzichten und seinen Teil der habsburgischen Länder dem habsburgischen Alleinerben zu übergeben. Eine beachtliche Summe auf die Hand, die natürlich Jakob Fugger vorstreckte, und eine mehr als nur ansehnliche jährliche Apanage versüßten ihm den Rücktritt. Florian Waldauf, der – obwohl unzweifelhaft Parteigänger des Königs – weiter Sigmunds Vertrauen besaß, wird viel dazu beigetragen haben, dass der Übergang so reibungslos verlief und ohne allzu große Demütigung des mit seinen 63 Jahren damals schon als betagt geltenden und von verschiedenen Krankheiten geplagten Fürsten. Als er mit Maximilian schon wieder weitergezogen war, versicherte er seinem ehemaligen Dienstherrn, dass er »*ganz untertänig willig und geneigt sei«*, Sigmunds *»Sachen und Geschäfte«* beim König *»treulich«* zu vertreten. Dieser sei damit einverstanden. Tatsächlich ernannte Maximilian Florian Waldauf zum *»Sollicitator* [Vermittler, Sachwalter, Anwalt] *und Diener«* Erzherzog Sigmunds und seiner Gemahlin Katharina von Sachsen.

Diesem Umstand haben wir es zu verdanken, dass wir über die Ereignisse der nächsten Jahre Informationen aus erster Hand haben. *»Neue Zeitungen«* nennt Florian Waldauf seine laufenden brieflichen Berichte an den abgetretenen Erzherzog. Sie sind im Tiroler Landesarchiv erhalten und stellen eine einzigartige Geschichtsquelle dar. Die ersten Briefe schildern den Ungarnfeldzug, den Maximilian unmittelbar nach der Regierungsübernahme antrat, um nach dem Tod des Königs Matthias Corvinus die von diesem besetzten habsburgischen Länder im Osten zurückzugewinnen. Die Stadt Wien, wo Corvinus residiert hatte, hat sich *»wiederumb zu uns gekeret«,* kann Waldauf schon im Juli nach Innsbruck berichten. Tatsächlich öffneten die Bürger, die einst Kaiser Friedrich III. samt Familie in der Hofburg belagert und vertrieben hatten, dem jungen König nun willig ihre Tore. Am 19. August 1490 in der Früh zog Maximilian, Florian Waldauf an seiner Seite, unter dem Jubel der Wiener in die alte Residenzstadt ein. König Wladislaw von Böhmen, der wie der Habsburger Anspruch auf die ungarische Krone erhob – Matthias Corvinus hatte nur einen illegitimen Sohn –, rückte mit etwa 5000 Kriegsknechten heran, zu spät. Während noch Klosterneuburg und Wiener Neustadt von Maximilian belagert wurden, kam es am ungarischen Grenzfluss Leitha zu Kämpfen, in denen das Tiroler Aufgebot maßgeblich beteiligt war. *»Florian Waldauf, Sekretär«* – so unterschreibt er – bedenkt in seinem Bericht an Erzherzog

Eroberung von Stuhlweißenburg (Relief
Alexander Colins am Kenotaph Maximilians I.
in der Innsbrucker Hofkirche)

Sigmund die Kontrahenten mit Spott- und Scherznamen
und schreibt, die Tiroler *»Käsebretter«* hätten das Feld
behauptet und die böhmischen *»Hopfenstangen«* samt
ihrer Wagenburg über den Fluss geworfen.

Nachdem der alte Besitzstand der Habsburger abge-
sichert und Herzog Georg von Bayern mit einer Hilfs-
truppe in Wien eingetroffen war, begann Ende Oktober
entlang der Donau der Angriff auf Ungarn, wo ein Teil
des Adels bereits Wladislaw zu ihrem neuen König
gekrönt hatte, während der andere auf Maximilian seine
Hoffnung setzte. Trotz mancher Probleme (*»Wir leiden
unter großer Kälte, viele Knechte wollen deshalb nicht
bleiben und laufen davon«*) stand die königliche Streit-
macht am 17. November vor der ungarischen Krönungsstadt Stuhlweißenburg. Bei ihrer Eroberung konnte sich

Florian Waldauf dermaßen auszeichnen, dass ihn Maximilian noch auf dem Schlachtfeld zum »Goldenen Ritter« schlug und zum Protonotarius ernannte. Gleichzeitig schenkte er ihm die Synagoge und zwei »*Judenhäuser*« in der eroberten, von Söldnerhaufen geplünderten Stadt. Statt nach diesem Erfolg weiter nach Ofen vorzurücken, wohin der Weg offen stand, musste der König den Feldzug abbrechen, weil seine großteils aus Söldnern unterschiedlicher Herkunft zusammengesetzten Truppen mangels ausreichender Bezahlung den Gehorsam verweigerten, ein Problem, mit dem Maximilian noch öfter konfrontiert werden sollte.

Für Ritter Florian Waldauf von Waldenstein ging die Zeit des Kämpfens nun bald zu Ende. Nur einmal noch, während des Frankreichfeldzuges von 1492/93, musste er sich auf dem Schlachtfeld bewähren. Maximilian hatte offenbar am Reichstag in Nürnberg (1491) die politischen und diplomatischen Fähigkeiten des nun bald (oder schon) Fünfzigjährigen entdeckt, die auch in einer Gesandtschaft nach Sachsen und am Reichstag in Koblenz (1492) zur Geltung kamen. Im Jahr darauf schien ihm der Goldene Ritter aus dem Pustertal am besten geeignet, eine Delegation zu König Wladislaw von Böhmen und Ungarn anzuführen, der Maximilian die ungarische Krone gerade erst weggeschnappt hatte und nun an einem Bündnis gegen die gefährlich vorrückenden Türken, aber auch an einem Heiratsprojekt interessiert war. Tatsächlich war Wladislaw von Florian Waldauf und dessen »*zierlicher Beredsamkeit*« schwer beeindruckt und ernannte ihn zum Ritter vom Goldenen Sporn. Die Verhandlungen brachten zwar keinen konkreten Abschluss, bahnten aber die späteren Heiratsverträge an, die zur Wiener Doppelhochzeit von 1515 und damit zur Erwerbung von Ungarn und Böhmen durch die Habsburger führten.

Nicht minder bedeutsam und folgenschwer – was man damals freilich noch nicht ahnen konnte – waren die Verhandlungen, die Florian Waldauf, ausgestattet mit weitreichenden Vollmachten, 1495 in Mecheln mit dem spanischen Gesandten Francisco de Rojas führte. Das Ergebnis war der Vertrag über die Hochzeit von Maximilians Sohn Philipp dem Schönen mit der spanischen Infantin Johanna und von Maximilians Tochter Margarethe mit dem Infanten Johann. Die »Katholischen Könige« Isabella von Kastilien und Ferdinand von Aragon, die ihre Länder in Personalunion regierten und damit das geeinte Spanien schufen, sahen in Maximilians Protonotarius einen der ganz Großen des Reichs und des habsburgischen Hofes und belohnten seine Verdienste um die Verbindung der beiden Dynastien mit der Verleihung des hohen spanischen »Greifenordens« und wertvollen Geschenken.

Zwischen Maximilian und dem Aufsteiger aus dem Bauernstand hatte sich längst ein besonderes Vertrauensverhältnis entwickelt, das man getrost als Freundschaft bezeichnen kann. Es blieb bei den Zeitgenossen nicht unbemerkt. *»Der Sekretär Floriano ist der Königlichen Majestät sehr lieb«*, heißt es in einem Bericht des päpstlichen Gesandten am Hof Maximilians. Er belohnte ihn auch reichlich für seine Dienste und verhalf ihm 1491 zur Heirat mit einer reichen Braut. Barbara Mitterhofer war die Tochter des Schwazer Gewerken und Baumeisters Gilg Mitterhofer und viel jünger als Waldauf. Sie sträubte sich länger, beugte sich aber schließlich dem Druck Maximilians auf ihren Vater. Sie bezog eine Wohnung im Schwazer Elternhaus, sah ihren Ehemann die nächsten Jahre jedoch kaum, weil dieser fast ständig mit dem König kreuz und quer durch Europa unterwegs war. In einem Brief an Erzherzog Sigmund klagt Waldauf: *»Ich bin noch*

auf heutigen Tag zu meiner Hausfrau ncht gekommen,
dessen sie sich beschwert. Aber morgen! Weil ich Herrn
Marquad das Geleit nach Schwaz gebe und einen Tag oder
vier da bleibe und darnach gestracks gen Linz reite.« Ein
Jahr nach der Eheschließung erwirbt Florian Waldauf
das Gericht Rettenberg (heute Gemeinde Kolsass) und
lässt unterhalb der damals bereits desolaten Burg Rettenberg ein mehrstöckiges Schloss bauen, das sein stän-
diger Wohnsitz werden sollte. Nach 1496 muss der Protonotarius – außer zu den Reichstagen – nicht mehr so oft
weg. Dafür erhält er in Tirol neue Aufgaben.

1496 wird Florian Waldauf einer der führenden Räte
der Innsbrucker Raitkammer und soll mitwirken, diese
zentrale Finanzbehörde zu einer allgemeinen Schatzkammer des Reichs umzubauen. Als Maximilian um 1500
eine Reformkommission einsetzt, die Sparmaßnahmen
beschließen, die Abrechnung der niederösterreichischen
Länder überprüfen und unfähige Beamte entlassen soll,

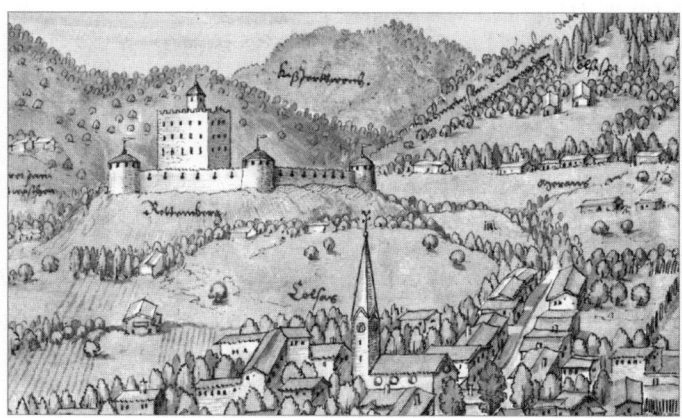

Schloss Rettenberg oberhalb von Kolsass
(Ausschnitt aus der Ansicht von Rettenberg
und Kolsass im »Schwazer Bergbuch«)

wird Florian Waldauf an ihre Spitze gesetzt. Außerdem überträgt ihm der König die Oberaufsicht über das gesamte Rüstungswesen. Es sind meist keine sehr zeitaufwändigen Aufgaben, die er übernimmt, immer jedoch sehr heikle und auf höchstem Vertrauen beruhende Tätigkeiten. Das Jahresgehalt betrug nur die Hälfte des für andere Spitzenbeamte festgesetzten Salärs, wurde jedoch durch die Schenkung von Anwesen aus landesfürstlichem Besitz ergänzt, von deren Abgaben der Grundherr gut leben konnte.

Dass Florian Waldauf von Waldenstein (zu Rettenberg, wie er sich jetzt auch nannte) genügend Zeit hatte, sich seiner frommen Stiftung zu widmen, zeigt die Art der Dienstverpflichtung als einer der vier Räte der Raitkammer. Ständig anwesend sein mussten nur der Kammermeister und mehrere Buchhalter und Kammerschreiber. Sie führten auch die Buchungen der Hofkammer durch, die mit dem Hoflager des Königs herumzog. Die vier Räte hatten nur alle drei Monate zu einer Ratssitzung zusammenzukommen und jährlich einmal, ab Dreikönig, die Abrechnung mit allen Ämtern durchzuführen, was wohl den ganzen Jänner in Anspruch nahm, danach jedoch durften sie laut Kammerordnung »*heim ziehen und ihre eigenen Sachen machen*«.

Mit seinen »eigenen Sachen« hatte Florian Waldauf wahrlich genügend zu tun. Der Bau des neuen Rettenberger Schlosses war dabei noch das Geringste. Vollauf beschäftigte ihn in seinen fünfzehn letzten Lebensjahren seine Stiftung. Mit der Sammlung von Reliquien hatte er sofort begonnen, nachdem die von Maximilian um Beratung gebetenen Theologen die Errichtung einer »Heiltumsstiftung«, wie sie damals beliebt waren und mancherorts zur Verehrung ausgestellt wurden, als einen der Punkte seines dreigeteilten Gelöbnisses festgelegt hatten. Auch mit der Frage, wo diese Schau kostbar gefasster Reliquien ihren Standort haben sollte, musste er sich sofort beschäftigen. Angeblich dachte er an Schwaz, doch hätte man dort diese »Gruspeln« nicht haben wollen. Diese despektierlich-spöttliche Haltung gegenüber einem kirchlicherseits hochgeachteten Kult ist quellenmäßig nicht belegt, doch passt sie ins Bild der Zeit, in der sich viele Menschen von solch tief im Mittelalter verwurzelten Denkweisen und religiösen Praktiken abzuwenden begannen. Waldaufs Freund Fuchsmagen machte sich ja in ähnlicher Weise lustig über die Art und Weise der Beschaffung und Verehrung von Reliquien.

Als die Entscheidung auf Hall gefallen war, die Wirtschaftsmetropole Nordtirols dank Saline, Münzstätte, der überregionalen Jahrmärkte und der Endstation der Innschifffahrt, begann Waldauf 1493 mit der Errichtung einer »Heiligen Kapelle« zu Ehren unserer Lieben Frau an der Nordseite der Pfarrkirche. In ihr sollte die Heiltumssammlung untergebracht werden, sie war aber auch als Standort des zu stiftenden Predigeramtes gedacht. Damit waren die Grundlagen zur Erfüllung aller drei Punkte des Gelöbnisses geschaffen. In den folgenden Jahren brachte Florian Waldauf von seinen kriegerischen Einsätzen, vor allem aber von seinen diplomatischen Missionen stets zahlreiche Reliquien mit. Ob es der böhmisch-ungarische König Wladislaw II. war oder ob die »Katholischen Könige« Spaniens sich erkenntlich zeigten – überall überreichte man ihm zusammen mit anderen Geschenken wertvolle Reliquien von örtlichen Heiligen oder von »Heiltümern« aus eigenen Sammlungen und Klöstern. Isabella von Kastilien und Ferdinand von Aragon vermehrten die Waldauf'sche Heiltumssammlung auch in den folgenden Jahren durch besondere Kostbarkeiten. Übrigens galt jede einzelne

Reliquie als »Heiltum«, aber auch die Sammlung als Ganzes wurde als »Heiltum« bezeichnet. Solche zeitweise zur Verehrung ausgestellte »Heiltümer« gab es in vielen Städten, die berühmteste wohl in Nürnberg.

Reliquien so nebenbei zu sammeln, war Maximilians Protonotar aber nicht genug. Er unternahm auf der Suche nach Heiltümern auch eigene Reisen und hielt sich zum Beispiel im Sommer des Jahres 1495 nur zu diesem Zweck zwei Monate lang in Köln auf. Das Unternehmen stand unter der Schirmherrschaft von Papst Alexander VI., König Maximilian I. und seiner Frau Bianca Maria Sforza sowie Kurfürst Hermann, Erzbischof von Köln. Sie empfahlen allen Klöstern und Stiften, Pfarren und frommen Vereinigungen der Stadt und des Bistums, den Tiroler Heiltumssammler zu unterstützen. Waldauf hatte als Helfer und Berater fünf Priester und mehrere Hofbeamte Maximilians mitgebracht und konnte schließlich mit über 2000 Heiltümern heimfahren.

So wuchs die Zahl der zuerst im Schloss Rettenberg, dann in der »Heiligen Kapelle« zu Hall verwahrten und teilweise ausgestellten Reliquien allmählich auf mehrere Tausend an. Zentraler Schatz war ein großes Holzstück vom Kreuz Christi. Sonst waren es vor allem Hirnschalen, Rippen und andere Knochen, die angeblich von Heiligen stammten, was kritische Menschen schon damals anzweifelten, auch Staub aus ihren Gräbern, Stoffreste ihrer Kleidung, Gegenstände aus ihrem Besitz oder Andenken von heiligen Orten. Heute mag man den Kopf schütteln, dass ein Mann wie Florian Waldauf wirklich daran glaubte, ein Stück von Stab und Hut des heiligen Petrus, vom Schleier der Muttergottes, ja sogar vom Lehm, aus dem Adam erschaffen wurde, erworben zu haben. Der Scharlatanerie von Reliquienhändlern waren jedenfalls Tür und Tor geöffnet. Aber der mittelalterliche Glaubenseifer

Ritter Florian Waldauf von Waldenstein,
beschützt von den heiligen Florian und Georg,
auf dem von ihm für die »Heilige Kapelle«
in der Haller Pfarrkirche gestifteten Altar

besiegte alle Zweifel und scheute keine Opfer, Waldauf
gab einen Großteil seines Vermögens dafür hin. Moderner denkende Christen betrachteten die Reliquien – um
diese Form der Volksfrömmigkeit nicht ganz ablehnen
zu müssen – als mehr oder weniger wirkkräftige Symbole.
Andere trieben ihre Scherze damit. Zum Beispiel übersandte der Haller Gelehrte Dr. Johannes Fuchsmagen
seinem Freund aus dem Pustertal zwei x-beliebige Zähne

Zwei kostbare Reliquiare aus der Sammlung Florian Waldaufs, abgebildet im Haller Heiltumsbuch: Die Büste enthält verschiedene kleine Gebeine des heiligen Leopold, der Arm einen Knochen des heiligen Bernhard.

und behauptete, sie stammten aus dem Gebiss des heiligen Christophorus. Wir wissen nicht, wie Waldauf darauf reagierte, er verwahrte die Zähne jedenfalls nicht in der Heiligen Kapelle, sondern in einem auf Rettenberg verbliebenen Kasten, und notierte ihre Herkunft samt Erklärung des Freundes kommentarlos. In seinem Heiltumsbuch erzählt der Protonotarius die Geschichte seiner Stiftung und beschreibt die wichtigsten Reliquien. Dazu ließ er vom Augsburger Künstler Hans Burgkmair 154 Illustrationen anfertigen.

Für jede Reliquie wurde eine kunstvolle Fassung geschaffen. Ständig in der Kapelle ausgestellt waren 27 Kopfreliquiare. Die weiteren 49 Büsten, 14 Armreliquiare, acht Tafeln und vier Monstranzen wurden einmal im Jahr auf dem Heiltumstuhl aufgestellt und den Gläubigen gezeigt, ebenso die in 16 Kästen aufbewahrten Schätze. Damit jeder sie bestaunen und vor ihnen Gebete sprechen konnte, gab es 21 feierliche, von Gesang und Trompetenschall begleitete Umgänge, wobei jedes Mal einzelne ausgewählte Reliquien dem Volk erklärt wurden. Für die Teilnahme an der Heiltumsschau und die entsprechenden Gebete gab es Ablässe von den Sündenstrafen, die König Maximilian persönlich vom Papst für das Haller Heiltum erwirkte. Der große Anziehungspunkt für Pilger aus ganz Europa, wie es sich der Stifter und sein königlicher Mentor vielleicht erhofft hatten, wurde das Haller Heiltum jedoch nicht. Und die Tradition der jährlichen Heiltumsschau im Geiste mittelalterlicher Frömmigkeit überlebte nicht einmal die ersten Ansätze der beginnenden Reformation. Die letzte Schau gab es 1524. Bemerkenswert ist, dass es nicht

Übertragung der Reliquien vom Schloss Rettenberg in die Waldaufkapelle, Holzschnitt von Hans Burgmair d. Ä. aus dem Haller Heiltumsbuch

zuletzt Prediger der Waldaufstiftung waren, die das Gedankengut Martin Luthers nach Tirol brachten und verbreiteten.

Florian Waldauf erlebte dies alles nicht mehr. Es war ihm auch nicht mehr vergönnt, das Heiltumsbuch drucken zu lassen, mit dessen Niederschrift er sich die Jahre davor vor allem beschäftigt hatte. Er hatte schon früher einmal den Druck eines Buches in Auftrag gegeben. Es waren die Weissagungen der von ihm und von Maximilian sehr verehrten Heiligen Birgitta, die im Jahr 1500 mit 59 Holzschnitten auf seine Kosten in Augsburg gedruckt wurden. Wenig später erschien auch eine deutsche Ausgabe mit einem Holzschnitt und der Einblattdruck von Birgittas »15 Gebeten zum Leiden Christi«, die täglich in der Heiltumskapelle vorgelesen werden sollten. Von einer Art kleiner »Volksausgabe« des Heiltumsbuches, die es offenbar gegeben hat, ist kein einziges Exemplar erhalten geblieben.

Waldauf war hochgebildet und besaß eine umfangreiche Bibliothek. Weil er auch Freude an gepflegter Geselligkeit unter Freunden und Gleichgesinnten hatte, gründete er zusammen mit Dr. Johannes Fuchsmagen, der die Sommermonate meist in seiner Heimatstadt Hall verbrachte, die »Stubengesellschaft«. Sie sollte es den »Herren von Adel, Salzbeamten, Bürgermeister, Räte und Honoratiores« ermöglichen, »von den Wirtshäusern und vom gemeinen Pöbel abgesondert« zusammenzukommen. Die Stubengesellschaft hat die Zeitläufte überdauert und existiert heute noch.

Über das Familienleben der Waldaufs auf Schloss Rettenberg wissen wir wenig. Von den drei Söhnen, die ihm seine Frau Barbara gebar, überlebte nur Hans die Kindheit. Er spielte in der Geschichte Tirols keine Rolle und verlor das Erbe seines Vaters durch Unvermögen und Verschwendungssucht. Auf der Flucht vor seinen Gläubigern starb er fern seiner Heimat.

Neben seiner Stiftung befasste sich der Bauernsohn Waldauf auch mit der Verwaltung seiner Güter und setzte für die Landwirtschaft in Tirol und die soziale Stellung der Tiroler Bauern einen bleibenden Akzent, indem er »seine« Bauern vom unsicheren Freistiftrecht befreite und ihnen ihre Anwesen in Erbleihe überließ. Kein Bauer auf Waldorf'schem Grund und Boden musste in Zukunft befürchten, nach einem Jahr »abgestiftet« zu werden und den Hof verlassen zu müssen. Zwar kam dies landesweit kaum mehr vor, aber es war theoretisch immer möglich. Die Erbleihe hingegen kam einem Besitz gleich. Da sie zu einer engeren Bindung des Bauern an den Hof und damit zu mehr Sorgfalt bei der Bewirtschaftung führte, stieg das wirtschaftliche Ergebnis, was auch dem Grundherrn wieder zugutekam. Offenbar überzeugte Waldauf König Maximilian von der Richtigkeit dieser Überlegungen, denn 1502 befahl dieser als der größte Grundherr im Land, die noch bestehenden landesfürstlichen Freistiftgüter in Erbleihen umzuwandeln.

Für das offizielle Tirol oder den kaiserlichen Hof arbeitete Florian Waldauf kaum mehr. Das letzte Amt, für das ihn Maximilian heranzog, war im November 1509 die Oberaufsicht über die Arbeiten an den Bronzefiguren des geplanten Kaisergrabmals. Ihm traute er den nötigen Kunstverstand und die Durchsetzungskraft zu, um die Vollendung des stockenden Vorhabens voranzutreiben. Mit 8. Dezember 1509 datiert die Ernennungsurkunde zum »Superintendenten« des Grabmalprojekts. Fünf Wochen später, am 13. Jänner 1510, starb Ritter Florian Waldauf von Waldenstein zu Rettenberg. Er wurde in der Krypta der von ihm gestifteten Kapelle der Haller Pfarrkirche bestattet.

II

AN DEN HEBELN DER MACHT

Sofort nach der Übernahme der Regierung in Tirol und den Vorlanden begann Maximilian mit der Reorganisation der hier schon bestehenden Regierungsämter und Verwaltungsbehörden nach dem Vorbild Burgunds. Dabei schaltete er die adeligen Sippschaften aus, die sich bisher die Macht, auch auf Kosten des Landesfürsten, unter sich aufgeteilt hatten, und setzte ganz auf seine persönlichen Tiroler Vertrauensleute. Auch in der Hofkanzlei spielten bald Tiroler eine bedeutende Rolle. Außerdem stand das Tiroler Regiment nach dem Tod Kaiser Friedrichs III. (1493) im Mittelpunkt der gesamten österreichischen Verwaltung und war auch mit der Reichsregierung eng verbunden, sodass man sagen kann, dass drei Tiroler zu den fünf, sechs führenden Männern der österreichischen Länder und des Heiligen Römischen Reichs Deutscher Nation gehörten: Michael von Wolkenstein, der oberste Beamte des Tiroler Regiments, der De-facto-Hofkanzler Zyprian von Serntein und der Generalschatzmeister Paul von Lichtenstein. Eine ähnlich wichtige Rolle spielte in der ersten Regierungszeit nur noch Hofkanzler Konrad Stürtzel, ein Vorderösterreicher, der aber 1500 nach seinem ungeschickten Agieren auf dem Reichstag von Augsburg auf sein Amt verzichtete. Immer größeren Einfluss hatte Matthäus Lang, ein Aufsteiger aus einer verarmten Augsburger Patrizierfamilie, den Maximilian schon um 1495 als persönlichen Sekretär zur Seite hatte und der spätestens seit 1500 als außenpolitischer Berater Maximilians Politik wesentlich mitbestimmte.

Maximilian beim Regieren: Sekretäre nehmen Post entgegen (Ausschnitt einer Abbildung im »Weißkunig«)

Michael von Wolkenstein –
Der Landhofmeister

Während Veit von Wolkenstein eher als Freund Kaiser Maximilians gelten kann und als sein »Sprecher« bei öffentlichen Anlässen, gehört dessen Bruder Michael zum Kreis der führenden Beamten der habsburgischen Länder und der Hof- und Reichsregierung. Unter Maximilian gab es da keine scharfe Trennung. Alle Kompetenzen und Verwaltungsbereiche flossen ineinander über.

Michael von Wolkenstein war für Maximilian auch als Vertreter der großen Geschlechter wichtig, die sonst in seinem Regierungsapparat keine führende Rolle mehr spielten. Er tritt erst um 1493 in der Umgebung des Landesfürsten und römisch-deutschen Königs in Erscheinung, und zwar gleich als Rat und Kämmerer, war bald schon in Finanzgeschäften unterwegs und wurde mit weitreichenden Vollmachten der Hofverwaltung ausgestattet. Er hatte unter anderem die unangenehme und heikle Aufgabe, die Ausgaben der Königin Bianca Maria zu überwachen und nach Möglichkeit einzuschränken. Offenbar war Michael von Wolkenstein auch mit der Aufsicht der Bauarbeiten am Goldenen Dachl betraut, vielleicht hatte er auch Geld für die Vollendung des Prunkerkers aufgetrieben, jedenfalls wurde ihm das Recht zugestanden, sein Wappen irgendwo unterzubringen. Allzu sehr auffallen durfte es aber nicht, so kam es auf den Rücken eines der Tänzer! Seine organisatorischen Fähigkeiten sollte Michael von Wolkenstein später auch im Rahmen der Bauarbeiten an der Schwazer Franziskanerkirche und bei den Arbeiten am Grabmal des Kaisers unter Beweis stellen.

Dass er 1499 im neu formierten Innsbrucker Regiment als Landhofmeister die höchste Position einnahm, hatte er nicht angestrebt, sondern musste erst von seinem Freund Zyprian von Serntein dazu überredet werden. Wahrscheinlich ahnte er, dass er die zugesagten 1000 Gulden Sold im Jahr kaum einmal zu Gesicht bekommen würde. Immerhin hatte er freie Wohnung mit Küche, Keller und Bad in der Hofburg, konnte im Hofgarten Obst pflücken, so viel er wollte; es standen ihm weiters das benötigte Holz und zwei erlegte Hirsche zu, außerdem der zollfreie Bezug von Ochsen aus Kärnten. »Kein Spreu« sei ihm bisher bezahlt worden, schreibt er nach mehr als zehn Dienstjahren an Serntein. Im Gegenteil, der Kaiser räume seinen Säckel völlig aus.

Das Wappen des Michael von Wolkenstein am Rücken eines Maruskatänzers (links) am Goldenen Dachl

Damit erging es Michael von Wolkenstein nicht anders als den meisten Männern in der Umgebung des Kaisers. Aber sie wussten sich alle zu helfen und »*schnitten ordentlich mit*«, wenn sie Geschäfte vermittelten. Das war nicht Korruption, sondern Teil des geltenden Systems, sparte Personalkosten. Außerdem entschädigte sie der Kaiser durch die Überlassung von Burgen, Pflegschaften, Herrschaften und anderer Pfründe. So konnte auch der Wolkensteiner seinen Besitz gehörig erweitern. Als die Görzer Grafen im Jahr 1500 ausstarben und die Herrschaft Lienz mit dem Pustertal an Tirol fiel, konnte er es sich leisten, 1501 für die Erwerbung von Schloss Bruck und Stadt Lienz mit Urbaramt und Landgericht, sowie die Ämter und Gerichte Virgen, Kals und Defereggen – was fast dem heutigen Osttirol entspricht – die Pfandsumme von 22.000 Gulden zu bezahlen. 1507 wurde dieser Betrag sogar auf 34.000 Gulden erhöht. Verbunden mit den Gerichten und Grundherrschaften waren alle Einkünfte aus Zinsen, Renten, Gülten, Mauten, geistlichen und weltlichen Lehen, Dienstbarkeiten, Roboten, Wälder, Jagden, Fischwassern usw. Maximilian behielt nur die gemeine Landsteuer, den Bergbau, Münzprägung und die Gämsenjagd (*siehe S. 323 – 325*).

Aus diesen Jahren gibt es auch archivalische Belege dafür, wie sehr Michael von Wolkenstein in der Gunst des Königs stand. So musste der Landhofmeister im Oktober 1502 eine größere Anzahl von Perlen aus Maximilians Besitz im Wert von 300 Gulden nicht bezahlen, weil der König und seine Frau Bianca Maria der Gattin Wolkensteins, Barbara von Thun, »*ain kint aus der Tauf gehebt und ihr dieselben Perlen in das kindlpet geschenkt*« haben.

Freiherr von Wolkenstein – zum Grafentitel brachte er es nicht, wohl aber zum Ritter vom Goldenen Vlies –

gefiel es in Lienz anscheinend sehr gut, denn er erwählte die ehemalige görzische Residenzstadt für sich und seine Familie zum ständigen Wohnsitz. Zwar brachte dies Nachteile für seine Aufgaben in Innsbruck, doch war es nach 1508 auch ein Vorteil, weil der Venezianerkrieg das Pustertal bedrohte, besonders nach der Niederlage der kaiserlichen Truppen im Cadore *(siehe S. 342)*, und er die in Lienz eingerichtete »Kriegskammer« zu leiten hatte. In dieser Funktion war er für die Versorgung und Besoldung der von Herzog Erich von Braunschweig kommandierten Truppen vom Drautal bis hinunter nach Krain zuständig. Als Landhofmeister trug er auch die Verantwortung für die nötigen Verteidigungsmaßnahmen an der gesamten Tiroler Südgrenze.

Die Nähe zum Kriegsgeschehen, das persönliche Kennenlernen der damit verbundenen Not weiter Bevölkerungskreise und die Verantwortung für die Deckung der immensen Kosten dürften gleichermaßen dazu beigetragen haben, Michael von Wolkenstein zum Gegner einer Politik zu machen, die den Krieg als selbstverständliches Mittel der Politik betrachtete. Vor allem nach 1511 unterbreitete er allein oder zusammen mit Zyprian von Serntein und Paul von Lichtenstein immer wieder gut begründete und dringliche Friedensvorschläge. Der Kaiser möge bedenken, dass »*jede Verzögerung des Friedens nur Nachteile bringe*«. Dass er auf seine treuesten und klügsten Berater gerade in wesentlichen Dingen nicht hörte, ist einer der Negativpunkte der Regierung dieses großen Kaisers.

Michael von Wolkenstein starb 1523 während eines Aufenthalts in Innsbruck. Begraben wurde er neben seiner Gattin Barbara von Thun in der Lienzer Pfarrkirche, wo der Innsbrucker Bildhauer Christoph Geiger 1510/11 eine prächtige Grabplatte für das Ehepaar gemeißelt hatte. Kaiser Maximilian weilte damals einige Tage in Lienz und besuchte den von ihm geförderten Künstler während dessen Arbeiten in St. Andrä. Er soll sogar selbst Meißel und Hammer ergriffen und ein paar Schläge getan haben. Ein besonderes Zeichen der Wertschätzung für einen höchst verdienten Mitarbeiter.

Grabstein des Michael von Wolkenstein
und seiner Gattin Barbara von Thun
in der Lienzer Pfarrkirche St. Andrä
(geschaffen 1510/11 von Christoph Geiger)

Paul von Lichtenstein –
Der beste Mann von Tirol

Paul von Lichtenstein sei »*der beste Mann der Grafschaft Tirol*«, meinte der aus bürgerlichen Verhältnissen kommende Vizedom der niederösterreichischen Länder, Lorenz Saurer, der seine Beamtenkarriere in der Innsbrucker Hofkanzlei begonnen hatte und den nur wenig älteren Lichtenstein als Vorgesetzten kennengelernt hatte. Die Herren von Lichtenstein waren ein Trienter Ministerialengeschlecht mit Stammschloss in Leifers bei Bozen. Paul trat 1482 in den Dienst bei Erzherzog Sigmund dem Münzreichen und wurde 1489 Hofmarschall. Er behielt dieses oberste Amt der Hofverwaltung auch nach dem Rücktritt seines Dienstherrn, wurde aber vom neuen Landesfürsten immer mehr für die Abwicklung der allgemeinen Finanzgeschäfte gebraucht, weil er darin allen überlegen war.

Als ihn sein Freund Zyprian von Serntein, der die Reform des Tiroler Regiments leitete, für die Position des Landmarschalls haben wollte, zögerte Paul von Lichtenstein lange, weil ihm damit völlig andere Aufgaben zufielen, nämlich die inneren Angelegenheiten des Landes Tirol, und er wissen wollte, ob er sich diese Verantwortung guten Gewissens aufbürden konnte. In einem mit »*Mein Paul Lichtenstein Antwort*« überschriebenen Schriftstück forderte er, dass die zu übernehmende Stellung Freiheit und Rechte der Landschaft – so nannte man die Gesamtheit der Ständevertreter – nicht beschneiden dürfe. Und er verlangte die Zusicherung, dass Ämter und Gerichte nur mit unbestechlichen Leuten besetzt werden. Auch die Ordnung dringend

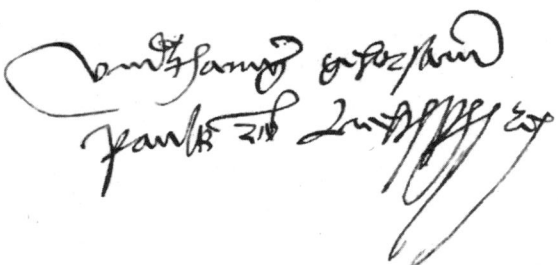

Unterschrift des Landmarschalls
Paul von Lichtenstein auf einem eigenhändig
geschriebenen Gesetzesentwurf

anstehender Bergwerksangelegenheiten machte er zur Bedingung. Die Höhe der Besoldung war ihm dagegen nicht so wichtig, die überließ er dem Ermessen des Königs.

In seinem neuen Amt war Lichtenstein ein Zerrissener, weil er einerseits für sein Heimatland das Beste wollte und z.B. 1509 alles unternahm, den für das Land bedrohlichen Krieg gegen Venedig zu verhindern, andererseits – als dieser begonnen hatte – aus Treue zu seinem kaiserlichen Herrn den Ständevertretern immer neue Steuern und eine immer größere Zahl an Kriegsknechten zum Grenzschutz abverlangen musste. Um wenigstens etwas mehr Gerechtigkeit bei der Verteilung dieser enormen Lasten zu erreichen, bemühte er sich am Juni-Landtag von 1511 um eine gesetzliche Regelung dieser beiden Punkte, der die Vertreter sowohl der oberen wie der unteren Stände zustimmen konnten. Ergebnis war das später berühmt gewordene »Tiroler Landlibell«. Es bezieht erstmals auch die um und nach 1500 neu zu Tirol gekommenen Gerichte des Pustertals (mit der Herrschaft Lienz) sowie Kufstein, Kitzbühel und Rattenberg in die Steuer- und Wehrordnung ein, die in der Grafschaft in ähnlicher Weise schon länger gegolten hatten. Auch andere wichtige Gesetze (u. a. Handwerks-ordnungen, Polizei, Strafrecht) gehen auf Lichtensteins Entwürfe zurück.

Einige diplomatische Erfolge Paul von Lichtensteins zeigen ebenfalls, wie sehr es ihm um Tiroler Interessen ging. Obwohl er ein entschiedener Gegner der Eidgenossen war und durch seine Haltung wohl auch am Ausbruch des Schweizerkriegs von 1499 »nicht ganz unschuldig« war (Wiesflecker), bemühte er sich um eine Verständigung mit der Schweizer Eidgenossenschaft und schloss 1511 mit ihr eine neue »Erbeinung« ab, die unter der Bezeichnung »Ewige Richtung« Grenzen und Besitzstand festlegte und den nachbarschaftlichen Frieden auf Dauer sicherte. Dass er in der kritischen Phase um 1508/09 den Frieden mit Venedig unter allen Umständen erhalten wollte, hängt sicher auch mit seiner Tiroler Sichtweise zusammen. Aus dem Blickwinkel des Tirolers hatte er wenig Verständnis für die kompromisslose Kaiserpolitik, die alle Grenztäler des Landes der kriegerischen Verwüstung aussetzte und sowohl Verteidigungskraft als auch die finanziellen Möglichkeiten des Landes überstieg. Denn es war vorauszusehen, dass wieder die Tiroler die Landesgrenzen schützen und mit ihren Steuern die Hauptlast des Krieges tragen würden müssen. Weil Lichtensteins venedigfreundliche Haltung in der Lagunenrepublik bekannt war, überließ der Kaiser ihm viele der Verhandlungen mit venezianischen Gesandten.

Ansonsten musste sich Paul von Lichtenstein nach dem Tod des nicht minder begabten Augsburger Kaufmannssohnes Georg Gossembrot (†1502) ganz den Finanzgeschäften der Erbländer und des Reichs widmen.

1506 übersiedelte noch dazu das Finanzgenie Melchior von Meckau, der formell Bischof von Brixen war, als Kardinal nach Rom. Der aus Meißen stammende Meckau hatte sich um seine Diözese nie gekümmert – das besorgte sein Koadjutor Christoph von Schrofenstein –, sondern

Brief des Dogen Leonardus Lauredanus (Leonardo Loredan) an Paul von Lichtenstein, in dem er den zum Generalschatzmeister aufgestiegenen Tiroler um Unterstützung bei seinen Bemühungen bittet, den drohenden Kriegsausbruch zu verhindern (20. März 1509) (Ausschnitt)

in Innsbruck die für Finanzen zuständige Hofkammer geleitet. Paul von Lichtenstein trug jetzt den Titel Generalschatzmeister und war Maximilians »allmächtiger Finanzmann« (Wiesflecker). Auf die große Politik, soviel sie auch Geld verschlang, hatte er trotzdem wenig Einfluss. Lichtensteins Möglichkeiten überschätzte sogar der Doge von Venedig, wenn er sich in einem persönlichen Schreiben an den Generalschatzmeister wandte, um den Krieg im letzten Augenblick zu verhindern.

In der Außenpolitik, zu der für Maximilian ganz selbstverständlich auch der Krieg gehörte, durfte nur Matthäus Lang mitreden, der dieses Privileg eifersüchtig hütete. Trotzdem war der Schwabe kein »halber Kaiser«, wie manche Zeitgenossen meinten, denn Maximilian ließ sich zwar beraten, entschied letztlich aber immer aus eigener Überzeugung. Lang hatte inzwischen seine Einsetzung als Domherr in Augsburg und seine Ernennung zum Bischof von Gurk erreicht, obwohl er ein ausschweifendes Leben führte und weder Theologie studiert noch eine Weihe empfangen hatte. Es ging nur um Ansehen und vor allem um die reichen Pfründe. Die persönlichen Koalitionen und Feindschaften innerhalb der Regierungs- und Hofleute schwankten, und es verwundert, dass selbst die befreundeten Tiroler Serntein und Lichtenstein in politischen Fragen nicht immer als Verbündete auftraten. Hofkanzler Serntein wurde eher Langs Partei zugerechnet und war einer aus dessen »Hecke«, die den Kaiser nach außen abschirmten, während zwischen Lang und Lichtenstein immer Distanz und zeitweilig richtige Feindschaft herrschte. Das hatte vor allem, aber nicht nur, mit Langs eisernem Festhalten am Krieg gegen Venedig zu tun. In dieser Frage waren sich wiederum Serntein und Paul von Lichtenstein einig, ohne sich durchsetzen zu können.

Das Tiroler Regiment und die Finanzbehörde, die Kammer, waren auch für die Vorlande zuständig. Die Grafschaft Tirol und alle Grafschaften und Herrschaften westlich des Arlbergs wurden zusammen die »Ober- und vorderösterreichischen Lande« genannt, während Österreich ober und unter der Enns, die Steiermark, Kärnten und Krain zusammen die niederösterreichischen Lande bildeten. Ihre Regierungs- und Verwaltungsbehörden wurden nach dem Vorbild Tirols neu strukturiert. Mehrmals schickte Maximilian Paul von Lichtenstein und andere Tiroler Beamte nach Linz, das bis 1510 Sitz der niederösterreichischen Behörden war, und später nach Wien, um ihre Erfahrungen weiterzugeben und die Arbeit der dortigen Beamten zu kontrollieren. Dementsprechend verhasst waren die »Tiroler Aufpasser«. Gerne hätte er Paul von Lichtenstein in Wien zum »Obersten Hauptmann« gemacht, weil er ihm zutraute, die sehr eigensinnigen Landstände des östlichen Länderkomplexes zu größeren Leistungen für die Interessen der habsburgischen Gebiete anzuspornen. Der Tiroler Landmarschall lehnte jedoch dieses Ansinnen mit dem Argument ab, die Niederösterreicher »würden Pech und Schwefel über ihn herabregnen lassen«.

Beliebt war der Marschall auch bei seinen Untergebenen in Tirol nicht unbedingt. Da galt er als »alter Grobian«, aber auch im Umgang mit Gleichgestellten war sein aufbrausendes Temperament nicht immer förderlich. Andererseits war seine Entschlusskraft eine ideale Ergänzung zur Bedächtigkeit eines Zyprian von Serntein, und seinen nüchternen Realitätssinn scheint selbst der Kaiser – vielleicht als Korrektiv seines eigenen Wesens – geschätzt zu haben, genauso wie seine Ehrlichkeit und Offenheit. Sonst wäre Maximilian wohl

öfter über Lichtensteins freimütige Äußerungen verärgert gewesen, etwa wenn der Tiroler wieder einmal
seinem kaiserlichen Herrn schriftlich dessen wirre
Finanzpraktiken vorhielt. Lichtenstein durfte fast alles.
Maximilian war so sehr auf ihn angewiesen, dass er ihm
sogar persönliche Freiheiten gestattete, die sich sonst
niemand zu nehmen getraute. Es konnte passieren, dass
sein Schatzmeister es ablehnte, eine Dienstreise zu
unternehmen, wenn er sie unnötig fand oder sie ihm
sonst nicht passte. Oder er ignorierte den Terminplan
des Kaisers, wenn er seiner Gesundheit zuliebe eine
Badekur antrat. Mehrmals drohte Lichtenstein, den
Dienst zu quittieren, wenn der Kaiser ihm solche Eigen-
mächtigkeiten verbieten wollte.

Wie sehr der Kaiser Paul von Lichtenstein schätzte
und achtete, zeigt nicht so sehr die Ernennung vom Frei-
herrn von Castelcorn, sondern vor allem die Aufnahme
in den habsburgischen Hausorden vom Goldenen Vlies.
Diese Auszeichnung wurde nur ganz wenigen adeligen
Beamten zuteil, in Tirol nur noch Michael von Wolkenstein. Das enge menschlich-vertraute Verhältnis zwischen dem Herrscher und seinem hochrangigen Diener
äußert sich auch darin, dass Maximilian Lichtensteins
Frau Barbara von Schrofenstein wertvollen Schmuck
schenkte und seinen Sohn aus der Taufe hob. Man kann
sich vorstellen, dass es zwischen den beiden auch private Gespräche gab. Über das rein dienstliche Verhältnis hinaus ging es auch, wenn der Kaiser seinen vielleicht wichtigsten Beamten in heiklen Angelegenheiten
ins Vertrauen zog und ihn damit indirekt um Rat fragte.
So gehörte Paul von Lichtenstein zu dem an einer Hand
abzuzählenden Personenkreis, dem er seinen Plan offen-
barte, sich durch Bestechung der Kardinäle zum Papst
wählen zu lassen.

Was der Kaiser sicher gar nicht leiden konnte, waren die ständigen Friedensmahnungen des Lichtensteiners. Darüber mochte er wohl oft verstimmt gewesen sein. Doch obwohl Gegner der Kriegspolitik des Kaisers erfüllte Paul von Lichtenstein in treuer Pflichterfüllung seine Aufgaben, bis er – um es mit seinen Worten zu sagen – *»alle Bürden auf dem Halse hatte«*. Zur Organisierung des Venezianerkriegs wurden in Innsbruck, Lienz und Trient je eine eigene Kriegskammer eingerichtet, deren Leitung Paul von Lichtenstein übernehmen musste. Sie war für Anwerbung, Ausrüstung und Verpflegung der Truppen zuständig. Jedoch was nützte es, wenn der Kaiser ihn mit allen Vollmachten ausstattete und er über sämtliche Einkünfte aller österreichischen Länder verfügen konnte? Es war nie genug.

Das Verpfänden von Herrschaften, Ämtern und wertvollem Besitz, das Aufnehmen von Darlehen bei Fürsten, Städten und Handelsgesellschaften, um den steigenden Geldbedarf zu decken, erreichten jetzt den Höhepunkt. Auch die Finanzhilfe aus des Generalschatzmeisters eigener Tasche. Lichtenstein hatte sein eigenes Vermögen derart vermehrt, dass er im Laufe der Jahre dem Kaiser über 100.000 Gulden leihen und als Bürge für ähnlich hohe Darlehen auftreten konnte, was ihn manchmal in arge Bedrängnis brachte. Die Rückzahlungen blieben nämlich oft genug aus. Im Jahr 1511 schuldete Maximilian ihm mehr als 50.000 Gulden. Lichtenstein hatte aber immer sichere Pfandschaften verlangt, zum Beispiel 1505 Hauptmannschaft, Schloss, Stadt und Gericht Rattenberg. Manches Pfand konnte Lichtenstein später günstig als Eigentum erwerben, so geschehen mit Schloss und Herrschaft Schenna.

Diese Geschäftspraktiken wurden ihm von neidischen Zeitgenossen oder von potenziellen Konkurrenten der unteren Ebene nie vorgeworfen, sie waren offenbar Teil des Besoldungsschemas höherer Beamter. Auch dass des Kaisers Generalschatzmeister vom Handelshaus der Fugger eine Jahrespension von 2000 Gulden bezog, galt nicht als Bestechung und trug ihm nie die Verdächtigung ein, dieses Handelshaus gegenüber anderen zu bevorzugen.

Alles war völlig legal – und üblich. Wiesflecker kennt in den Quellen keinen Hinweis darauf, »dass er sich besonders bereichert hätte«. Dass er Neider hatte und unzufriedene oder durch seine schroffe Art gedemütigte Untergebene, die ihm eins auswischen wollten, ist dagegen aktenkundig. Auch die immer offener zutage tretende Feindschaft des auf die Kriegskarte setzenden Matthäus Lang wirkte sich mit der Zeit aus.

In einem Brief vom 15. Juli 1512 an Zyprian von Serntein zeigt sich Paul von Lichtenstein frustriert über die herrschende Stimmung ihm gegenüber: Wäre etwas gut ausgegangen, wollten es immer andere gemacht haben; sei etwas versäumt worden, müsse es immer er gewesen sein. Als der Kaiser in dieser Situation von ihm verlangte, den gesamten Staatshaushalt in seine Alleinverantwortung zu übernehmen, lehnte der Generalschatzmeister ab und überließ sein Amt dem um 20 Jahre jüngeren Kleinbürgersohn aus dem Elsaß Jakob Villinger, der sich in den Innsbrucker Amtsstuben vom Buchhalter zum Finanzstrategen entwickelt hatte und 1512 bereits als der kommende Mann galt. Paul von Lichtenstein zog sich zurück, übernahm aber noch einmal Verhandlungen mit den Fuggern in Augsburg, wo er im Juni 1513 starb.

Zyprian von Serntein – Der mächtigste Tiroler am Kaiserhof

Von allen Tirolern um Maximilian stand Zyprian von Serntein am längsten im Sold der Habsburger. Er entstammte einer Familie, die aus dem Dorf Nordheim bei Sarnthein im Sarntal kam und wegen ihrer Verdienste im Verwaltungsdienst 1465 geadelt wurde. Statt des eigentlichen Namens »von Northeim« wurde Zyprian »von Serntein« genannt, auch »der Serenteiner« kommt in den Quellen vor. Der Vater Hans von Northeim/Serntein war einfacher Schreiber in den von Sigmund dem Münzeichen eingerichteten Behörden. Seinen Sohn Zyprian schickte er an eine italienische Universität, wo er sich das Rüstzeug für eine glänzende Karriere erwarb. Trotzdem begann auch Zyprian 1482 als einfacher Schönschreiber in der Hofkanzlei Erzherzog Sigmunds. Sein Chef, der aus den Vorlanden stammende Hofkanzler Dr. Konrad Stürtzel, erkannte die Fähigkeiten des jungen Tirolers und setzte ihn bald für heiklere Aufgaben ein.

Als Befürworter und Mitbetreiber der Übergabe Tirols an den habsburgischen Alleinerben Maximilian genoss Zyprian von Serntein von Anfang an dessen volles Vertrauen und stieg rasch zum obersten Sekretär und Protonotarius auf. Bald galt er neben Maximilians persönlichem Sekretär und Berater Matthäus Lang als der einflussreichste Mann bei Hofe. »Kaum ein Mandat Maximilians, das nicht seine Unterschrift trägt«, stellt Maximilianforscher Wiesflecker fest. Das war nur möglich, weil Serntein wie andere führende Beamte samt ihren Kanzleien und Sekretären den Herrscher auf dessen ständigen Reisen kreuz und quer durch Europa begleiteten. Man denkt ja viel zu wenig daran, wenn man vom »reisenden Kaiser« spricht oder vom »wandernden Hof«. Ein nicht geringer Teil des zwischen 300 und 500 Personen bestehenden Hofstaates – Kämmerer, Köche und Kellner, anderes Dienstpersonal, Ärzte, Kapläne, Sänger und Musiker, Jäger, Pferde- und Fuhrknechte, die bewaffnete Garde und sonst allerhand Leute, die man brauchte – war mit Maximilian unterwegs. In Innsbruck hatten Hofkanzler und alle anderen Behörden zusätzlich einen festen Standplatz. Außerdem wurde hier 1506 eine eigene Finanzregistratur eingerichtet. In der Tiroler Hauptstadt gab es außerdem eine Einlaufstelle für die Post, wo die vielen Briefe und Dokumente registriert und dem Hof bei entsprechender Wichtigkeit nachgesandt wurden.

Zyprian von Serntein war ein richtiges Arbeitstier, konnte mit dem König halbe Nächte über Akten und Briefen sitzen und wusste über alles und jeden Bescheid. Er notierte Gerüchte und sammelte eifrig schriftliches Material, Dokumente und Briefe, die er auf seinem Schloss Fragenstein bei Zirl sorgsam verwahrte. Seine geheimen Dossiers waren gefürchtet. Als er 1502 das Amt

»Kaum ein Mandat Maximilians, das nicht die Unterschrift Zyprian von Serntein trägt.« (Wiesflecker)

des zurückgetretenen Hofkanzlers Stürtzel übernahm, kamen auch die amtlichen Schriftstücke in sein Privatarchiv. Seine umfassende Informiertheit verband Zyprian mit absoluter Verschwiegenheit. *»Ich habe meinem Munde eine Wache auferlegt«*, pflegte er zu sagen.

Das sehr persönliche, fast private Vertrauensverhältnis machte es möglich, dass Serntein, den Wiesflecker als klein, quicklebendig, lebenslustig und als Verehrer des weiblichen Geschlechts beschreibt, Maximilian jene Frauen aus besseren Gesellschaftsschichten zuführte, die dem König »die fehlende Familie ersetzten«, um noch einmal den bedeutendsten Maximilianbiografen Wiesflecker zu zitieren. Dabei unterstützt wurde er von Matthäus Lang, der sich ähnliche Verdienste erwarb, und von dessen Schwester Apollonia, Hofdame der Bianca Maria Sforza, die wahrscheinlich auch zu des Kaisers Favoritinnen zählte.

Sernteins erste große Aufgabe im Dienste Maximilians war die Regierungs- und Verwaltungsreform der Jahre 1496 bis 1498 mit der Einrichtung von Hofrat, Hofkammer und Hofkanzlei. Auch das Tiroler Regiment wurde 1499 neu formiert. Die Besetzung lag ebenfalls in Zyprian von Sernteins Hand. Dabei hielt er sich bei den führenden Posten ausnahmslos an tüchtige Männer, die er schon gut kannte und die zum Teil seine Freunde waren wie Michael von Wolkenstein, der Landhofmeister wurde, oder Paul von Lichtenstein, dem er das Amt des Landmarschalls übertrug. Tiroler Kanzler blieb der aus dem Innsbrucker Bürgertum aufgestiegene Sekretär Sigmunds des Münzreichen und von Maximilian geadelte Oswald von Hausen. Als dieser starb, trat Zyprian von Serntein seine Nachfolge an. Gleichzeitig übernahm er anstelle des bisherigen Hofkanzlers Dr. Konrad Stürtzel, der nach unglücklichem Agieren auf einem Reichstag seinen Abschied nehmen musste, die Leitung der Hofkanzlei. Offiziell zum Hofkanzler ernannte ihn der Kaiser aber erst nach Stürtzels Tod (1509).

Davor schon hatte Serntein in Verhandlungen mit den Schweizern (1499), mit den Franzosen (1503) und mit Venedig (1508) bedeutende diplomatische Erfolge einfahren können, an denen sich jetzt noch wichtigere anschlossen. Er handelte mit der Schweizer Eidgenossenschaft die sogenannte Erbeinung aus, brachte ein Bündnis mit Zar Iwan Wassili von Moskau zustande und bereitete die ungarische Doppelhochzeit von 1516 vor. Dass es 1518 am Innsbrucker Generallandtag zum ersten Verteidigungsbündnis der habsburgischen Erblande kam, war nicht zuletzt auch das Verdienst seiner Hartnäckigkeit. Bei solchen innerösterreichischen Angelegenheiten achtete er stets darauf, die Interessen der Grafschaft Tirol zu wahren. Diese Bedachtnahme auf die schwierige Lage Tirols ließ ihn von der Kriegspolitik des Kaisers abrücken. Damit schwenkte er auf die Linie des Tiroler Landmarschalls Paul von Lichtenstein ein und stellte er sich gegen die Politik des ersten Außenpolitikers am Hof, Matthäus Lang. Lichtensteins Tod im Jahr 1513 war für ihn deshalb ein besonders großer Verlust.

Tatsächlich wurden jetzt Intrigen einiger von Maximilians Sekretären auf unterer Ebene wirksam, die, vermutlich von Lang angetrieben, Sernteins Vertrauensstellung beim Kaiser untergruben, der »*je länger je mehr misstrauisch werde*«, wie Serntein schon 1509 Paul Liechtenstein gegenüber klagte. 1513 schreibt er in einem privaten Brief, nach 26 Jahren aufopfernden Dienstes hätte er mit so viel Ungnade nicht gerechnet. Sehr tief konnte der Stachel nicht gesessen sein, denn schon 1516 vertrat der Tiroler Maximilians Enkel Ferdinand in Wien

Burg Fragenstein bei Zirl, die Hofkanzler
Zyprian von Serntein ausbauen ließ – imposant,
wie es einem gebührt, der an den Hebeln der
Macht sitzt. Ein Stüberl und ein Schlafzimmer
standen immer für Maximilian bereit.
(Ausschnitt aus einem Aquarell der Gegend
um das Jagdschloss Martinsbühel von
Sebastian Schell, 1546)

bei der Fernhochzeit mit der ungarischen Königstochter
Anna Jagiello. Ein Jahr vorher, bei der berühmten Wiener Doppelhochzeit, war ja noch nicht sicher gewesen,
welcher der beiden Enkel Maximilians die ungarische
Prinzessin heiraten werde, weshalb nach der Hochzeit
von Maximilians Enkelin Maria mit dem ungarischen

Königssohn Ludwig der Kaiser selber den Ring mit der 12-jährigen Anna von Ungarn gewechselt und damit pro forma geheiratet hatte. Jetzt war angesichts der verschärften Türkengefahr am Balkan Eile geboten. Um die 1515 unterzeichneten gegenseitigen Erbverträge nicht zu gefährden, musste der nun als Annas Gatte feststehende Erzherzog Ferdinand seine Braut auch heiraten. Da er aber immer noch in Spanien weilte, brauchte es wiederum einen Stellvertreter. Die Fernehe war kirchenrechtlich gültig. Vollzogen wurde sie erst nach Erwachsenwerden der immer noch zu jungen Brautleute im Jahr 1521.

Das zeitweilig schwierige Verhältnis zwischen Maximilian und seinem höchstgestellten Tiroler Beamten hatte seinen Grund auch in der zunehmenden Zerrüttung der Finanzen. Dass der inzwischen sowohl die Tiroler Kanzlei als auch die Hofkanzlei leitende Serntein auch zur Erstellung von Finanzierungsplänen und zur Geldbeschaffung herangezogen wurde, versteht sich fast von selbst. Das war mühsam und undankbar, brachte aber Möglichkeiten, für sich selber – durchaus legal – *»gut Braten zu schneiden«.* So beteiligte sich Serntein am Silbergeschäft, stieg in den Ochsen- und Tuchhandel ein und erwarb im Laufe der Jahre ein so stattliches Vermögen, dass er selber als einer der großen Darlehensgeber und Bürgen des Kaisers fungierte. Er erwarb eine Reihe von Schlössern und Herrschaften, darunter Fragenstein bei Zirl, wo er dem Kaiser eine gemütliche Jagdstube samt Schlafzimmer einrichtete. Auch die Ehe mit der 30 Jahre jüngeren Haller Bürgertochter Dorothea Perl schloss er aus finanziellen Interessen. Obwohl zwei Jahre älter als Maximilian, überlebte Zyprian von Serntein den Kaiser. Er starb 1524.

III

MIT ODER FÜR MAXIMILIAN UNTERWEGS

Keine genau definierten Positionen bei Hof und in der Regierung hatten andere Tiroler inne, die für König und Kaiser Maximilian europaweit unterwegs waren, an seiner Seite durch die Lande zogen wie sein persönlicher Schreiber Marx Treitzsaurwein oder in den niederösterreichischen Ländern für ihn wichtige Aufgaben erfüllten, wie der Haller Jurist Dr. Johannes Fuchsmagen. Nicht zuletzt ging es um die Geschäftsbeziehung zu traditionellen oder potenziellen Kreditgebern. Es war ein ganzes Heer an Agenten, Diplomaten und »Faktoren« aus dem Reichsadel, aus dem Freiherrenstand oder bürgerlicher Herkunft, die Maximilian benötigte, um überall seine Interessen vertreten zu lassen, die von Spanien bis Moskau, von Skandinavien bis Rom reichten. Veit von Wolkenstein und Florian Waldauf wurden schon vorgestellt. Blasius Hölzl ist ein weiterer Tiroler, der durch Jahre dieser reisenden Truppe angehörte.

König Maximilian I. war auf Feldzügen oder in Regierungsgeschäften ständig kreuz und quer durch halb Europa unterwegs. Hier zieht er am 19. August 1490 in die bis dahin von den Ungarn besetzte niederösterreichische Residenzstadt Wien ein (Ausschnitt aus einem Relief von Alexander Colin am Kenotaph in der Innsbrucker Hofkirche).

Blasius Hölzl – Dichterfreund und »anhabiges Finanzerli«

Wer von Kaiser Maximilian als einer seiner fähigsten »Finanzer« geschätzt wurde, zugleich aber von Geistesgrößen des Humanismus als hochgebildeter Freund bezeichnet wurde, der muss etwas Besonderes gewesen sein. Blasius Hölzl gelang dieses Kunststück. Durch fast zwei Jahrzehnte stand er in engem persönlichen Kontakt mit dem Herrscher und reiste mit ihm kreuz und quer durch Europa. Aber auch allein war er unterwegs, um hohe Darlehen zur Finanzierung von Maximilians Kriegen, Kongressen und anderen Unternehmungen aufzutreiben, was ihm meist auch gelang. Ein Aufsteiger im sozialen und beruflichen Gefüge seiner Zeit. Zweifellos eine außergewöhnliche und hochinteressante Persönlichkeit.

Blasius Hölzl stand in Diensten Erzherzog Sigmunds, als Maximilian die Regierung der Grafschaft Tirol und der Vorlande übernahm. Über die Zeit davor wissen wir wenig. Nur dass er um 1460 in Sillian im Pustertal als Sohn eines görzischen Lokalbeamten das Licht der Welt erblickte und neun Geschwister hatte. Er wird wohl den Schulunterricht besucht haben, den der Kaplan der Sillianer Mariä-Reinigungs-Bruderschaft erteilte. Weil für begabte Buben aus kleinen Verhältnissen fast nur der geistliche Stand Bildungs- und Aufstiegschancen bot, dürfte die nächste Station die Domschule in Brixen gewesen sein. Das sind jedoch nur Vermutungen. Sicher ist, dass sich der offenbar ehrgeizige junge Pustertaler dem neuen Landesfürsten anschloss, als dieser 1490 zur Befreiung Wiens und zur Sicherung der habsburgischen

Erbansprüche auf die ungarische Krone an die Donau zog. Danach absolvierte er eine Probezeit in den Tiroler Verwaltungsbehörden und wurde aufgenommen. Zyprian von Serntein, der einflussreichste Mann am Hof, erkannte sein Talent fürs Finanzielle und machte ihn 1498 zu einem der leitenden Sekretäre der Hofkammer. Dort arbeiteten zwei von Maximilian aus Flandern mitgebrachte Fachleute, von denen Hölzl viel lernen konnte. Auch der später als Finanzgenie geschätzte Vorderösterreicher Jakob Villinger war sein Kollege.

Solcherart gut ausgebildet und gefördert von Serntein wie auch von seinem engeren Landsmann und Schwager Florian Waldauf – dessen Bruder war mit Hölzls Schwester verheiratet –, stand einer steilen Karriere nichts mehr im Wege. Bald hatte er drei Schreiber unter sich und bearbeitete nicht nur Tiroler Finanzsachen, sondern kümmerte sich auch um die Reichssteuer und um fiskale Probleme der österreichischen Erbländer. Deshalb war er zeitweise in Freiburg im Breisgau tätig und arbeitete dann drei Jahre (1500–1503) hauptsächlich in Linz, wo bis 1510 die niederösterreichischen Behörden ihren Sitz hatten. Einige Jahre war Kärnten sein berufliches Zentrum, da Maximilian ihn mit dem Amt eines Vizedoms des Herzogtums betraute, damals in erster Linie eine Kontrollinstanz des Finanzwesens. Als Wohnsitz, wenn er im Süden Österreichs unterwegs war, später auch als Verwalter der Lienzer Kriegskammer, stand ihm die Burg Karlsberg bei St. Veit an der Glan zur Verfügung.

Eine besondere Rolle in Hölzls Leben spielte Augsburg. Er hatte viel und oft dort zu tun, gehörten doch die zahlreichen und komplizierten Darlehensgeschäfte mit den Handelshäusern Fugger, Welser, Paumgartner und Adler zu seinem Aufgabenfeld. In diesem Zusammenhang ist auch Hölzls diplomatischer Einsatz für die

Familie Welser zu sehen, der er über den König von Portugal den Einstieg ins Indiengeschäft vermittelte. Der gerade vom portugiesischen Seefahrer Vasco da Gama erstmals befahrene Seeweg zur »Pfefferküste« versprach enormen Gewinn durch den Gewürzhandel und damit auch eine Stärkung der Finanzkraft eines immer wieder angezapften Kreditgebers.

Schon 1503 eröffneten die Welser eine Niederlassung in Lissabon, nachdem ihnen ein Vertrag mit König Manuel I., den Maximilian I. für die »edlen und berühmten Kaufleut der kaiserlichen Reichsstadt Augsburg und der anderen Städte Deutschlands« abschloss, besondere Privilegien im zukünftigen Handel mit Indien einräumte. Bereits an der dritten Reise eines portugiesischen Flottenverbandes nach Indien beteiligte sich ein von deutschen Handelshäusern finanziertes Schiff. Den Löwenanteil der dafür aufzubringenden 36.000 Cruzados übernahmen die Welser. Ihr Beauftragter auf der »S. Leonhard«, die am 15. Jänner 1505 in Antwerpen absegelte und in der Nähe von Lissabon, in Rastello am Tejo, zu den anderen Schiffen der Flotte stieß, war der Tiroler Balthasar Springer aus Vils im heutigen Außerfern. Am Ostersonntag, den 23. März 1505, begann die 20 Monate währende »Meerfahrt«, auf der Springer alles gewissenhaft aufschrieb, was er an Abenteuern erlebte und von den fremden Ländern und Menschen zu sehen bekam oder erzählen hörte. Für die wahrscheinlich von den Welsern in Auftrag gegebene Buchausgabe des sensationellen Reiseberichts schuf der Augsburger Künstler Hans Burgkmair, einer der bedeutendsten Illustratoren seiner Zeit, der für Maximilian die Bilderfolge des »Triumphzuges« schuf, eine Serie von 14 Holzschnitten. Von dem 1509 in einer Auflage von 60 bis 70 Stück von Jakob Köbel in Oppenheim gedruckten Büchlein mit dem Titel »Die

Merfart und erfarung nüwer Schiffung und Wege zuo viln onerkanten Inseln und Kuonigreichen« sind heute weltweit nur mehr drei Stück erhalten. Von einem Tiroler Handelsbeauftragten geschrieben, hat Maximilians »Finanzer« Blasius Hölzl aus Sillian im Pustertal durch seine Bemühungen um einen Vertrag mit König Manuel I. von Portugal wesentlich dazu beigetragen, dass es geschrieben werden konnte.

In der reichen Handelsstadt Augsburg, die ein Zentrum des Humanismus war, kam Hölzl in Kontakt zu gelehrten Kreisen, wurde Mitglied der exklusiven »Sodalitas litteraria« und freundete sich mit dem Stadtschreiber und Juristen Konrad Peutinger an, ein Schwager des Unternehmers Anton Welser, aber auch einer der Vertrauten Kaiser Maximilians. Hölzls Interesse und Begabung für Kunst, Literatur und wissenschaftliche Fragen zeigten sich hier erstmals. Sie werden seinem Leben und Wirken einige ungewöhnliche Facetten geben. Viel dazu trug auch die Freundschaft mit dem Salzburger Erzbischof Leonhard von Keutschach und dem Tiroler Juristen und Humanisten Dr. Johannes Fuchsmagen bei, der ebenfalls in kaiserlichen Diensten stand, in den niederösterreichischen Behörden eine führende Stellung einnahm und an der Wiener Universität lehrte. So wurde Hölzl auch Mitglied der Sodalitas litteraria Danubiana.

Über sein eigenes dichterisches Schaffen wissen wir so gut wie nichts, erhalten sind nur wenige Verse, doch wird er von den führenden Vertretern der schreibenden Zunft in Süddeutschland und in den habsburgischen Ländern als ihresgleichen anerkannt, in Widmungstexten als »*amico*« und »*doctus*« bezeichnet und als »*Patron der Musen*« gefeiert. Seine Rolle wird wohl eher die eines – wie ihn Peutinger einmal nennt – »*zuvorkommenden und gebildeten*« Mäzens gewesen sein. Das Buch von

Blasius Hölzl auf einer Abbildung im Buch
»Prodigia« von Joseph Grünpeck (links) über
Naturerscheinungen, die der Gelehrte ihm
gewidmet hat

Joseph Grünpeck über seltsame Naturerscheinungen während Maximilians Regierung (erschienen 1502), das Blasius Hölzl gewidmet ist, enthält sogar eine Zeichnung, auf der Grünpeck mit seinem Freund und Kollegen diskutiert.

Mehr als Liebhaberei kann die Beschäftigung mit hochgeistigen und schönen Dingen nicht gewesen sein, denn Hölzl war auf das Intensivste eingespannt in die kaiserliche Finanzpolitik und damit zusammenhängende Aktivitäten. Dazu zählte zum Beispiel die Kriegspropaganda, vor allem Verbreitung von Siegesnachrichten, um Maximilians Kreditwürdigkeit zu dokumentieren. Als Hölzl 1504 den König ins Feld begleitete, um im Pfälzerkrieg die Erbansprüche des mit Maximilians Schwester Kunigunde verheirateten bayerischen Herzogs durchzusetzen, war er nicht nur Leiter der Kriegskammer und als solcher für Sold und Verpflegung der Truppen zuständig, sondern musste auch seinem Freund Peutinger die neusten Nachrichten und Schilderungen der wichtigsten Ereignisse nach Augsburg schicken, damit dieser entsprechende Texte für Flugblätter verfassen konnte. So wurde zum Beispiel die Nachricht von der erfolgreichen Beschießung und Eroberung der Festung Kufstein europaweit verbreitet und verhalf dem Habsburger zu einem enormen Prestigegewinn. Hölzl ließ sich übrigens für den Feldzug eigens einen Harnisch anfertigen, um im Feldlager seiner Wichtigkeit gemäß auftreten zu können. Die kriegerische »Kostümierung« – mehr war es nicht, denn Hölzl blieb trotz Rüstung der Schreiberling, der er nun einmal war – konnte er zwei Jahre später wieder brauchen, als er seinen Herrn auf dem Ungarnfeldzug begleitete und das nötige Geld heranschaffen musste, bevor die Söldner unruhig wurden oder gar davonliefen.

Im nächsten Krieg war das manchmal der Fall, denn die Finanzierung wurde immer schwieriger. Und wieder war der Pustertaler mit in der Verantwortung, in seiner engeren Heimat diesmal. Denn er wurde 1508 zum Verwalter der in Lienz eingerichteten Kriegskammer für das östliche Oberitalien ernannt und hatte für die politischen und militärischen Kommandanten dieses Bereichs, Michael von Wolkenstein und Herzog Erich von Braunschweig, die Geschäfte zu führen und die Verbindung zur Kriegskammer in Trient und zu den Kriegsschauplätzen im östlichen Oberitalien und in Krain herzustellen. Was nicht ohne Konflikte mit seinen Vorgesetzten abging, vor allem mit dem Braunschweiger, immerhin ein Reichsfürst, überwarf er sich mehrmals, da er ihm dringend geforderte Summen vorenthielt.

Nicht nur um Kriege zu finanzieren brauchte Maximilian den treuen und offenbar überaus geschickten Mann, der er oft als »Faktor« bezeichnete, also als Geschäftsführer. Er schickte ihn in ganz Europa herum, um lästige Schuldengeschäfte abzuwickeln, nicht selten um die Königin, die sich finanziell übernommen hatte, oder das Begleitpersonal auszulösen. Öfter ging es aber um Anleihen. Und dabei erwarb sich »Herr Blasius« den Ruf besonderer Hartnäckigkeit, der – wie es Erzbischof Leonhard von Salzburg einmal ausdrückte – bei der Hintertüre wieder hereinkam, wenn man ihn vorne hinausgewiesen habe. Und der Augsburger Kaufmann Philipp Adler nannte ihn »ein anhabiges [zudringlich] Finanzerli«, das ihn »in allen Wegen anzäpfet«.

In Augsburg kannte man den Aufsteiger aus Sillian im Pustertal besonders gut. Dort hätte Hölzl gerne auch seine Frau gefunden. Längst wollte er seine »Puebenschuech« [Bubenschuhe] los sein, also das Junggesellenleben beenden, doch hatte er einfach keine Zeit, auf

Brautschau zu gehen. Also hängt er einem seiner an Peutinger geschickten Berichte aus dem Feldlager vor Kufstein die Bitte an, sein Freund möge für ihn in Augsburg ein »*frommes Weib*« suchen, »*die mir und ich ihr gemäß sei*«. Solche müsse es in Augsburg wohl genügend geben. Ob die Heiratsvermittlung auf Entfernung nicht klappte oder ob Hölzls berufliche Anforderungen es nicht zuließen, es dauerte noch Jahre, bis er endlich 1511 eine Familie gründen konnte. Und es war keine Augsburgerin, die er sich erwählte, sondern die Tochter des Präsidenten der Tiroler Raitkammer Peter Rummel, der ebenfalls als Aufsteiger aus dem Bürgertum aus Nürnberg nach Innsbruck gekommen und inzwischen geadelt worden war. Hölzl hatte 1510 als Nachfolger Florian Waldaufs den Posten eines Rates der Raitkammer übernommen und war als solcher engster Mitarbeiter seines Schwiegervaters.

Um den ausständigen Lohn zu ersetzen, waren Hölzl im Laufe der Jahre mehrere kleine Herrschaften, das Amt eines Viztums (Finanzaufseher) in Kärnten und die Burg Karlsberg bei Sankt Veit an der Glan zugesprochen worden. Stets hatte er Sorge, dass die daraus fließenden Einkünfte plötzlich enden könnten, wenn die Ämter jemand anderem verpfändet würden, der seinem Dienstherrn wichtiger war. Immerhin konnte er sich im Dienst ein stattliches Vermögen erwerben. Das setzte er nun ein, um sich mit dem Schloss Vellenberg bei Götzens am westlichen Innsbrucker Mittelgebirge einen festen Wohnsitz und Lebensmittelpunkt zu schaffen. Er habe das Leben eines »*Zygeyners*« satt, klagte er einmal. Er wollte »*wie ein Schuster*« sesshaft werden und übersiedelte ganz nach Tirol.

Nun denn, wie ein Schuster zu leben, war ihm nicht vergönnt. So geruhsam war schon sein neues Amt in der Raitkammer nicht. Außerdem traute er sich nicht, Nein zu sagen (oder wollte es auch nicht), als Maximilian 1513 wieder seine besonderen Dienste in Anspruch nahm und ihn als »Umreiter« zu den niederösterreichischen Salzämtern schickte, um sie zu kontrollieren und zu größeren Leistungen anzuspornen. »*Was der Kaiser wolle, sei ihm recht, gleichgültig, ob es seiner Frau gefalle oder nicht*«, ließ er Maximilian wissen. Auch im großen Anleihegeschäft war Hölzl für Maximilian weiterhin unverzichtbar. Immer wieder schickte er ihn auf Reisen. 1515 waren für die Vorbereitung und Durchführung des »Wiener Kongresses« samt Doppelhochzeit Riesensummen notwendig; 1516 mussten Gelder aufgetrieben werden, um den schon acht Jahre währenden Venediger-

Was von Blasius Hölzls Burg Vellenberg bei Götzens übrig geblieben ist, auf einer Ansicht des 19. Jahrhunderts (Bleistiftzeichnung von Caspar Großrubatscher, 1830)

krieg halbwegs erfolgreich beenden zu können (was nicht gelingen sollte); schließlich sollte 1518 am Reichstag zu Augsburg die Wahl seines Enkels Karl zum römisch-deutschen König gesichert werden. Doch erst im zweiten Anlauf gelang das Vorhaben. Mit der unerhörten Summe von über 852.000 Gulden gab sich das Kurfürstenkollegium zufrieden. An den Verhandlungen mit den Fuggern, die sich diesen bis dahin höchsten Kredit im wörtlichen Sinn versilbern ließen, war Blasius Hölzl maßgeblich beteiligt.

Zum Zeitpunkt der Wahl, die am 28. Juni 1519 in Frankfurt am Main erfolgte, war Kaiser Maximilian bereits ein halbes Jahr tot. Auch Kammerpräsident Peter von Rummel-Lichtenau und Thierburg starb in diesem Jahr und hinterließ seinem Schwiegersohn Blasius das Amt und einen Schuldenberg von über einer Million Gulden. Der neue Landesfürst von Tirol war nicht mehr zugleich Kaiser, denn die Enkel Maximilians teilten ihre Länder. In Tirol regierte jetzt Erzherzog Ferdinand I., der Blasius Hölzl in seine Dienste übernahm. Mit gesamtösterreichischen Finanzen und Reichsgeschäften hatte er nichts mehr zu tun. Hölzls letzte Rolle in der großen Politik hatte mehr symbolischen Charakter. Er fungierte als »Kanzler« der beiden blutjungen »Königinnen« Maria (Maximilians Enkelin und Gattin Ludwigs II. von Ungarn) und Anna (Schwester Ludwigs II. von Ungarn und Gattin Ferdinands I.), die in der Innsbrucker Hofburg warten mussten, bis sie das richtige Alter zum Vollzug der bereits 1515 bzw. 1516 abgeschlossenen Ehen erreicht hatten. Das war erst 1521 (Anna) bzw. 1522 (Maria) der Fall.

In seiner nun reichlicheren Freizeit widmete sich Hölzl seinen literarischen und künstlerischen Interessen. Offenbar wurde seine reichhaltige Bibliothek auch von Freunden genutzt, weshalb er in die wertvollen Bücher gedruckte Ex-Libris mit seinem Wappen einkleben ließ, eine damals noch nicht sehr verbreitete Idee. Viel Mühe gab er sich als Schlossherr von Vellenberg. Sein neuer Wohnsitz bedurfte einiger Renovierungsarbeiten und Umbauten. Da es sich nicht um freies Eigentum, sondern um einen Pfandbesitz handelte, die Hölzl den Erben des bisherigen Pflegers mit finanzieller Unterstützung des Kaisers ablöste, hatte er dabei eine Reihe kaiserlicher Wünsche zu berücksichtigen und musste »*unser Schloss Vellenberg zu allen unsern Nothdurften und Geschäften offen halten*«. Maximilian wünschte sich eine eigene Schlafkammer, eine Schreibstube und einen »*hübschen Lustgarten*«, eine Vogelhütte, grün überwachsene Gänge, Bänke, Stiegen durch das ansteigende Gelände und »*Sumerhäuslen*«. Dass er die Burgkapelle künstlerisch ausgestaltete, ist als sicher anzunehmen, erhalten hat sich davon leider nichts, wie ja überhaupt der ganze repräsentative Herrensitz Vellenberg verschwunden ist.

Die Familie dürfte eher bescheiden gelebt haben, daran hat auch der steigende Wohlstand nichts geändert. Von seinem Schwiegervater erbte Blasius Hölzl das Schloss Thierburg bei Absam, außerdem gehörte ihm ein großes Haus in der Innsbrucker Silbergasse. Blasius Hölzl hatte nur einen Sohn namens Paul. Er studierte in Wien und Bologna und starb 1537 als Domherr in Brixen. Die neun Töchter heirateten durchwegs Bürgerliche, Beamte aus niederem Adel oder Hofbedienstete. Blasius Hölzl starb 1526. Über den Ort, wo er begraben wurde, gibt es unterschiedliche Überlieferungen. Die eine nennt die Innsbrucker St. Jakobs-Kirche, den heutigen Dom. Mehr spricht für die kleine Theresienkirche in Götzens, in der Nähe von Vellenberg, die Blasius Hölzl als Grabstätte für sich und seine Familie künstlerisch ausstatten hatte lassen. Hinter dem später entstandenen barocken

Blasius Hölzl mit Sohn Paul und dem Familienwappen als Stifter auf einem Fresko in der
Theresienkirche in Götzens

Altar ist ein Fresko erhalten, das Hölzl mit seinem Sohn
als Stifter zeigt.

An Blasius Hölzl erinnert auch ein Bronzekreuz in
der Völser Blasiuskirche. Zwei Künstler haben es geschaffen, die am Grabmal Kaiser Maximilians in der Hofkirche
beteiligt waren: Modelliert von Leonhard Magt, wurde
das Kreuz von Stefan Godl in Mühlau gegossen. Eine
mitgegossene Inschrift nennt Blasius Hölzl als Stifter.
Näheres erzählt die Sage: Der Schlossherr von Vellenberg soll auf dem Weg nach Hause während eines Gewit-
tersturms die Orientierung verloren und gelobt haben,
»*ein Kreuzbild aus Erz so schwer als er und sein Pferd*«
gießen und dort aufstellen zu lassen, wo der Weg nach
Vellenberg vom Weg nach Götzens abzweigt. Wenn es
nicht stimmt, ist es gut erfunden, denn es passt zum
kaiserlichen »Finanzer«, der zugleich Künstlerfreund
und Literat war.

Dr. Johannes Fuchsmagen – Zwischen Universität und Amtsstube

Angeblich soll es der Wunsch seines Vaters gewesen sein, dass Johannes Fuchsmagen seine akademische Laufbahn in Freiburg in Breisgau abbrach und landesfürstlicher Beamter in Innsbruck wurde. Der Zwiespalt zwischen Verwaltungsgeschäften, Diplomatie und Universität sollte sein Leben begleiten. Der um 1450 geborene Sohn einer angesehenen und wohlhabenden Haller Bürgerfamilie – sein Vater Sigmund war Pfleger der landesfürstlichen Burg Hasegg, Mitglied des Stadtrates und 1461 Bürgermeister der Salinenstadt – hatte ab 1469 an der Universität von Freiburg im Breisgau studiert, es bis zum Magister gebracht und bereits selbst Vorlesungen in Jurisprudenz gehalten, als er 1482 in den Dienst des Tiroler Landesfürsten Sigmund des Münzreichen trat.

Wie sehr dieser Berufwechsel den Absichten und Talenten des jungen Mannes entsprach, wissen wir nicht. Bald zeigte es sich, dass er auch im neuen Metier Karriere machen konnte: Fuchsmagen stieg vom Sekretär zum Rat des Fürsten auf. Dieser gab ihm noch dazu die Möglichkeit, in Freiburg das Lizenziat im Canonischen Recht zu erwerben, dem während eines dienstlichen Aufenthaltes in Rom die Ernennung zum Doktor durch Papst Innozenz VIII. erfolgte. Inzwischen hatte seine berufliche Laufbahn eine neue Wendung genommen. 1485 hielt sich nämlich Kaiser Friedrich III., ein Cousin des Tiroler Landesfürsten und Herr der habsburgischen Länder an der Donau, in der Steiermark, Kärnten und Krain, längere Zeit in Innsbruck auf, weil der Ungarnkönig Matthias Corvinus die Residenzstädte Wien und Wiener Neustadt eingenommen hatte und selbst Linz nicht mehr sicher war.

In dieser Zeit scheint der Kaiser den Tiroler Juristen schätzen gelernt zu haben, denn er berief ihn in seinen Rat. Für Fuchsmagen war das natürlich ein Aufstieg und erweckte die Aussicht auf spannende Aufgaben, weshalb er sicher gerne im Gefolge des Kaisers blieb. Als Erstes war ohnehin viel in Tirol zu erledigen. Und da kam dem neuen kaiserlichen Rat zugute, dass er Erzherzog Sigmund inzwischen besser kannte als die meisten anderen. Wie schon in den vorangehenden Lebensbildern erzählt, musste das Land davor gerettet werden, an die bayerischen Wittelsbacher verschachert zu werden. Der Kaiser wollte den Regierungsverzicht seines Vetters, und Fuchsmagen sollte darauf hinarbeiten. Tatsächlich kam es auf dem eigens dazu einberufenen Landtag im November 1487, bei dem Fuchsmagen eine zentrale Rolle spielte, zu einer weitgehenden Entmachtung des Landesfürsten. Gleich darauf war Fuchsmagens Kunst, Verträge zu formulieren, bei Friedensverhandlungen mit Venedig gefragt. Im Frühjahr darauf begleitete er den Kaiser auf seinem Zug nach Flandern, wo Maximilian I., Herzog von Burgund und gekrönter römisch-deutschen König, in einer misslichen Lage steckte. Auch das wurde schon erzählt, vor Brügge trafen sich nämlich die Lebenslinien dreier Tiroler, die an der Seite Maximilians wichtige Aufgaben übernehmen sollten: Fuchsmagen, Florian Waldauf und Veit von Wolkenstein.

Im März 1490 war es das gemeinsame Verdienst von Florian Waldauf und Johannes Fuchsmagen, dass Sigmunds Regierungsverzicht und die Übergabe Tirols und der Vorlande an Maximilian I. so rasch und reibungslos über die Bühne ging. Damit war die Rolle zu Ende, die Dr. Johannes Fuchsmagen in der Geschichte Tirols spielte. Denn König Maximilian brauchte den Rechtsgelehrten und Verwaltungsexperten im Osten. Zunächst gehörte Fuchsmagen der Delegation an, die sein Freund Florian Waldauf anführte und die mit dem ungarischen König einen Friedensvertrag aushandeln sollte. Ziel war eine Vereinbarung, die an der Ostgrenze für Ruhe sorgen sollte, aber Maximilians Ambitionen auf die böhmisch-ungarische Krone nicht zuwiderlaufen durfte.

Nach dem Tod des Kaisers im August 1493 konnte Maximilian die Reorganisation der bisher von seinem Vater regierten Länder in Angriff nehmen, also Steiermark, Kärnten und Krain sowie Österreich ob und unter der Enns, die Maximilian zur niederösterreichischen Ländergruppe zusammenfasste. Bei der Neuorganisation der Regierungs- und Verwaltungsbehörden galt das Vorbild Tirols, wo Maximilian mit der Umsetzung seiner in Burgund gemachten Erfahrungen bereits begonnen hatte. Durchaus verständlich, dass er dabei lieber auf ihm ergebene und sachkundige Beamte setzte als auf Vertreter der Landstände, die meist aus altem Adel stammten und eigene Interessen verfolgten. Also war Dr. Johannes Fuchsmagen der richtige Mann für eine führende Aufgabe in Wien.

Der Sitz des niederösterreichischen Regiments war zwar in den ersten Jahren noch Enns, dann bis 1510 Linz, doch war Fuchsmagens Anwesenheit in Wien von Anfang an wichtig, denn Maximilian setzte auf ihn auch bei seinen Bemühungen, die Wiener Universität zu reformieren und auf den neusten Stand humanistischer Gelehrsamkeit zu bringen. Er hatte im niederösterreichischen Regiment die Funktion eines – damals nicht vorgesehenen – Bildungs- oder Kulturministers. Die Professoren waren hier noch ganz auf die Scholastik eingeschworen, was sich durch die Gründung neuer humanistischer Lehrkanzeln und die Berufung angesehener Humanisten aus Italien rasch ändern sollte. Vor allem wollte Maximilian aber die wichtigsten deutschen Humanisten nach Wien holen, nicht zuletzt weil er in ihnen Unterstützer seiner universalen Kaiseridee sah. 1497 gelang es endlich, nicht zuletzt durch Fuchsmagens Bemühungen, den unter seinem Humanistennamen Celtis berühmten Ostfranken Konrad Pickel nach Wien zu holen, dem bald andere bekannte oder am Beginn einer glänzenden Karriere stehende Gelehrte folgten. Wie sehr Fuchsmagen, der seinen Namen jetzt auch in latinisierter Form als »Fusemanus« verwendete, im Zentrum dieser Wiener Humanistenschule stand, zeigt seine Wahl zum Präsidenten der Sodalitas litteraria Danubiana, eines bedeutenden wissenschaftlichen Kollegiums, das er selbst angeregt und mitbegründet hatte und bei dessen Eröffnung Konrad Celtis die Festrede hielt. Zahlreiche wissenschaftliche und poetische Werke wurden ihm gewidmet und Celtis würdigte sein breites Wissen und sein Wirken als vielseitiger Anreger mit den Worten: »*Wer unter den hervorragenden Männern Deutschlands ist fleißiger und strebsamer in der Erforschung beider Sphären, des Himmels und der Erde, als Du Fusemanus? Wer ist im Stande, mit größter Sachkenntnis von Völkern und Staaten, von Städten, Meeren und Flüssen zu sprechen? Und wer von den mannigfaltigen Thier- und Menschenarten, ja auch ihrer Verschiedenheit nach verschiedenen Himmelsstrichen climatischen Verhältnissen, unter denen sie leben, mehr als du Aufschlüsse zu geben?*«

Mit eigenen Arbeiten ist Fuchsmagen selten hervorgetreten, dazu fehlte ihm die Zeit, war er doch in all den Jahren fest eingebunden in die laufenden Regierungsgeschäfte, in die Planung und Durchführung von Reformen und die strenge Kontrolle seiner Kollegen, was ihn als »Ausländer« unter der niederösterreichischen Beamtenschaft alles andere als beliebt machte. Auch wollte ihn Maximilian auf vielen Reisen an seiner Seite wissen. Wenn zu erwarten war, dass komplizierte rechtliche Probleme zu besprechen und Vereinbarungen zu formulieren sein würden, wollte er auf den erfahrenen Rechtsgelehrten nicht verzichten.

Immerhin widmete Fuchsmagen zu Hause in Wien jede freie Minute seinen Sammlungen, katalogisierte und beschrieb römische und byzantinische Kaisermünzen und antike Inschriftensteine, verfasste in lateinischer Sprache eine »Geschichte der Oströmischen Kaiser zur Zeit Karls des Großen« und eine »Geschichte Burgunds unter Herzog Karl dem Kühnen« und betrieb andere Studien in seiner mit wertvollsten Handschriften und Druckwerken ausgestatteten Bibliothek. Er vermachte sie in seinem Testament seinem jüngeren Kollegen Johannes Cuspinian, einem von den deutschen Gelehrten – er stammte aus Schweinfurt und hieß mit bürgerlichem Namen Johannes Spießheimer –, die Fuchsmagens Ruf nach Wien gefolgt und danach auch in kaiserliche Dienste getreten waren.

Die Sommermonate verbrachte der zu so hohen Ehren gekommene Haller Bürgersohn fast immer in Tirol, er konnte sowohl bei seinem Bruder Leopold wohnen, der vom Vater das Pflegeramt von Hasegg übernommen hatte, als auch bei seinem Freund Florian Waldauf auf Schloss Rettenberg. Von dort schickte er einmal einen erlegten weißen Hasen seinem Kollegen Celtis nach Wien, wofür sich dieser mit hochgelehrten lateinischen Versen bedankte. Die von Waldauf und Fuchsmagen gegründete Haller Stubengesellschaft wird die beiden oft zusammengeführt haben. Zu erzählen, zu reden und zu diskutieren gab es viel, wie sehr sich die Freunde auf das Glatteis der unterschiedlichen religiösen Anschauungen getraut haben, bleibt deren Geheimnis. Denn von Florian Waldaufs Reliquiensammlung hielt der aufgeklärte Humanist gar nichts und konnte sich manchen spöttischen Seitenhieb nicht verkneifen. Bester Beweis ist die geräucherte Kalbszunge, die Fuchsmagen seinem Freund übersandte und dazuschrieb, es sei die Zunge des nach Ungarn geflohenen Vaters des Drachens, den der Riese Haymon getötet hatte. Von den beiden Zähnen des heiligen Christophorus wurde schon erzählt *(siehe Seite 49/50)*. Umso mehr wird es Waldauf geschätzt haben, dass sein Freund 1501 an der feierlichen Prozession teilnahm, in der die bis dahin gesammelten »Heiltümer« vom Schloss Rettenberg in die inzwischen fertiggestellte und geweihte Kapelle nach Hall übertragen wurden.

Johannes Fuchsmagen waren zwar die von Waldauf bewahrten Überzeugungen und Formen mittelalterlicher Frömmigkeit völlig fremd, er war dennoch gläubig und religiös. Dies beweisen seine Stiftungen an das Augustiner-Chorherrenstift St. Dorothea in der Singergasse. Er war dem Kloster und der Kirche in der Nähe seines Wohnhauses (beides existiert heute nicht mehr) zutiefst verbunden und wollte dort einmal begraben werden. Er stiftete eine tägliche Messe am Leopoldaltar und eine jährliche Messe am Fest des heiligen Hieronymus (30. September), des Patrons der Gelehrten und wissenschaftlichen Vereinigungen. Auf einer seiner Dienstreisen nach Flandern beauftragte er eine der berühmten Webereien mit der Herstellung eines kostbaren Bildteppichs und stiftete ihn dem Kloster. Die Tapisserie zeigt die Sippe des heiligen Leopold, links die Männer, rechts die Frauen,

Der Tiroler Gelehrte und Spitzenbeamte
Dr. Johannes Fuchsmagen als Stifter eines dem
hl. Leopold gewidmeten Bildteppichs für das
nicht mehr existierende Augustiner-Chorherrenstift St. Dorothea in der Wiener Singergasse
(heute im Stiftsmuseum Heiligenkreuz).

und in der Mitte den auf den Knien um ihren Schutz betenden Fuchsmagen in einem pelzverbrämten Mantel. Hinter ihm beten Pilger am Klosterneuburger Grab des gerade erst heiliggesprochenen Babenbergers und Schutzpatrons der österreichischen Länder. Auf dem Sarkophag liegen als Votivgaben Nachbildungen von Körperteilen aus Wachs. Über der Frauengruppe sieht man den heiligen Hieronymus büßend in der Wüste.

Das einzigartige Kunstwerk hing wohl in der Nähe des Leopoldaltars und kam nach der Aufhebung von Kirche und Kloster (an der Stelle des heutigen Dorotheums) 1786 unter Kaiser Josef II. nach Heiligenkreuz. Vom Grab des Tiroler Gelehrten und Beamten, der am 3. Mai 1510 starb, nur fünf Monate nach seinem Freund Florian Waldauf, blieb nur mehr ein Fragment des Grabsteins erhalten. Die von Fuchsmagen selbst entworfene Inschrift endet mit einer Anrufung des Büßers Hieronymus.

Marx Treitzsaurwein –
Des Kaisers Co-Autor

Zu den Menschen, die Maximilian I. ständig um sich haben wollte, gehörte der Tiroler Marx Treitzsaurwein. Er wird in der Geschichtsschreibung meist als »Geheimschreiber« bezeichnet, worunter man sich so etwas wie einen Privatsekretär vorstellen kann. Der Kaiser brauchte vor allem jemanden, der ihm zuhörte und mitschrieb, wenn er gerade Zeit übrig hatte, aus seinem Leben zu erzählen. Auch mussten plötzliche Einfälle und Ideen im Zusammenhang mit den im Entstehen begriffenen literarischen oder propagandistischen Werken oder andere Überlegungen schriftlich festgehalten werden. Mit den Regierungsgeschäften hatte Marx weniger zu tun, wenn er auch viel mitbekam und sich im Laufe der Jahre die nötigen Kenntnisse aneignete, um als Kontrollor der Wiener Behörden auftreten oder nach Maximilians Tod sogar das Amt eines niederösterreichischen Kanzlers übernehmen zu können.

Der Mann tritt uns aus der Geschichte teils nur schemenhaft, teils aber auch ganz konkret entgegen. So wissen wir, dass er der Sohn oder das Ziehkind eines Mühlauer Plattners namens Treitz war, aber nicht einmal ungefähr, wann er geboren wurde. Auch nicht, wann und warum er seinem Familiennamen den im Inntal viel häufigeren Namen Saurwein hinzufügte, manchmal mit Bindestrich, meist aber zusammengeschrieben. Marx ist eine damals beliebte deutsche Form des lateinischen Namens Markus. Das erste Mal aktenkundig wird Marx Treitzsaurwein 1501. Da ist er schon als Schreiber mit König Maximilian unterwegs. In Maximilians

Autobiographie »Weißkunig« wird erzählt, dass der König *»seinen Secratari allwegen von jugent nach seinem willen aufzog«*, was man so interpretieren kann, dass Maximilian das Talent des jungen Mühlauer Handwerkersohnes förderte und dass er ihn – so schreiben es die meisten Historiker – zu seinem »Geheimschreiber« ausbilden ließ. Vielleicht war es mehr, vielleicht wurde der Kaiser dem Marx ein väterlicher Freund, vielleicht ersetzte ihm umgekehrt der Tiroler Bub den in weiter Ferne aufwachsenden, von fremden Menschen erzogenen Sohn Philipp, über den er einmal verärgert sagte, er sei *»schon ein rechter Franzos geworden«*. Man weiß es nicht, möchte es dem Kaiser wünschen. Dagegen spricht jedenfalls nichts. Im Gegenteil: Sabine Weiss vermutet, dass die beiden tatsächlich verwandt waren. Denn es gibt einen Zahlungsbeleg aus dem Jahr 1473, nach dem einem Harnischmeister Jörg Treitz in Mühlau eine bestimmte Geldsumme für die Erziehung eines der illegitimen Kinder Erzherzog Sigmunds des Münzreichen ausbezahlt wurde.

Bedenkt man, dass ihn Maximilian nach eigener Aussage *»von Jugend an aufzog«*, dann würde ein Geburtsjahr um 1472/73 passen. Dann wäre Marx bei Maximilians Ankunft in Tirol 17 oder 18 Jahre alt gewesen und hätte 1501 durchaus ein tüchtiger Geheimschreiber sein können. Ein paar Jahre später waren sie schon so aufeinander eingespielt, dass Maximilian ihn – auch diese Aussage ist belegt – *»auf khein weg nit entpern* [entbehren]« wollte. Als Marx einmal eine Reise nicht mitmachen konnte, weil er dringend zu Hause gebraucht wurde – den Grund kennt man nicht, er muss triftig gewesen sein –, ließ Maximilian ihn nach kurzer Zeit nachkommen und bezahlte jemanden, der die private Verpflichtung des Mühlauers übernahm.

Ab 1510 scheint Marx Treitzsaurwein nicht mehr ständig an Maximilians Seite gewesen zu sein. Eine *»böse Krankheit«* habe ihn *»ganz verderbt«*, schreibt er an den Kaiser. Die deshalb notwendigen Ausgaben hätten die Ersparnisse aufgebraucht, sein Besitz sei verpfändet. Er bitte um eine Beihilfe zur Übersiedlung nach Wien. Dort erholt er sich, auch finanziell, und arbeitet an der Vollendung dessen, was in den Wanderjahren als Stückwerk entstanden ist oder angefangen wurde. Die Konzepte und Diktate zum »Triumphzug«, zur »Ehrenpforte« und zum »Freydal« schreibt er in Schönschrift zusammen, lässt zwei Miniaturen anfertigen, die ihn vor dem Kaiser, sozusagen bei der Arbeit zeigen, gibt alles zum Buchbinder und überreicht das Ergebnis 1512 seinem Auftraggeber. Das »Verzeichnis der von Maximilian I. verfassten und geplanten Werke« beginnt mit folgender Ansage: *»Was in diesem Puech geschriben ist, das hat kaiser Maximilian im XVe und XII Iar* [seiner Regierung] *mir Marxen Treytzsaurwein seiner kayn. Mt.* [kaiserlichen Majestät] *Secretary müntlich angeben.«*

Treitzsauerweins Hauptverdienst war sicherlich die Mitarbeit an den autobiographischen Werken des Kaisers, vor allem am »Theuerdank« und am »Weißkunig«. Der Theuerdank, der in Form eines Ritterromans in verschlüsselter und symbolisch überhöhter Manier von Maximilians Brautfahrt zu Maria von Burgund erzählt, gilt als Gemeinschaftswerk der beiden, wobei nicht entschieden werden kann, wie groß der schöpferische Anteil des Sekretärs war. Das Manuskript wurde dann noch vom Nürnberger Domherrn Melchior Pfinzing überarbeitet und erschien 1517 in Druck. Dem Weißkunig liegt eine andere Entstehungsgeschichte zugrunde. Maximilian pflegte seine Lebenserinnerung seit 1502 bruchstückhaft und ungeordnet verschiedenen seiner Schreiber

Marx Treitzsaurwein in Erwartung
eines Diktats des Kaisers. Illustration
in einer Sammlung von Niederschriften,
die Maximilians Tiroler Sekretär
zusammenstellen ließ

zu diktieren. Nicht minder unsystematisch gab er die Illustrationen dazu in Auftrag, ab 1512 waren damit hauptsächlich die Augsburger Maler und Holzschneider Hans Burgkmair d. Ä. und Leonhard Beck beschäftigt.

Aus Zeitmangel überließ er ab einem gewissen Zeitpunkt seinem mit der Materie am besten vertrauten Lieblingsschreiber Treitzsaurwein die Redaktion des gesamten Materials und dessen Ergänzung durch eigene Texte, was vor allem für die ersten Abschnitte des Weißkunigs gilt, die von der Vorgeschichte handeln, der Vermählung und Krönung von Maximilians Vater Friedrich III. Auch die Kapitel über Maximilians Jugend dürften aus der Feder Treitzsauerweins stammen. Für beides gibt es nämlich Vorlagen: Einerseits das 1451 erschienene Werk des kaiserlichen Kaplans Nikolaus Lankmann von Falkenstein über Friedrich III. und Eleonore von Portugal, andererseits Joseph Grünpecks »Historia Friderici et Maximiliani«, die der Kaiser dem Autor 1499 während einer Fahrt über den Bodensee in lateinischer Sprache diktiert hatte. 1515 stellte Treitzsaurwein ein »Fragebuch« zusammen, um zu den ergänzenden Informationen zu kommen, die er als Redakteur und Ghostwriter des Kaisers brauchte. Der dritte Teil des Werks sollte den Kriegstaten gewidmet sein, wurde jedoch nicht mehr fertig. Was erzählt wird, stammt aus Diktaten des Kaisers, niedergeschrieben von verschiedenen Sekretären und jetzt überarbeitet ebenfalls von mehreren Literaten. Treitzsaurwein bekam jedenfalls laufend Bruchstücke, die er ordnen, mit den inzwischen eintreffenden Probedrucken der Illustrationen vergleichen und zusammenstellen musste, ein schwieriges Unterfangen, weil Maximilian meist keine Namen nannte und sich oft nicht mehr an früher einmal diktierte Details erinnern konnte.

Was 1514 fertig zusammengeschrieben war, durfte Treitzsaurwein 1517 in Brüssel den Enkeln des Kaisers Karl und Ferdinand überreichen, wobei er ausdrücklich betonte, dass es mehr eine Materialsammlung sei als ein fertiges Werk. Jetzt ging aber nichts mehr weiter. Sieben Jahre nach des Kaisers Tod befahl sein Enkel Ferdinand I., jetzt Herrscher über die österreichischen Länder, der Innsbrucker Raitkammer, den in der Hofburg aufbewahrten Kasten mit Handschriften und den Druckstöcken der Holzschnitte nach Wien zu schicken, denn Kaiser Maximilians früherer Sekretär hätte sich bereit erklärt, den »Weißkunig« fertigzustellen. Dazu kam es aber nicht, da man zunächst in Innsbruck das angeforderte Material nicht finden konnte und im Jahr darauf Treitzsaurwein starb.

Die Karriere von Maximilians Geheimschreiber war mit dem Tod des Kaisers im Jänner 1519 nicht zu Ende gegangen. Sowohl Kaiser Karl V. als auch Erzherzog Ferdinand I. wussten seine Verdienste und Fähigkeiten so sehr zu schätzen, dass sie ihn als Sekretär und Rat übernahmen. Er wurde Pfleger auf Schloss Stüchsenstein (Stixenstein) bei Buchberg am Kamp in Niederösterreich, wurde als Treitzsaurwein von Ehrentreitz geadelt und mit der Funktion eines Kanzlers des niederösterreichischen Regiments betraut. Alle Manuskripte, ordnende Skizzen und das Bildmaterial für das Buch, das ihm am meisten Nachruhm verschaffen sollte, blieben vorerst verschollen. Und auch nachdem Hofbibliothekar Peter Lambeck um 1670 im Depot der Hofbibliothek die 1526 in Innsbruck nicht gefundene Kiste mit Material zum Weißkunig entdeckte, dauerte es noch einmal 100 Jahre. Erst 1775 erschien der Weißkunig, als dessen Co-Autor Marx Treitzsaurwein bezeichnet werden kann, erstmals in Druck.

IV

DIE HAUPT-
UND RESIDENZSTADT

Die Vereinigung der habsburgischen Länder unter König Maximilian I. hätte einen entscheidenden Rückfall in der Entwicklung Innsbrucks bedeuten können. Dass die Stadt ihre Funktion als Residenz nicht ganz verlor und als Verwaltungszentrum an Bedeutung sogar noch gewann, ist vor allem ihrer günstigen Lage, aber auch der Vorliebe Maximilians für Tirol zuzuschreiben. So kam es, dass seine Regierungszeit zur stolzesten Epoche des Städtchens an der Brennerstraße werden sollte. Denn der König und spätere Kaiser hielt hier öfter Hof als in jeder anderen Stadt, Augsburg ausgenommen, bestimmte Innsbruck zur Residenz seiner Gemahlin, errichtete hier neue Regierungs- und Verwaltungsbehörden und zeichnete die Stadt überdies durch künstlerische Unternehmungen ersten Ranges aus, die bis heute zu ihren bedeutendsten Sehenswürdigkeiten zählen. Der alte und kränkliche Erzherzog Sigmund räumte nach seiner Abdankung als Landesfürst die von ihm erbaute Hofburg an der Ostflanke der Stadt, in die der neue Landesfürst einzog, und übersiedelte zurück in den »Neuenhof« am Stadtplatz. Dort unterhielt er bis zu seinem Tod im Jahr 1496 ein kleines Privathofwesen. Da die jugendliche Witwe Katharina von Sachsen gleich darauf wieder heiratete, fiel das alte Residenzgebäude an Maximilian zurück, der darin – passend zum Gold am Dach des angebauten Prunkerkers – die Finanzbehörde unterbrachte.

Albrecht Dürers berühmter Blick auf Maximilians Residenzstadt (Ausschnitt)

Innsbrucks bürgerliches Gesicht

Wie muss man sich Innsbruck zur Zeit Maximilians I. vorstellen? Es ist nicht schwer, denn die Stadt war klein und übersichtlich, man kann sie deshalb gut beschreiben. Außerdem gibt es mehrere Ansichten, die ein recht gutes Bild vermitteln. Zwei sind während Maximilians Regierungszeit entstanden, zeigen aber nur die Fassade am Inn. Eine davon – ein kleines Aquarell – stammt von Albrecht Dürer, der es während seines zweimaligen Aufenthaltes

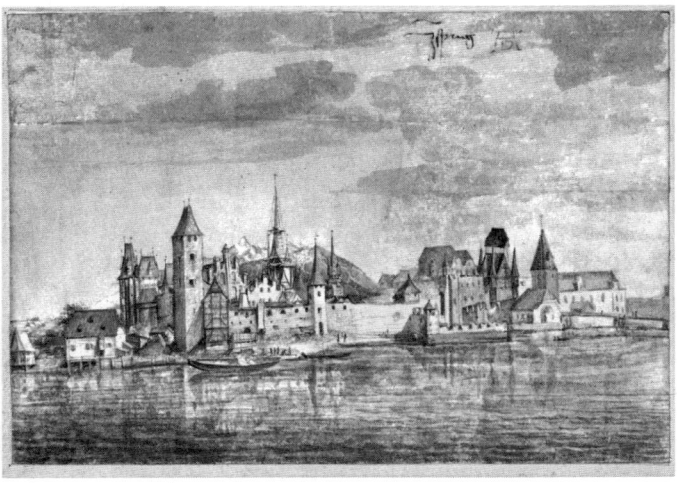

Auf seiner Reise nach Italien hielt Albrecht Dürer die Stadt am Inn in einem kleinformatigen Aquarell fest. Dabei betonte er Maximilians Projekte zur Verschönerung seiner heimlichen Hauptstadt, wie den gerade im Bau befindlichen Wappenturm, dessen Gerüst er den tatsächlich viel höheren Stadtturm überragen lässt.

Auf einem Altarbild (1517) von Sebastian Schell ist
im Hintergrund Innsbruck zu sehen. Während
Dürer die Ansicht von der Brücke innabwärts zeigt,
schaut Schell auf die Front der Stadt oberhalb
der Innbrücke. Das Ensemble wird beherrscht von
der Stadtmauer und der alten Burg an der Brücke.
Daran anschließend ist deutlich das mit Erkertürmchen versehene Haus auf der anderen Seite
des Eingangs in die Stadt zu sehen (heute Ottoburg).
Es ist auch auf der Düreransicht weit rechts
deutlich zu erkennen. Der Stadtturm überragt alles,
links davon der spitze Turm der St. Jakobskirche.
Links im Bild die Holzhäuser der oberen Anpruggen
(heute Mariahilf).

um 1495 gemalt hat; die andere bildet den Hintergrund
eines Altarblattes mit der Heiligen Familie, das der Innsbrucker Maler Sebastian Schell 1517 geschaffen hat. Die
anderen zwei Ansichten zeigen Innsbruck und seine
Lage im Inntal von einem höheren Standpunkt aus, sind
allerdings ein paar Jahrzehnte später zu datieren. Innsbruck hat sich nach Maximilians Tod jedoch längere
Zeit kaum verändert. Die große Wachstumsphase hatte

um 1420 begonnen und erreichte um 1510/20 ihren Höhepunkt. Danach stagnierte die Stadtentwicklung für längere Zeit wieder.

Außer dem ummauerten Stadtkern (der heutigen Altstadt) gab es vor Maximilians Regierungsantritt nur die Häuserzeile der »Anpruggen« jenseits des Inn (heute Mariahilf und St. Nikolaus) und die Vorstadt im Süden (heute Maria-Theresien-Straße), die erst bis zum St.-Georgs-Tor reichte (heute noch zu erkennen am Knick der Straße beim Landhaus). Neu im Entstehen war nach 1500 eine Vorstadt außerhalb des Saggentores bzw. Wappenturmes, entlang des Weges nach Pradl und Amras. Hier ließen sich zunächst vornehmlich Handwerker nieder. Von Schmelzhütten für Silbererz dürfte der Name Silbergasse (heute Universitätsstraße) herrühren. Zwischen Sillkanal und Sillfluss bildete sich unter Maximilian ein gewerbliches Zentrum heraus, die Rüstungsindustrie in der Kohlstatt beim Zeughaus. Später sollte daraus der Stadtteil Dreiheiligen werden.

Auch nördlich des Inn wuchs die Häuserzahl. Man unterschied jetzt zwischen der »oberen Anpruggen«, von der Brücke flussabwärts, also das heutige Mariahilf, und der »unteren Anpruggen«, dem heutigen St. Nikolaus. Die hier beim Siechenhaus bestehende Kapelle wurde um 1500 zu einer Kirche ausgebaut. Für die heutige St.-Nikolaus-Gasse und deren nächste Umgebung war schon um 1500 die Bezeichnung »Kotgasse« oder »Kotlacken« gebräuchlich. Dort wohnte in großteils ziemlich armseligen Holzhäusern »*ein große Anzahl gemeins Gesindts beieinander*«. Der Ruf der »Kotlacker« war nicht der beste. Amtliche Beschwerden über das »*unvermöglich, überlästige Volk*« und über ihr »*böses Maul*« gab es damals und in späteren Zeiten. Das alles gehörte zum städtischen Burgfrieden, innerhalb dessen

Grenze lebten um 1510 ca. 5000 Menschen. Nicht viel, wenn man die Einwohnerzahl mit der Augsburgs vergleicht, Maximilians zweiter Lieblingsstadt. Sie lag bei 35.000. Damit gehörte die Freie Reichsstadt zu den fünf größten Städten Deutschlands.

Das Wachstum Innsbrucks im 15. und frühen 16. Jahrhundert war eine Folge der verbesserten wirtschaftlichen Voraussetzungen. Früher bot fast ausschließlich der Brennerverkehr Verdienstmöglichkeiten. Das hatte sich geändert, als Friedrich IV. um 1420 Innsbruck zur Residenz erwählte. Unter seinem Nachfolger Sigmund und jetzt unter Maximilian brachte der personenreiche landesfürstliche Hofstaat mit seinen gehobenen Bedürfnissen und mit seiner Anziehungskraft für den Adel jeden Ranges bedeutende wirtschaftliche Impulse. Die Errichtung von Verwaltungsbehörden mit einer steigenden Zahl fix besoldeter Beamter bewirkte ein weiteres Anwachsen einer Konsumentengruppe, die alle Sparten der Wirtschaft belebte. Zur Erfüllung aller Bedürfnisse von Hof, Beamten und wohlhabender Bürgerschaft war die Ansiedlung zahlreicher Handels- und Gewerbebetriebe notwendig.

Zudem nahm der Brennerverkehr Ende des 15. Jahrhunderts kräftig zu. Ein Wagenzug nach dem andern rollte durch die Stadt. So war dem Fuhrmannsgewerbe und allen damit zusammenhängenden Wirtschaftszweigen steigender Gewinn gesichert. Indirekt belebte der Handelsverkehr auch das Handwerk: Rohstoffe aus weit entfernten Gebieten waren in Innsbruck leicht zu bekommen, die Konkurrenz der durch- und eingeführten ausländischen Erzeugnisse spornte zu höherer Leistungsfähigkeit an. Landesfürst und Bürgerschaft bemühten sich nach Kräften, den Zustand der wichtigsten Straßen zu verbessern. Um 1500 wurde dem Inn entlang eine

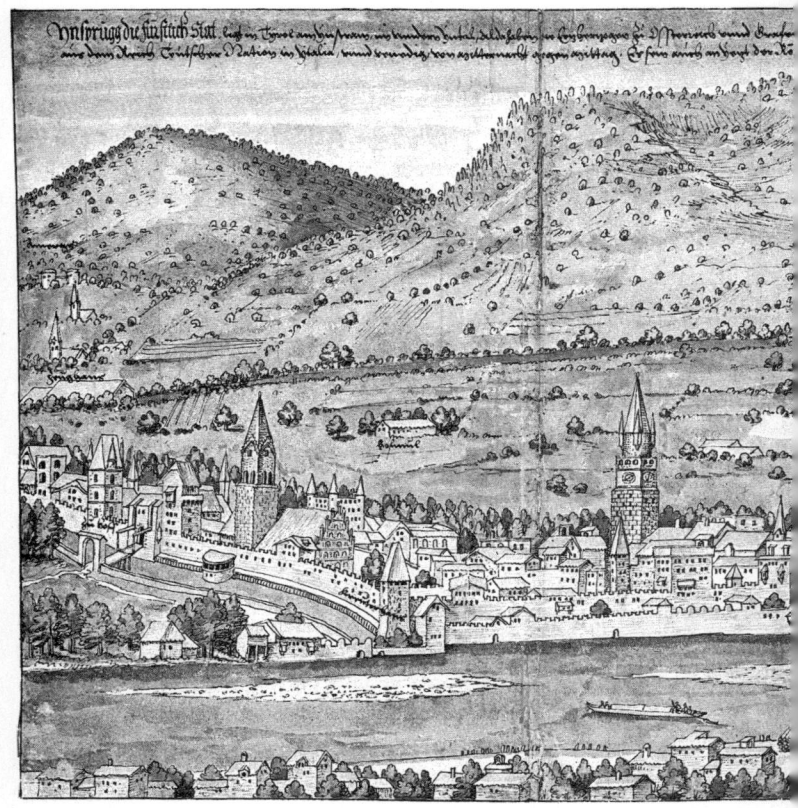

Wie klein Innsbruck zu Beginn und auch noch
Mitte des 16. Jahrhunderts war, erkennt man
an der 1556 entstandenen Ansicht im Schwazer
Bergbuch. Die Vorstadt Richtung Wilten
(Kloster und Pfarrkirche sind inmitten der
Felder und Gärten gut zu erkennen) wird allerdings von den Häusern der unmauerten Stadt
verdeckt. Nur der Turm der Spitalskirche
schaut heraus. Deutlich wird die Ausdehnung
des Städtchens nach Osten.

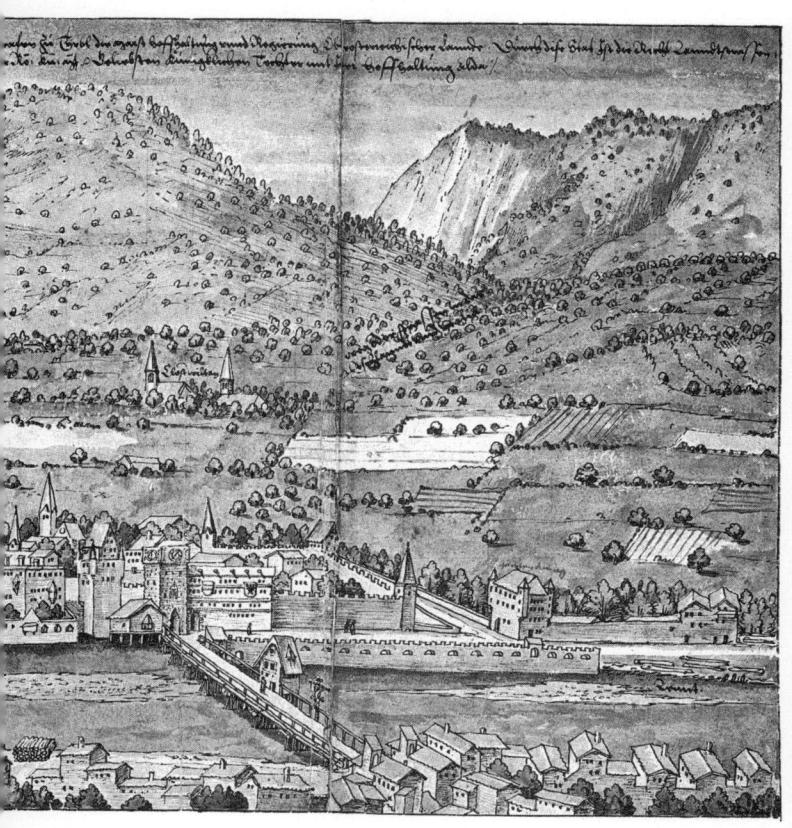

Verbindung zwischen der unteren Anpruggen und Mühlau gebaut. Es ist der heutige »Hohe Weg«. Bis dahin hatten Fuhrwerke, welche ins Unterinntal wollten, die Höhe der Weiherburg erklimmen müssen. Ende des 16. Jahrhunderts wurde dann auch die Straße zwischen Mühlau und Hall in die Ebene herunter verlegt, zur selben Zeit, als erstmals eine neue Straße ins Oberinntal angelegt wurde, die nicht zuerst nach Hötting anstieg, sondern durch das Auen- und Wiesengebiet der Talsohle führte.

Georg Hoefnagel schuf um 1560 den Kupferstich
für das Ansichtenwerk »Civitates Orbs terra-
rium« von Braun-Hogenberg (1575). So kann
man sich Innsbruck ungefähr zur Zeit Maximilians vorstellen, auch wenn der Stadtturm
damals noch nicht die »welsche Haube« hatte
und die Hofkirche erst Jahrzehnte nach seinem
Tod erbaut wurde.

Einen Nachteil für Innsbruck bedeutete die Tatsache,
dass die Innschifffahrt nur bis Hall reichte. War doch
der Inn für Personen- und Frachtenverkehr durch Jahrhunderte hindurch überaus wichtig. Der große Rechen
zum Auffangen des Treibholzes, das man für die Salinen
dringend benötigte, sperrte den Wasserweg in Innsbrucks
Nachbarstadt. Weiter innaufwärts konnten nur Flöße
und kleine Schiffe – z. B. zum Salztransport – verkehren,

die innaufwärts von Pferden gezogen wurden. Dafür waren dem Ufer entlang eigene Wege eingerichtet. Auch gegen die starke Konkurrenzstellung Halls im internationalen Handel war Innsbruck machtlos, obwohl man eine zeitliche Trennung der Haller Jahrmärkte von denen Innsbrucks durchsetzen konnte und auch eine landesfürstliche Verfügung erreichte, wonach die Frachtwagen ins Unterinntal Innsbruck nicht mehr über die Ellbögner Straße umgehen durften.

Die Hochblüte der Wirtschaft wirkte sich auch auf das äußere Bild der Stadt aus: Die vermehrte Einwohnerzahl zwang zur äußersten Ausnützung des knappen Raumes auf Kosten der Höfe und Gärten und brachte ein Anwachsen der Vorstädte mit sich; der Wohlstand machte aufwändigere Baumethoden und eine künstlerische Gestaltung der Hausfassaden möglich. Die Anfänge des Umbaus der bisherigen Holz- und Fachwerkhäuser in Stein reichen bis in die Zeit nach dem letzten großen Brand von 1390 zurück. Die vornehmen Bürger werden wohl als Erste ihre Geschäfts- und Wohnhäuser entlang der Hauptstraße in Stein errichtet haben. Bei späteren Um- und Neubauten wurden die Häuser in den rückwärtigen Hof hinein erweitert, um Wirtschafts- und Wohnraum zu gewinnen; dadurch wurde ihre schon bisher charakteristische Grundform noch deutlicher: Schmale, zwei bis drei Fenster breite, aber außerordentlich tiefe Häuser drängen sich aneinander. Oft wurden später zwei der schmalen Häuser zu einem breiteren zusammengebaut.

An der breiten Hauptstraße ging man allmählich dazu über, die schmale Vorderfront vorzuschieben und damit zusätzlichen Raum zu gewinnen. Um jedoch die Verkehrs- und Handelsfläche dabei nicht zu verkleinern, errichtete man im Erdgeschoß Gewölbe, auf denen die oberen Stockwerke ruhten. Im Laufe der Jahrzehnte wuchsen diese verschiedenartig gestalteten Gewölbe zu den berühmten Laubengängen um den Stadtplatz und entlang der Durchzugsstraße zusammen. Man nannte sie »*gemein gwelbe*«, sie gehörten also zur Straße, zum Marktplatz. Im Laufe der Zeit mussten die Häuser umgebaut, erneuert, ausgebessert und verschönert werden, wobei man selbstverständlich mit der jeweils herrschenden Baumode ging. So stammen Fassaden und Fassadenschmuck meist aus späterer Zeit. Die künstlerische Gestaltung konzentrierte sich vorwiegend auf die Erker, deren architektonische Form ebenso unterschiedlich ist wie ihre Ausschmückung. Völlig schmucklose, einfache Erker wechseln sich mit reich verzierten ab. Das Vorbild des Goldenen Dachls ist nicht zu übersehen. Im Zeitalter des Barock waren die Innsbrucker

Die Innsbrucker Lauben entstanden
bei der Erweiterung der Altstadthäuser.

Die typischen Grabendächer gibt es noch in der Innsbrucker Altstadt, verschwunden sind die »Mantelmäuerchen«.

Bürger nicht wohlhabend genug, um sich eine Neugestaltung ihrer Fassaden mit »modernen« Stuckaturen leisten zu können. Das »Helblinghaus« (Herzog-Friedrich-Straße 10) ist die umso auffallendere Ausnahme. So blieb der Innsbrucker Altstadt ihr spätgotischer Charakter erhalten.

Die ursprünglich zwei- bis dreistöckigen Bürgerhäuser wurden später meist um einen Stock erhöht. In diesem Zusammenhang verschwand die früher einheitliche Giebel- und Dachform, und die sogenannten Stirnmauern mussten sich mehrmals Veränderungen gefallen lassen. Typisch für Innsbruck ist das »Grabendach« des innstädtischen Hausstils: Wohl um einer Durchfeuchtung der gemeinsamen »Schiedmauer« zweier Häuser vorzubeugen, wurden die beiden eher flachen Dachpulte am Rande nochmals aufgebogen, wodurch beiderseits des mittleren Dachsattels zwei »Gräben« entstanden. Dabei gab es verschiedene Variationen. Bei ganz schmalen Häusern konnte der mittlere Giebel ganz entfallen; stattdessen bildete dann der Graben in der Mitte des Daches sozusagen einen umgekehrten Giebel. Bald wurde es in Innsbruck üblich, das Grabendach an der Stirnseite mit einer Mauer abzuschließen. Das Traufwasser wurde durch Öffnungen in dieser Mauer abgelassen. Auch die drei anderen Seiten des Daches wurden mit »Mantelmäuerchen« umgeben, was einen vortrefflichen Schutz gegen das Übergreifen von Bränden von einem Dach auf das andere bot. Kaiser Maximilian imponierten diese »*verborgenen Dächer*« so sehr, dass er, als Klagenfurt 1518 nach einem Brand wieder aufgebaut werden sollte, anordnete, dass die Dächer »*auf innspruggerisch für das Feuer gemacht*« werden sollten.

Während um 1500 die Giebel mit stufenförmigen Mauern und Zinnen verkleidet waren, setzte sich wenig später die Stirnmauer mit horizontalem Abschluss durch, was dem Geschmack der Renaissance entsprach und auch für andere Tiroler Städte, z. B. Rattenberg oder Bruneck, charakteristisch ist. Die gerade abgeschlossenen Stirnmauern, vielfach mit Renaissancemotiven und Scheinarchitektur bemalt, die das Haus um ein Geschoß höher scheinen lassen, kamen jedoch wieder aus der Mode und wurden nach dem Aufstocken von Häusern nicht mehr erneuert oder in der Barock- und Rokokozeit durch geschwungene Giebelmauern ersetzt. Alle genannten Formen kann man heute noch beobachten.

Das enorme Bevölkerungswachstum brachte zahlreiche Probleme mit sich. Vor allem wirkte es sich auf die Versorgungslage aus. Die Lebensmittelproduktion der umliegenden Landgemeinden und die kleinen landwirtschaftlichen Betriebe der Bürger genügten nicht mehr, obwohl es um 1500 in der Stadt außer rund 100 Pferden noch über 400 Kühe und zahlreiche Schweine, Schafe und Kleintiere gab. Seit dem 15. Jahrhundert mussten die Innsbrucker aus Bayern und Oberösterreich eingeführtes Getreide kaufen. Auch Schlachtvieh kam von weit her.

Von außerordentlicher Wichtigkeit war eine ausreichende Versorgung mit einwandfreiem Trinkwasser. Hatte man bisher mit Ziehbrunnen das Auslangen gefunden, so ließ der Rat der Stadt 1485 die erste Wasserleitung aus Holzröhren legen. Sie führte vom »Kesselbrunnen in der Spreng« oberhalb von Büchsenhausen herab, durch die Höttinger Gasse zur Innbrücke und über diese zum Stadtplatz. Vor dem Neuenhof plätscherte der erste Stadtbrunnen.

Die Versorgung mit gesundem Quellwasser hatte nicht zuletzt aus sanitären Gründen große Bedeutung, barg doch das Zusammenleben so vieler Menschen auf so engem Platz bei den damaligen hygienischen Verhältnissen ernste Gefahren in sich. Seit den Pestjahren des 14. Jahrhunderts hatte es nicht viele Verbesserungen gegeben. Immer wieder kam es zum Ausbruch von Seuchen und Epidemien, »*sterbende Läuf*« oder »*grausames Sterben*« oder einfach Pest genannt. Um 1512 starben in Innsbruck und Umgebung rund 700 Menschen. Meist flohen Hof und die Regierung an einen ungefährdet erscheinenden Ort. Die älteste bekannte Innsbrucker Pestordnung aus der Zeit Kaiser Maximilians weiß kein Heilmittel, sondern beschränkt sich auf die Anordnung, Häuser, in denen Pestkranke lagen, durch ausgesteckte Buschen zu kennzeichnen. Auch außerhalb von Pestzeiten waren »*Haus oder Wohnung ganz sauber* [zu] *halten*«. Der »*Hausvater*« solle allen »*Übelgeschmack*« durch »*Prunzwasser oder dergleichen*« vermeiden. Maximilian fühlte sich persönlich durch den »*üblen Geschmack*« der in den Stadtgraben rinnenden Ausgüsse belästigt, durch welche die »*Luft infisziert*« werde, und befahl »*darauf zu sehen, daß alle Ausgüsse abgetan würden und [...] daß kein Mist über Tag und Nacht in den Gassen und Häusern gestattet sein*«. Solche und ähnliche Verordnungen hat es vorher und nachher immer wieder gegeben, was nicht gerade für deren Wirksamkeit spricht.

Mitte des 15. Jahrhunderts war die schriftliche Niederlegung verschiedener Regeln des bürgerlichen Zusammenlebens notwendig geworden. Die Stadtordnung wurde jährlich einmal den Bewohnern verlesen. Das Erscheinen zu dieser Versammlung war strenge Pflicht. Ende des 15. Jahrhunderts begann man mit der Anlegung von Bürgerlisten. In der ältesten scheinen 278 Innsbrucker als Vollbürger auf. Diese eingetragenen Bürger – jährlich kamen zwei bis acht neue Namen dazu – waren Familienoberhäupter. Ihre Frauen und Kinder sind nicht verzeichnet, ebensowenig das Gesinde. Die Söhne der alteingesessenen Bürger wurden in unregelmäßigen Zeitabständen ohne Umstände in die Bürgerliste eingetragen. Neu Zugewanderte wurden in der Regel zunächst in das Verzeichnis der »Inwohner« aufgenommen und genossen den Schutz der Stadtbehörde bei der Ausübung des ihnen genehmigten Berufes. Zwar hatten sie die gleichen Pflichten wie die Vollbürger, genossen aber nicht deren Rechte.

Bis zur »Erhebung in bürgerliche Freiheit« konnten Jahre vergehen. Die Bedingungen dafür waren streng: Jeder Bewerber musste den Beweis der persönlichen Freiheit erbringen; nach 1500 war auch der Nachweis ehelicher Geburt notwendig. Noch später verlangte man ein Mindestvermögen. Eigener Hausstand und gewerbliche Selbständigkeit waren ohnehin Voraussetzung. Aber auch wenn all dies zutraf und der bisherige Lebenswandel keinen Anstoß bot, gab es noch Hindernisse genug: Gruppeninteressen, Rivalitäten, Konkurrenzneid und andere Motive konnten eine Aufnahme als Vollbürger verhindern. Manchmal wurde das Bürgerrecht nur unter gewissen Auflagen, Bedingungen und Beschränkungen in Handels- und Gewerbeangelegenheiten verliehen. So musste sich einmal ein neu eingebürgerter Kaufmann verpflichten, weder *»Genueser Waren«* noch *»welsche Konfektüren«* und auch kein *»weiß und gelbes Wax«* zu verkaufen. Andererseits wurde das Bürgerrecht oft zusammen mit der Erlaubnis zur Ausübung eines bestimmten Gewerbes gewährt. Empfehlungen des Hofes, der Regierung oder hoher Persönlichkeiten erleichterten die Aufnahme in die Bürgerschaft. Der Bürgereid verpflichtete zu Gehorsam gegenüber Stadtherrn, Rat, Bürgermeister und Richter, auch dazu, der Stadt *»Nutz und Frummen zu betrachten und ihren Schaden zu allen Zeiten zu wenden«*. Außer den Vollbürgern und den Inwohnern – jeweils mit Familie und Gesinde – gab es noch das rechtlose Volk der Bettler, Vaganten und fahrenden Leute. Nicht zur Bürgerschaft zählten auch alle, die zu Hof und Regierung gehörten, vom Kanzler bis zum Kammerdiener.

Die städtischen Verwaltungsorgane hatten sich seit Gründung der Stadt allmählich herausgebildet und erhielten nun ihre endgültige Ordnung, die bis Ende des 18. Jahrhunderts in Kraft blieb. Die Mitglieder des Stadtregiments – Bürgermeister, Richter und Räte – wurden alljährlich am 8. Jänner, am »Erharditag«, von der Bürgerschaft gewählt. Die große Glocke der St.-Jakobs-Kirche rief die Bürger ins Rathaus, wo ihnen der amtierende Bürgermeister drei verdiente Männer als Kandidaten für seine Nachfolge vorschlug. Beim zweiten Wahlgang wurde zwischen den beiden in Führung liegenden Anwärtern entschieden. Auf ähnliche Weise wurden der Stadtrichter und die zwölf Ratsherren gewählt. Während früher ein Loskauf von der nicht nur angenehmen Würde gestattet war, musste ein Gewählter seit dem Ende des 15. Jahrhunderts die Bürde ausnahmslos auf sich nehmen und sich für ein Jahr den Interessen der Allgemeinheit zur Verfügung stellen.

Die zwölf Ratsherren hatten spezielle Ämter zu besorgen. Die Finanzen unterstanden dem Stadtkämmerer, der über Einnahmen und Ausgaben Rechenschaft ablegen musste. Der Pfarrkirchenpropst verwaltete das Kirchenvermögen. Ein Ratsherr war für die Kirche bei den Allerheiligenhöfen zuständig, ein anderer für die Armenbetreuung und den Almosenfonds, der u. a. aus Sammelbüchsen gespeist wurde, die vor Kirchen und in Wirtshäusern aufgestellt waren. Einem Mitglied des Stadtrates fiel die Verwaltung des bürgerlichen Spitals zu, es war der Spitalpfleger. Der Sondersiechenpfleger war für das Sondersiechenhaus jenseits des Inn zuständig. Für die städtischen Bauten hatte der vom Rat eingesetzte Stadtbaumeister zu sorgen. Ihm unterstanden ein Archenmeister für die Uferschutzbauten, ein Pflastermacher und ein Brunnenmacher. Ein wichtiges Amt hatte der Stadtschreiber inne, der Rechts- und Verwaltungskenntnisse besitzen musste und wegen seiner Federgewandtheit großes Ansehen genoss.

Das alles war schon vor Maximilians Regierungszeit festgelegt. Auch ein Rathaus besaß Innsbruck schon seit 1360. Zwischen 1442 und 1450 war es erweitert und der mächtige Stadtturm errichtet worden. Der Turm hatte ursprünglich ein steiles gotisches Dach und vier spitze Erkertürmchen. Man sieht ihn auf allen damaligen Stadtansichten.

Bis in die letzten Einzelheiten wurde das bürgerliche Leben vom Stadtrat geregelt und kontrolliert. Der Grundsatz, jedermann vor Schaden und Übervorteilung zu schützen, nötigte ihn allerorts einzugreifen. Insbesondere Gewerbeangelegenheiten standen immer wieder auf der Tagesordnung. Die gewählten Häupter der Innsbrucker Bürgergemeinde hatten aber nicht nur für Ruhe und Ordnung in der Stadt zu sorgen und die wirtschaftlichen Interessen der Stadtbewohner wahrzunehmen, sie vertraten die Stadt auch nach außen, vor allem gegenüber dem Landesfürsten und seiner Regierung. Der Tiroler Landschaft, dem Ständeparlament des Landes, gehörte Innsbruck mit einer Stimme an, die meist vom Bürgermeister abgegeben wurde. Der Tagungsort der Landschaft, später Landtag genannt, wechselte im 15. und 16. Jahrhundert noch. Die Landstände bewilligten dem Landesfürsten fallweise außerordentliche Steuern und hoben diese auch selbst ein. Daraus wurden eigene ständische Steuern, die den Innsbruckern – zusätzlich zur kommunalen Steuer – entsprechend ihrem Haus- und Grundbesitz auferlegt wurden.

Den ihr zukommenden Anteil leistete die Stadt bei der Verteidigung des Landes. Das Ausrücken der bürgerlichen Wehrmannschaft war seit 1478 durch eine »Kriegsläufordnung« geregelt. Danach waren 192 Männer zum Waffendienst verpflichtet. Sie waren in zwölf Gruppen mit je einem Ratsherrn an der Spitze eingeteilt. Die Wehrpflicht traf gleichermaßen Vollbürger und Inwohner, doch konnte sich jeder loskaufen, d. h. einen Ersatzmann stellen. Die Zuzugsordnung gemäß Maximilianischem Libell von 1511 bestimmte, dass beim einfachen Aufgebot von 5.000 Mann die Stadt Innsbruck 50 Kriegsknechte zu stellen hatte, bei einem Landesaufgebot von 10.000 oder 20.000 Mann entsprechend mehr.

Für die innere Sicherheit und Ruhe der Stadt sorgten die Knechte des Stadtrichters, die bei Gewalttaten, Raufereien, Tumulten, bei »*Rumor*« und »*Unzuchthändeln*« einzugreifen und die beteiligten Personen zu verhaften hatten. An den Toren waren die »*Stadtwachter*« postiert. Zusammen mit den Stadtknechten bildeten sie die Stadtpolizei. Sie hatten eine Art Uniform: einen schwarzen Rock und weiße Strümpfe, im Winter Pelzmäntel. Verhaftete wurden dem Stadtrichter oder dem zuständigen Hofbeamten übergeben. Mitglieder von landesfürstlichen Behörden, Adelspersonen sowie Hofbeamte, Hofdiener und Gesinde unterstanden ja nicht der Gerichtsbarkeit der Stadt.

Da die Zahl dieser »Exempten« innerhalb des Stadtbereiches immer mehr anwuchs, bedeutete die in wirtschaftlicher Hinsicht so vorteilhafte Funktion Innsbrucks als Residenzstadt für die bürgerliche Selbstverwaltung eine starke Beeinträchtigung. Auch sonst brachten die unmittelbare Nähe der Regierung und die Anwesenheit des Hofes häufig Interventionen und Einflussnahme auf die Geschäfte des Stadtrates mit sich. Gegen allzu kühne Ansinnen wusste sich die Bürgerschaft jedoch zu wehren: So wies zum Beispiel der Rat im Jahre 1540 das Begehren des Hofmeisters, vier Innsbrucker Bürger sollten seine Sänfte nach Hötting tragen, entrüstet zurück, da es nicht »*Aufgabe freier Bürger sei, Hofbeamte herumzutragen*«.

Das städtische Gerichtswesen war nur für geringfügige Vergehen zuständig. Schwere Delikte waren Sache des Landgerichts Sonnenburg, das auch noch so hieß, als der Sitz des Richters nach Vellenberg bei Götzens, dann nach Hötting und schließlich nach Wilten übersiedelte. Der Gerichtsplatz für die Verhandlungen war ohnehin in der Stadt. Die Verleihung des Blutbanns,

An die Verleihung der Hohen Gerichtsbarkeit
an den Innsbrucker Stadtrichter Walter Zeller
erinnert der »Quaternionenadler«, eine seltene
Darstellung des doppelköpfigen Reichsadlers,
im Laubengang seines Hauses (heute Herzog-
Friedrich-Straße 35).

also der Hohen Gerichtsbarkeit, an den Stadtrichter
Walter Zeller durch König Maximilian (1495) war auf
dessen Person beschränkt und hat sich nicht allgemein
durchgesetzt. Voll berechtigtem Stolz über diese Auszeichnung ließ Zeller das Gewölbe der Lauben vor seinem Wohnhaus (heute Herzog-Friedrich-Straße Nr. 35)
mit symbolträchtigen Fresken schmücken, im Zentrum
– von zahlreichen Wappen europäischer Länder umgeben – der doppelköpfige Quaternionenadler mit den
Wappen der Reichsstände auf den Flügelfedern, dem
Gekreuzigten in der Mitte und – selten zu sehen – zwei
Schwertern in den Fängen.

Neue Gesetze und Verordnungen änderten und regelten immer wieder Strafausmaß und Strafpraxis. Sie wurden vom Landesfürsten für das ganze Land erlassen und galten natürlich auch für die Städte. Als Erster hatte Maximilian das »peinliche Recht« kodifiziert – »peinlich« kommt vom lateinischen »poena« für Strafe – und somit dem Ermessen des jeweiligen Gerichts entzogen. Die vom Landrichter und seinen Geschworenen zu verhängenden Strafen für schwere Verbrechen waren äußerst hart und für unsere Begriffe grausam: Mörder wurden gerädert, Verräter waren zu schleifen und zu vierteilen, Räuber zu enthaupten. Der Scheiterhaufen drohte u. a. Brandstiftern und Münzfälschern. Ertränken und lebendiges Begraben waren Todesarten für andere Untaten. Kam als Verschärfung der Pranger hinzu, wurden die Verurteilten längere Zeit hindurch an das Gestell des Schandmals gekettet, das ursprünglich mitten in der Neustadt, später vor dem Pickertor (am Innrain) stand. Der Galgen stand zur Zeit Maximilians auf einem Hügel bei den Allerheiligenhöfen, der heute noch Galgenbichl heißt. Hinrichtungen mit dem Schwert wurden auf dem »Köpfplatzl« in der Höttinger Au vollzogen.

Eine wichtige Rolle in der Stadt spielten die Zünfte. Die Zahl der Handwerker in der Stadt war vom 14. zum 15. Jahrhundert rasch gestiegen. Logische Folge, dass es jetzt zur Bildung von Berufsverbänden kam, zu Zusammenschlüssen der Meister einzelner oder mehrerer verwandter Handwerkszweige, um die gemeinsamen Interessen besser vertreten und durchsetzen zu können. Diese straff organisierten Zünfte brachten den Handwerkern wirtschaftliche Vorteile und politischen Einfluss, während früher die »Bruderschaften« der Berufsgruppen rein religiösen Charakter gehabt hatten. Zunftkämpfe, wie es sie in deutschen Reichsstädten gab, waren in Innsbruck unbekannt. Von Anfang an waren nämlich die Meister gleichberechtigte Mitglieder der Bürgergemeinschaft und brauchten sich ihre politische Rechte nicht erst zu erkämpfen. Die Zünfte wehrten sich deshalb auch nicht, unter der Aufsicht des Stadtrates zu stehen, in dem ihre Vertreter ja ohnehin Sitz und Stimme hatten. Die Oberhoheit des Landesfürsten über die Handwerkervereinigungen war ebenfalls unbestrittene Tatsache. Bei Streitigkeiten von Berufszweigen untereinander riefen deren Zünfte wiederholt den Landesherrn als Schiedsrichter an.

Die im 15. und 16. Jahrhundert dem Fürsten zur Bestätigung eingereichten Zunftordnungen befassten sich in erster Linie mit der Festsetzung von Löhnen und Preisen, mit Arbeitsbedingungen und Verkaufsbestimmungen, mit der Stellung von Lehrlingen und Gesellen, mit der Erwerbung des Meisterrechtes und der Unterstützung von kranken, alten oder sonst in Not geratenen Meistern. Die feierliche Gestaltung verschiedener religiöser Feste und Gottesdienste war weiterhin eine wichtige Aufgabe jeder Zunft, die dazu eine eigene oder mit anderen Zünften zusammen eine Bruderschaft bildete. Ein Verzeichnis aus dem Jahr 1524 nennt 36 verschiedene Handwerke mit 150 Meistern. Da es nicht leicht war, von der Zunft als Meister anerkannt zu werden, ließen sich erfahrene Gesellen als »Gaymeister« in der Umgebung Innsbrucks nieder und arbeiteten unter Umgehung des Zunftzwanges und des städtischen Gewerbemonopols für den Bedarf der Bauern und der am Land ansässigen Adeligen.

Eine weit größere und unliebsamere Konkurrenz waren die Künstler und Handwerker des landesfürstlichen Hofes. Schon früher waren neben den zum Hofgesinde zählenden Handwerkern auch selbständige

Innsbrucker Meister für einzelne Hofaufträge herangezogen worden. Unter Sigmund und Maximilian wurden vermehrt Bürger der Stadt als Hofmeister unter
Vertrag genommen und damit dem Einflussbereich der
Zunft entzogen. Noch ärger wurde es, als zunehmend
Meister von auswärts berufen und in höfischen Dienst
gestellt wurden. Sie standen vollends außerhalb der bürgerlichen Gemeinschaft und waren an deren Gewerbe-
gesetze nicht gebunden. Wiederholte Differenzen und
Beschwerden waren die Folge: z.B. die Klage, dass die
Hofmeister den Gesellen mehr bezahlten, als die Zunft
festgesetzt hatte, und dadurch den Arbeitsmarkt belas-
teten. Die Anwerbung von tüchtigen Gesellen war für
Hofhandwerker auch deshalb leichter, weil bei Hof
größere Berufschancen bestanden. Das Geschäftsschild
eines Hofmeisters war außerdem beste Kundenwer-
bung. Bei der Förderung der Hofmeister setzte sich der
Landesfürst meist unbekümmert über die Interessen
der Zünfte hinweg.

Da fast keiner der zahlreichen in Innsbruck ansässigen Künstler und Kunsthandwerker ausschließlich
für den Hof arbeitete, leisteten sie einen bedeutenden
Beitrag zur bürgerlichen Kultur. Die gesunde Wirtschaft
und der Wohlstand weiter städtischer Bevölkerungskreise ermöglichten ein hohes Niveau bürgerlicher
Kulturpflege. Das Vorbild des Hofes und die Kontakte
mit ausländischen Gewohnheiten und Lebensformen
wirkten anregend, ebenso ein gewisser Wettbewerb der
vornehmen Bürgergeschlechter mit den in Innsbruck
und Umgebung ansässig gewordenen Adelsfamilien. In
den Bürgerhäusern lebte man damals nicht viel anders
als auf den Ansitzen und Schlössern des Adels. Die
gepflegte Wohnkultur des Bürgerstandes, die reich
gedeckte Tafel und die vornehm-modische Kleidung

Die berühmte Kunstuhr des Uhrmachermeisters Andreas Yllmer in Innsbruck, zweite Hälfte des 16. Jahrhunderts. Das Gehäuse ist die Arbeit eines unbekannten Goldschmieds.

waren geprägt von Selbstbewusstsein und stolzem Lebensgefühl. Dass man sie dennoch auf den ersten Blick von den Bürgern unterscheiden konnte, war den Angehörigen des Hofadels wichtig. Und so galt weiterhin die von den oberen Ständen am Landtag von 1478 durchgesetzte Kleiderordnung, nach der den Bürgern z. B. »*spitzige Schuhe*« verboten waren. Weiters heißt u. a.: »*Nichtadelige Frauen dürfen keine Kleider mit einem Schwanze tragen, der hinten nachkehrt; er muss gekürzt werden* [...]. *Keine darf einen Hermelin tragen, noch am Busen und an den Ärmeln sich verbrämen* [mit Pelzstreifen verzieren].«

Die Bürgersfrauen wussten sich zu helfen und statteten sich mit allem aus, was in der Kleiderordnung nicht erwähnt wurde. Seidensticker verschönerten die

Kleider, Goldschmiede sorgten für Schmuck und kostbares Tafelgeschirr, den Wohnkomfort steigerten die Kunsttischler mit Möbeln und Täfelungen, die Hafner mit praktischen und zugleich schmucken Öfen. Innsbruck war das konkurrenzlose Zentrum der Nordtiroler Zinngießer, deren Schüsseln, Teller, Becher, Kannen, Flaschen, Kuchenplatten, Leuchter und andere Erzeugnisse dem täglichen Gebrauch dienten, aber wegen ihrer künstlerischen Dekorgestaltung auch eine Zierde jedes Bürgerhauses bildeten. Prächtige Küchen- und Apothekermörser kamen aus den berühmten Werkstätten der Höttinger und Mühlauer Erzgießer. Die Innsbrucker Uhrmacher – unter ihnen der berühmteste: Andreas Yllmer – verstanden es meisterhaft, prunkvolle Tischuhren von künstlerischem Reiz und technischer Exaktheit herzustellen.

Was die Baukunst betrifft, stammen wohl die stolzen Bürgerhäuser aus der Blütezeit der Stadt, doch hat sich kein gotischer Kirchenbau im alten Stadtbereich erhalten: Die Pfarrkirche, gewiss ein eindrucksvoller Bau mit Seitenkapellen und nicht weniger als 14 Nebenaltären, musste samt Inventar dem barocken Neubau weichen. Immerhin gehen die Kirchen von Amras und Hötting auf die Innsbrucker Bauhütte zurück, außerdem mehrere Gotteshäuser der Umgebung und der Kapitelsaal im Stift Wilten. Ihr wichtigstes und am besten erhaltenes Werk ist die Wallfahrtskirche von Seefeld. Die bedeutendsten Werkmeister waren Hans Reichartinger, Niklas Türing d. Ä. und sein Sohn Gregor.

Eine Malschule hat es im ausgehenden Mittelalter auch in Innsbruck gegeben, ebenso zahlreiche Bildschnitzer, die meist mit den Malern zusammenarbeiteten, da dies der Typus des gotischen Flügelaltars mit seinen Figuren und Tafelbildern erforderte. Mehrere Flügelaltäre in der weiteren Umgebung sind einer Innsbrucker Werkstätte zuzuschreiben, die vielleicht identisch ist mit der des Hofmalers Ludwig Konraiter, der natürlich nicht nur für den Hof, sondern auch für die Bürgerschaft oder für Auftraggeber aus den Dörfern arbeitete. Zu den ersten greifbaren Künstlerpersönlichkeiten Innsbrucks zählt Sebald Bocksdorfer (†1519), der schon während der zweiten Hälfte des 15. Jahrhunderts vielfältig als Bildhauer und Schnitzer tätig war. Eine Reihe von Grabplatten, z. B. jene des Gilg Valk oder des Oswald von Hausen im Kreuzgang von Wilten, sind von ihm signiert oder lassen sich ihm zuweisen. Auch der St.-Georgs-Altar im Schloss Ambras stammt von Bocksdorfer.

Einige Künstler, die damals in Innsbruck wirkten, repräsentieren mehr den maximilianischen Kunstkreis, in erster Linie dem Bürgertum und seinem Kulturschaffen zuzurechnen ist hingegen der Maler Sebastian Schell (auch Schöll oder Schel). Er stammte aus Schwaben, war seit dem Beginn des 16. Jahrhunderts in Innsbruck ansässig, wo er es zu einer geachteten Stellung brachte und 1514 als Bürger aufgenommen wurde. Bis zu seinem Tod im Jahr 1554 wirkte er in mannigfacher Weise als Wand- und Altarmaler, als Zeichner, Dekorateur, Verfertiger von Wappenschilden und Entwerfer für kunstgewerbliche Arbeiten. Typisch für seine Zeit ist es, dass sich der Künstler Schell nicht scheute, so wenig reizvolle Aufträge wie das Fassen von Geweihen oder das Anstreichen des Pfarrkirchenturmdaches anzunehmen. Sein bekanntes Hauptwerk ist der Altar mit der Sippe Christi aus der Kapelle des Schlosses Annenberg im Vinschgau (heute Ferdinandeum), bekannt vor allem wegen der Ansicht Innsbrucks im Hintergrund des Bildes, künstlerisch bedeutsam wegen der meisterhaften Gestaltung in Zeichnung und Farbton.

Das höfische Innsbruck

Was den Charakter Innsbrucks in der Zeit um 1500 mehr geprägt hat, das bürgerliche Leben oder die Funktion als Residenzstadt und Regierungssitz, ist schwer zu entscheiden. Eher überwog wohl das bürgerliche Element. Beamtenschaft und Hofgesellschaft samt Gesinde machten keine fünf Prozent der Einwohner aus. Sehr schwankend war die Größe dieser Gruppe noch dazu, denn es war ein großer Unterschied, ob der König im Land war oder nicht. Und selbst wenn er in Tirol weilte, war er

Um 1530 entstandene Zeichnung der Innsbrucker Hofburg, an der man gut den nördlichen Zubau für das Frauenzimmer erkennen kann. Er ist höher und hat noch die spätgotischen steilen Dächer.

nicht immer in Innsbruck, sogar eher selten, sondern war irgendwo auf der Jagd. Trotzdem, Innsbruck zeigte zwei Gesichter. Man darf auch nicht die Adelsfamilien vergessen, die nach und nach in der Haupt- und Residenzstadt angemessene Quartiere benötigten und sich ihrer Stellung entsprechende Ansitze errichteten. Auch sie prägten Innsbruck, wenn auch noch nicht so stark wie hundert Jahre später.

Ständig präsent in der Stadt und unübersehbar waren Maximilians Prunkbauten: der Wappenturm und das Goldene Dachl. Und natürlich auch die Hofburg, um deren Erweiterung und Verschönerung sich der König von Anfang an bemühte. Schon in den ersten Jahren seiner Regierung entstand im Norden, an den bestehenden

Komplex anschließend (etwa vom heutigen nördlichen Tor der Hofburg an), die »hintere Burg«. Viel Bauplatz stand dafür nicht zur Verfügung, vor allem engte die St.-Jakobs-Kirche (der heutige Dom) das Areal ein. So ließ er einen schmalen hohen Burgtrakt errichten. Ein enger Hof stellte die Verbindung zum alten, geräumigen Burghof her. Unter Maximilian wurden auch die älteren

Der 1457–1458 erbaute Wappenturm

Teile der Burg erneuert und um ein Geschoß erhöht, wobei – die Mode hatte sich inzwischen geändert – das ursprüngliche hohe Satteldach wegfiel: eine eben schließende Stirnmauer verbarg das neue Dach.

Ganz auf Repräsentation ausgerichtet war der Wappenturm, den Maximilian vor dem alten Stadttor im Osten, dem Saggentor, aufführen ließ. Der Durchgang im Erdgeschoß bildete sozusagen ein neues Tor zur Stadt. Der Wappenturm ist im südlichen Hofburgrondell aus der Zeit Maria Theresias aufgegangen. Gut erkennen kann man noch die hintereinanderliegenden Gewölbe beider Stadttore im Durchgang vom Rennweg in die Altstadt. Die Höhe des Turmes war beachtlich, auch wenn sowohl der Stadtturm des Rathauses als auch der Turm von St. Jakob ihn überragten. Völlig entgegengesetzt der Realität ließ Albrecht Dürer, als er Innsbruck von der nördlichen Innseite aus malte, den noch im Bau befindlichen Wappenturm mit seinem Gerüst deutlich höher sein als den Stadtturm, weil er ihm als königliches Monument wichtiger war als das Symbol bürgerlichen Selbstbewusstseins *(siehe Abbildung S. 106)*. Der Kirchturm verschwindet bei Dürer überhaupt hinter dem Kräuterturm, der ein Teil der Stadtbefestigung war und als landesfürstliches Gefängnis diente. Das Wichtigste am Wappenturm war nicht die Höhe, sondern die repräsentative Ostfassade mit den vielen Wappen, die Maximilians Herrschertum und Macht demonstrieren sollten.

In der ganzen Burganlage ließ Maximilian verschiedene Räume vergrößern, neu ausstatten, vertäfeln oder bemalen. Im Mittelteil entstand ein großer Festsaal, nach der reichen Vergoldung seiner hölzernen Decke »Goldener Saal« genannt. Ein Zimmer wurde mit *»Adam und Eva und anderen werklichen Bildern, Tieren und Vögeln«* ausgeschmückt und erhielt den Namen Paradeisstube;

die Kapelle wurde neu gestaltet und in der Äußeren Burg (südlich des Saggentores bzw. des Wappenturms) der aufgebaute Stock vertäfelt bzw. mit vergoldeten Ledertapeten behängt, dazu mit imposanten Jagdtrophäen und passenden Malereien geschmückt: Der Raum wurde deshalb Kürnstube (d. h. Gehörnstube) genannt. Vor der Burg erstreckte sich der umfriedete Rennplatz für Turnier und Spiel, nördlich anschließend der Hofgarten, den Maximilian und seine Gattin besonders schätzten.

Die weitläufige Hofburg wäre noch öfter leergestanden, hätte Maximilian nicht Innsbruck als Residenz für seine zweite Gemahlin bestimmt. Er überließ der Mailänderin Bianca Maria Sforza die eben fertiggestellte »hintere Burg«, die deshalb auch das »*neue Frauenzimmer*« genannt wurde. Die Räume waren getäfelt, mit Balkendecken versehen, heizbar und durchwegs wohnlich, z. T. auch kostbar ausgestattet. Zur Beleuchtung dienten Unschlitt- und wertvolle Wachskerzen auf Messingleuchtern. Auch auf das tägliche Bad brauchte die verwöhnte Italienerin nicht zu verzichten: Die Badestube war mit zwei »*kupfrinen Badwannen*« und einem ebenfalls kupfernen Badeofen eingerichtet. Bianca Maria wurde von einem großen Hofstaat umsorgt, den sie zum Teil aus ihrer Heimat mitgebracht hatte: Hofdamen, Kammerfrauen, Leibköchin, Unterkoch, Leibarzt, Stallmeister, Kutscher und andere weibliche wie männliche Bedienstete waren am Anfang durchwegs Italienerinnen und Italiener. So wurde ab diesem Zeitpunkt viel italienisch gesprochen in den Gassen, Geschäften und Gasthäusern Innsbrucks. Viele der Italienerinnen und Italiener konnten sich jedoch an die neue Umgebung und die geänderten Lebensverhältnisse nicht gewöhnen und kehrten nach wenigen Jahren in die Heimat zurück.

Hofmeister Nikolaus von Firmian, der selbst das Italienische perfekt beherrschte und eine Italienerin aus Verona zur Frau hatte, ersetzte sie möglichst durch Töchter aus zweisprachigen Adelsfamilien des südlichen Tirol. Wenn die Königin auf Reisen war und manchmal durch Monate und Jahre nicht zurückkehrte, war natürlich auch der Hofstaat abwesend, so dürfte der Hauch Italien über Innsbruck nur sehr schwach gewesen sein.

Maximilian verstand es meisterhaft, für sich, die Hofgesellschaft und die fast immer anwesenden Gäste glänzende Feste zu organisieren. In solchen Fällen konnte er die höfische Pracht des ausgehenden Mittelalters zur Geltung bringen, wie er sie in Burgund kennengelernt hatte. Vor allem das ritterliche Kampfspiel in seinen verschiedenen Varianten, das Turnier, erweckte er zu neuer Blüte. Drei seiner berühmten Großturniere veranstaltete Maximilian in Innsbruck. Auch der »Mummerei«, einem höfischen Kostümfest mit Tafel und Tanz und allerlei meist erotischen Spielereien, galt Maximilians Vorliebe. Immer wieder erfand er neue Masken und Gruppen. Während bei Turnier und Mummerei Geselligkeit Trumpf war, zog sich Maximilian zur Erholung oft in die Einsamkeit der Natur oder in ein stilles Kämmerlein zurück. In der Hofburg ließ er sich ein Drechselstübchen einrichten. Er hatte dieses Handwerk erlernt und verbrachte viele Mußestunden an seiner kunstvoll verzierten Werkbank.

Weit entfernt von feiner höfischer Kultur waren die volkstümlichen Feste, die Maximilian mit Vorliebe besuchte, wie bürgerliche Tanzfeste, tolles Fasnachtstreiben oder weltliche und religiöse Spiele am Stadtplatz. Für ein gelungenes *»Vaßnachtspil«*, *»Affenspil«* oder *»Osterspil«* gab die Kammer gern ein paar Gulden als Unterstützung und Belohnung. Bürgerliche Aufführungen fanden auch in der Hofburg statt. Allerlei Schausteller, Akrobaten, Komödianten und Tänzer produzierten sich gleichermaßen vor Volk und hohen Herrschaften. Von den damals in Mode gekommenen fremdartig-bizarren, oft recht derben Schautänzen und Tanzspielen gibt uns das Goldene Dachl ein anschauliches Bild. In prachtvoller Weise zeigt die Reliefreihe, wie König und Königin selbst als Zuschauer und Preisrichter die Vorführungen der Maruska- oder Moresken-Tänzer verfolgen. Nach dem Aschermittwoch war es vorbei mit Tanz und Unterhaltung. Jetzt war die Zeit der Bußprediger und Beichtväter. Überhaupt feierte man das Kirchenjahr sehr intensiv mit. Die tägliche Messe in der Burgkapelle gehörte genauso zum Leben wie feierliche Hochämter und Vigilien zu höheren Feiertagen. Besondere Aufmerksamkeit widmete man den Totenämtern, Seelenmessen und Jahrtagen. Bei solchen und anderen Anlässen fungierte die St.-Jakobs-Kirche als Hofkirche.

Maximilians Freude an Ritterspiel und Tanz, an Geselligkeit und Unterhaltung paarte sich mit höheren kulturellen Interessen und viel Verständnis für das künstlerische Schaffen seiner Zeit. So wurde Innsbruck zu einem Zentrum europäischer Kultur. Die neue niederländische Musik hatte der junge Maximilian schon am Hofe seines Vaters kennengelernt, vor allem aber während seiner burgundischen Regierungszeit. Er war selbst sehr musikalisch, außerdem gehörte das Erlernen eines oder mehrerer Instrumente und das Singen bei den Habsburgern zu den Grundlagen der Erziehung. Man weiß, dass sich Maximilian selbst in Innsbruck und Augsburg an die von ihm in Auftrag gegebenen Orgeln setzte. Zwar musste Maximilian den Aufwand einschränken, mit welchem Sigmund in Innsbruck eine Hofkapelle unterhalten hatte, doch übernahm er die besten Musiker in seine Dienste, u.a. den Hoforganisten Paul Hofhaimer, der durch Jahrzehnte in Innsbruck ansässig war. Nach Sigmunds Tod begann für ihn die Zeit des Reisens, da Maximilian den bedeutendsten Organisten seiner Zeit überall auftreten lassen wollte. Sein Haus in der Innsbrucker Silbergasse (heute Universitätsstraße) behielt Hofhaimer. 1507 allerdings übersiedelte er auf Wunsch Maximilians nach Augsburg. 1515 wurde »*Meister Paulus, der in ganz Deutschland seinesgleichen nicht hat*«, sogar geadelt. Hofhaimer starb 1537 in Salzburg.

Innsbruck war unter Maximilian neben Augsburg und Wien ein Mittelpunkt neuen musikalischen Lebens im deutschen Raum. Außer der ständigen kleinen Hofkantorei war hier sehr häufig die gesamte Reichskapelle

Der berühmte Organist Paul Hofhaimer
(aus der Holzschnittfassung der Bildfolge
»Triumphzug Kaiser Maximilian I.«)

versammelt, die keinen festen Sitz hatte. Zu den berühmtesten Musikern im Gefolge Maximilians zählten Georg Slatkonia, der später als Wiener Bischof die Leitung der kaiserlichen Kantorei nicht aufgab, und der Niederländer Heinrich Isaac, Hofkomponist und Sänger. Er weilte oft in Innsbruck und dürfte die Stadt besonders geliebt haben. Er ist mit ihr bis heute untrennbar verbunden durch das weltbekannte Lied »*Innsbruck, ich muss dich lassen*«. Die volkstümliche Melodie hat uns Isaac in zwei Fassungen überliefert. Auch der Schüler Isaacs, Ludwig Senfl, wirkte unter Maximilian und seinen Nachfolgern am Hof. Ständig in Innsbruck verblieben außer der Vokalgruppe für die musikalische Gestaltung der Hofgottesdienste nur einige Instrumentalisten – vor allem Pfeifer, Trommler und Lautenschlager – für Tisch- und Tanzmusik im Frauenzimmer. Die Trompeter, Posaunisten und Paukenschlager zogen mit dem Kaiser durch die Lande.

Einen Glanzpunkt der Innsbrucker Musikkultur der Zeitenwende stellten die Orgeln der St.-Jakobs-Kirche dar. 1491/92 hatte Paul Hofhaimer zusätzlich zu einer älteren Orgel eine neue gebaut. Eine weitere, größere Orgel konstruierte einige Jahre später Wolfgang Reichenauer aus Heilbronn. Und zwischen 1512 und 1516 errichtete der böhmische Orgelbaumeister Ihan Behaim (auch Jan Behaim von Dubrau geschrieben) im ständigen Kontakt mit Hofhaimer wieder ein neues Werk. Antonio de Beatis schreibt 1517 darüber: »*In der Hauptkirche steht eine wunderschöne Orgel, nicht besonders groß, aber mit vielen Registern und vorzüglichen Stimmen gleich Trompeten, Pfeifen, Flöten, Zinken, Krummhörnern, Schalmeien, Trommeln, Drehleiern und Vogelsang von solcher Naturtreue, dass sie von den wirklichen Stimmen nicht zu unterscheiden sind; ein wahrhaft*

liebliches und sinnreiches Werk, wie wir in solcher Voll-
kommenheit auf der ganzen Reise keines mehr gesehen
haben.« (Übersetzung)

Auch der Dichtkunst und Wissenschaft, allen Zwei-
gen der humanistischen Bildung widmete Maximilian
sein lebhaftes Interesse. An seinem Hof waren stets hervorragende Persönlichkeiten des Geisteslebens zu Gast.
1501 war Innsbruck Schauplatz einer Dichterkrönung.
Der Schwabe Heinrich Bebel, dem diese hohe und seltene Ehrung zuteilwurde, war ein typischer Vertreter jenes
»nationalen« Humanismus, der seinen Blick nicht nur auf
die Antike richtete, sondern auch auf die Frühzeit des
eigenen Volkes. Hiefür hatte vor allem der Kaiser selbst
viel übrig. In seinem Auftrag entstand zwischen 1505 und
1510 ein Sammelwerk deutscher Heldensagen (*siehe auch*
S. 270/271). Dieses *Heldenpuech*, reich versehen mit
Randillustrationen, verwahrte Maximilians Urenkel Erzherzog Ferdinand II. in seiner Bibliothek und stellt heute
unter der Bezeichnung »Ambraser Heldenbuch« einen
der größten Schätze der Österreichischen Nationalbibliothek dar. Von den 25 bekannten deutschen Heldensagen sind 17 nur in dieser Sammlung überliefert.

Zwei Innsbrucker Künstlergestalten werden auf
immer mit dem Namen Maximilians eng verbunden bleiben: Georg Kölderer und Niklas Türing der Ältere. Sie
verdienen es, in eigenen Kapiteln vorgestellt zu werden
(*siehe S. 178–185 und S. 186–195*). Es kamen aber auch
immer wieder auswärtige Künstler von unterschiedlichem Rang zeitweise an den Innsbrucker Hof. Vor allem
Porträtisten hatten hier viel Arbeit. So wird wohl auch
der bedeutende Hans Maler von Schwaz öfters in Innsbruck gearbeitet haben. Sichtbare und nachweisbare
Spuren haben Künstler von auswärts zu der Zeit in Innsbruck sonst kaum hinterlassen, doch wirkten sie auf die

einheimischen Maler gewiss anregend, wie überhaupt die Hofkunst das bürgerliche Kunstschaffen beeinflusste.

Die Ausgestaltung Innsbrucks mit so prachtvollen und repräsentativen Kunstwerken wie dem Wappenturm und dem Goldenen Dachl muss auf die zahlreichen Diplomaten und Würdenträger, die sich hier in der Residenzstadt immer wieder trafen und oft wochenlang auf Audienz warten mussten, einen gewaltigen Eindruck gemacht haben. Genau dies wollte der Kaiser erreichen. Die volle Entfaltung des kaiserlichen Glanzes war ein wichtiges Mittel seiner Politik. Alle Zweige der Kunst sollten dazu beitragen. Maximilian verstand es, seine Künstler und ihre Werke in den Blickpunkt des Interesses seiner hohen Gäste zu rücken. Ihr Ruhm war auch seiner. Wieviel ihm daran lag, zeigt eine Episode aus dem Frühjahr 1518, die uns Maximilians vielbewährter Diplomat und Berater Sigmund von Herberstein überliefert. Damals empfing der Kaiser in Innsbruck eine Gesandtschaft aus Moskau. Er wollte es nicht versäumen, den russischen Botschaftern seine berühmte Reichskantorei vorzuführen: Am Palmsonntag *»hät der Kaiser die Botschaft*[er] *gern zu Kirchen gehabt, damit sie die Zeremonien gesehen hätten. Aber der Bischof zu Brixen, einer von Schrofenstein, dazumal zu Innsbrugg, kundt das bei sich und seinen Räten nit finden, dass die als Scismatici* [Irrgläubige] *in die Kirchen sollen gelassen werden. Darumb zog der Kaiser gen Hall und befahl mir, die Botschafter auch dahin zu bringen, damit die in seiner Majestät Kapellen bei dem Gottesdienst wären. Die Cantrei sang mit halber Stimmb, das ihnen ganz angenehmb war zu hören.«*

Dem gleichen Repräsentationszweck dienten auch Schaujagden, Turniere und andere Feste. Einen wesentlichen Beitrag zur kaiserlichen Prunkentfaltung leisteten

Eines der Erkerreliefs am Katzunghaus
zeigt eine Turnierszene. Hier, vor dem
Goldenen Dachl, konnte man derartige
Schauspiele manchmal erleben.

die in Innsbruck ansässigen Kunsthandwerker, deren
Werke häufig die Grenze zur bildenden Kunst überschritten. Die Hochblüte des Innsbrucker Kunsthand-
werks reicht in die Zeit Sigmunds zurück. Sein glän-
zender Hof und seine reichen Aufträge hatten die besten
Meister ihres Fachs angezogen. Das alles kam nun auch
Maximilian zugute, der seinerseits zur Weiterentwick-
lung der verschiedenen Sparten beitrug. Goldschmiede,
Seidensticker, Kristallschneider und andere Erzeuger
von Luxusgütern hatten Hochkonjunktur. Stempelschneider und Münzmeister begründeten den Weltruf
der maximilianischen Siegel, Münzen und Medaillen.
Die Plattnerwerkstätten in Mühlau und Innsbruck hatten
schon zu Sigmunds Zeiten europäischen Rang. Auch

Maximilian bedachte sie mit zahlreichen Aufträgen. Während immer mehr schmucklose Schutzteile für die Ausrüstung der Landsknechte hergestellt werden mussten, bestellten Söldnerführer und Adelige weiterhin jene kostbaren Reiterharnische, die sie in der Schlacht zugleich schützen und als Befehlshaber kennzeichnen sollten. Auch nach prächtigen und eleganten Turnierharnischen für das ritterlich-sportliche Kräftemessen vor den Augen der holden Weiblichkeit herrschte rege Nachfrage. Schließlich waren Prunkharnische mit reicher Verzierung beliebte Ehrengeschenke an Könige, Fürsten, Botschafter und erfolgreiche Kriegshelden. Kein Wunder, dass die Plattnerkunst in Innsbruck blühte. Der bedeutendste Harnischschläger Maximilians war Konrad Seusenhofer, den er mit der Leitung der neu errichteten Hofplattnerei am Georgstor betraute. Seusenhofer erfand den Faltenrockharnisch, der die damalige Kleidermode mit dem gefältelten Knierock, den gepufften, geschlitzten Ärmeln in Eisen nachbildete.

Wie die Plattner verbanden auch die Erzgießer und Büchsenmeister Zweckmäßigkeit ihrer Erzeugnisse mit Kunstfertigkeit in der Ausführung. Die in den Höttinger und Mühlauer Gusshütten hergestellten Geschützrohre künden von ausgereifter Meisterschaft der Gusstechnik, aber auch von der Mitarbeit gelernter Bildhauer. Diese modellierten die Verzierungen der Rohre: Ornamente, Wappen, Sprüche, bildliche Darstellungen, die wiederum zum Teil nach Zeichnungen bekannter Maler. Hans Seelos, Jörg Endorfer, Peter Löffler, sein Sohn Gregor und andere »Rotschmiede« führten außerdem für Adel, reiche Bürger, Klöster und Kirchen die verschiedensten Gussaufträge durch, sogar aus dem Ausland langten Bestellungen ein. Sie gossen reich verzierte Mörser, kunstvolle Grabplatten und edle Glocken. Peter Löfflers

Im Turm neben der Schwazer Pfarrkirche hängt eine der schwersten und schönsten Glocken des Meisters Peter Löffler, 1504 gegossen und »Maria Maximiliana« oder »Große Löfflerin« genannt. Typisch der reiche Bildschmuck mit dem Königswappen im Zentrum.

Meisterglocken tönten von zahlreichen Kirchtürmen des ganzen Landes. Leider sind nicht viele erhalten geblieben. In Amras existiert noch eine Löffler-Glocke aus dem Jahre 1491. Eine der schwersten und schönsten Glocken Peter Löfflers, 1504 gegossen und »Maria Maximiliana« genannt, hängt im neuen Glockenturm nahe der Schwazer Pfarrkirche *(siehe Seite 295/296)*.

Kunsthandwerk und Kunst aller Sparten sollten nicht nur Maximilians Ansehen bei den Großen seiner Zeit und seine Popularität steigern, es ging auch darum, der Nachwelt ein glanzvolles Bild seines Herrschertums und seines Hauses zu überliefern. Als Höhepunkt, Abschluss und Zusammenfassung seiner zahlreichen diesbezüglichen Initiativen plante Maximilian ein monumentales Grabmal: Alle seine großen Ahnen sollten ihm – in Erz gegossen und vergoldet – das Totengeleit geben und das Haus Habsburg glorifizieren *(siehe Seite 194–205)*.

Natürlich bekamen die Künstler der Stadt auch in den Nachbardörfern den einen oder anderen Auftrag.

Sie wurden zur Ausschmückung der Kirchen und des Klosters Wilten herangezogen und arbeiteten für die zahlreichen Adeligen, die sich im Gefolge des landesfürstlichen Hofes in der Umgebung Innsbrucks niederließen. Die Bestrebungen der vornehmen Familien, von ihren unwirtlichen und abgelegenen Burgen wegzuziehen und sich nahe der Haupt- und Residenzstadt einen Ansitz zu errichten, sind typisch für die beginnende Neuzeit. Innsbruck und seine Bewohner konnten dabei nur profitieren. Neben den alten adeligen Familien waren es verdiente, zu Wohlstand gelangte Beamte weniger vornehmer Herkunft, die sich außerhalb der Stadtmauern, inmitten ummauerter Gärten ein Haus bauten und dessen Erhebung zum »gefreiten« (d. h. steuerfreien) Ansitz erwirkten.

Diese im späten 15. und in der ersten Hälfte des 16. Jahrhunderts entstandenen, eher bescheidenen Schlösschen hatten – oder haben noch – typisch spätgotische Bauformen: charakteristisch vor allem die hohen Walmdächer und die vorspringenden Türmchen oder Erker an den Ecken. In Einzelheiten von Portalen, Fenstern, Gebälk usw. setzte sich die Renaissance durch. Manche dieser ehemaligen Edelsitze, die im Laufe der Jahrhunderte öfters Besitzer und Bestimmung wechselten, sind verschwunden, z. B. die aus Ansichten des 16. Jahrhunderts bekannte Hechtenburg am Beginn des Innrains, oder in späteren Adelspalästen aufgegangen; andere lassen durch Zerstörungen und Umbauten von ihrem ehemaligen Aussehen nicht mehr viel erkennen. Mehrere blieben aber in ihrer ursprünglichen Form gut erhalten, etwa der Ansitz Grabenstein in Mühlau oder die Weiherburg am Berghang oberhalb Innsbrucks, die aus der zweiten Hälfte des 15. Jahrhunderts stammt.

Sigmund der Münzreiche –
Vom Fürsten zum Pensionär

Zuletzt war er nur mehr ein Ärgernis. Glück im Unglück
für Erzherzog Sigmund, dass ihm sein kaiserlicher Cousin Friedrich und dessen Sohn Maximilian einen ehren-
werten und noch dazu lukrativen Abschied von Thron
und Regierung ermöglicht hatten. Dabei hatte alles so
schön und hoffnungsvoll begonnen. Unter dem Jubel
der Bevölkerung war der achtzehnjährige Landesfürst
1446 in Innsbruck eingezogen. Sein Vetter, der römisch-
deutsche König Friedrich III., hatte ihn endlich aus der
Vormundschaft entlassen, was die Tiroler Landstände
schon seit Jahren gefordert hatten.

Die habsburgischen Länder waren seit Anfang des
15. Jahrhunderts geteilt und wurden von Landesfürsten
aus drei habsburgischen Zweiglinien regiert. In Tirol

Sigmund der Münzreiche
als Stifterfigur auf dem
Altar von St. Sigmund
(um 1485)

und den habsburgischen Territorien zwischen Arlberg und Oberrhein hatte bis 1439 Friedrich IV. regiert, auch Friedl mit der leeren Tasche genannt. Als er starb, war sein Sohn Sigmund erst 12 Jahre alt, weshalb Herzog Friedrich V. von der steirischen Linie der Habsburger die Vormundschaft übernahm. Dieser Friedrich wurde von den deutschen Kurfürsten zum römisch-deutschen König gewählt (seitdem Friedrich III.) und war zunächst nicht gewillt, Sigmund wieder nach Tirol zu entlassen. Er hätte gerne dessen Teilgebiet zu seinem Herrschafts-bereich geschlagen. Der Tiroler Landtag wehrte sich vehement dagegen, bildete aus den Reihen der Stände-vertreter eine eigene Regierung (»ständischer Rat«) und besetzte die Grenzen mit Bewaffneten.

Nicht ohne Humor schildert der Sekretär des Königs, Aeneas Silvius Piccolomini, die Situation: »*Das Bauern-volk steht in ganz Tirol unter Waffen und bewacht die Pässe wie das Grab des Herren. Doch schlafen sie nicht wie die Soldaten des Pilatus, sondern setzen Tag und Nacht den Humpen zu; denn die Etschländer* [gemeint ist der ständische Rat in Meran] *besolden sie mit den herzog-lichen Einkünften. In der Tat, alle Wege und Stege sind mit Bewaffneten besetzt. Allenthalben hört man nur einen Ausspruch: Entweder müssen sie Sigmund befreien oder sich selbständig machen; und hätten sie sich nicht selbst schon zu solchen Gedanken verstiegen, so würden die Schweizer ihnen dieselben in den Kopf gesetzt haben ...*«
Aus diesen Zeilen mag man ersehen, welche historische Leistung es war, dass Maximilian nur fünf Jahrzehnte später die habsburgischen Länder näher zusammen-führte und die Grundsteine für ein späteres österrei-chisches Staatswesen legte.

Der »steirische« Herzog Friedrich jedenfalls, inzwi-schen zum römisch-deutschen König gewählt, hätte

Tirol regelrecht erobern müssen. So blieb nur die Wahl, entweder den Anschluss Tirols und der Vorlande an die Schweizer Eidgenossenschaft zu riskieren oder der Tiroler Linie der Habsburger in Person des jugendlichen Sigmund ihr Landesfürstentum zurückzugeben. Friedrich III. gab nach.

Sigmund konnte ein Land übernehmen, das sein Vater gut verwaltet und nach außen und innen gesichert hinterlassen hatte und das dank wachsender Verkehrsströme und aufblühendem Bergbau reiche Einkünfte garantierte. Seine Herrschaftsrechte waren gesichert, allerdings wurde er nach nur zehnjähriger Regierungszeit in einen innenpolitischen Kampf verwickelt, der an den rechtlichen Grundlagen des Landes Tirol rüttelte. Der hochgelehrte und energische Bischof von Brixen, Kardinal Nikolaus Cusanus, hatte in alten Urkunden entdeckt, dass vor Jahrhunderten die Bischöfe im Inn-, Eisack- und Pustertal die Grafschaftsgewalt innegehabt hatten und diese an die Grafen von Tirol nur weiterverliehen hatten. Er stellte dies nicht nur theoretisch fest, sondern zog die Konsequenzen und forderte die Rückgabe dieser Gebiete unter die unmittelbare weltliche Herrschaft des Bischofs. Dieses Ansinnen musste Herzog Sigmund natürlich zurückweisen, bedrohte es doch die Existenz des Landes, wie es sich seit 200 Jahren entwickelt hatte. Der Streit nahm immer heftigere Formen an, einmal ließ Sigmund den Bischof gefangennehmen, dann wieder verhängte der Papst den Kirchenbann über Tirol. Schließlich vermittelte der 1452 zum Kaiser gekrönte Friedrich III., worauf der Papst 1464 einen Schiedsspruch fällte und alles blieb, wie es war.

Herzog Sigmund, der 1477 vom Kaiser den Titel Erzherzog verliehen bekam, konnte nun darangehen, das Ämter- und Behördenwesen neu zu organisieren und die Landesverteidigung effektiver zu regeln, was angesichts des furchterregenden Vordringens türkischer Scharen bis nach Oberkärnten dringend notwendig war. An seine Zuzugsordnung konnte Kaiser Maximilian gut 30 Jahre später mit seinem Landlibell anknüpfen. Eine seiner bedeutendsten Leistungen vollbrachte Sigmund auf dem Gebiet des Münzwesens. Die Voraussetzung dazu war mit dem Silberreichtum Tirols gegeben. Der Landesfürst verlegte 1477 die Münzstätte von Meran nach Hall, in die Nähe der Bergbau- und Silberstadt Schwaz. Mit seiner Reform des Geldsystems sorgte er für ein Umdenken in ganz Europa. In Hall wurde nämlich die große Silbermünze erfunden, Guldiner genannt, weil sie den gleichen Wert darstellte wie eine Goldmünze. Natürlich gab es Unterteilungen in Größe, Gewicht und Wert, am beliebtesten war der Sechser. Das Tiroler Münzsystem bewährte sich, und bald wurden die Guldiner auch in anderen Münzstätten geprägt. Die in Böhmen gelegene Münze Joachimstal trat mit einer so umfangreichen Guldinerprägung hervor, dass die Großsilbermünze im Volksmund bald »Joachims-Taler«, später einfach Taler genannt wurde. Bereits ein halbes Jahrhundert später war der Taler zur europäischen Leitwährung geworden. Der Name lebt im »Dollar« bis heute fort.

Bergschätze und Münzpolitik verhalfen Sigmund nicht nur zum Beinamen »der Münzreiche«, sondern auch zu Einnahmequellen, die schier unermesslich erscheinen konnten. Doch sie konnten Sigmunds Geldbedarf nicht decken; viel zu viel versiegte in schlechter Verwaltung und Günstlingswirtschaft. Das meiste Geld wurde mit beiden Händen beim Fenster hinausgeworfen. Sigmund liebte Prunk, Bequemlichkeit und Vergnügen aller Art, seine Verschwendungssucht, aber auch seine Großzügigkeit und seine Freigebigkeit kannten keine

Halbguldiner Sigmunds des
Münzreichen mit seinem
Porträt (vergrößert)

Grenzen. Seines Vaters Residenz am Stadtplatz (an deren
Front Maximilian später den Prunkerker mit dem Goldenen Dachl anbauen ließ), war ihm bald schon zu klein.
Er erwarb deshalb am Ostrand der Stadt mehrere Häuser
und bezog sie in den Bau einer neuen Hofburg ein, die
sich vom Saggentor nach Norden erstreckte und seinen
Ansprüchen gerecht wurde.

Sigmunds Hofwesen – die Bezeichnung Hofstaat
wurde erst unter Maximilian üblich – war aufwändig
und umfangreich. Im Laufe der Zeit blähte es sich wegen
der unersättlichen Bedürfnisse des Herrschers immer
mehr auf und verschlang Unsummen. Der Hof war ein
unwiderstehlicher Magnet für den seiner wirtschaftlichen Kraft beraubten Landadel, für Grafen, Freiherren,
Ritter und Edelleute, aber auch für Händler, Handwerker, Künstler, fahrendes Volk und Scharlatane. Sigmunds
Residenz war gastfrei und allen Edlen und – soweit sie
etwas zu bieten hatten – auch Unedlen offen. An scham-
losen Schmarotzern kein Mangel!

Sigmunds Hofgesellschaft umfasste in späteren Jahren über 500 Personen. Man aß nur das Beste, ließ sich
die kostbarsten Getränke besorgen, kleidete sich modisch

und teuer, gab bei Goldschmieden erlesenen Schmuck in Auftrag. Die Zeit vertrieb man sich mit Unterhaltungen jeder Art. Volkstümliche Vergnügen waren genauso gefragt wie große höfische Feste mit Turnier, Musik und Tanz. Zu Jagd und Fischfang war Sigmund meist mit großem Gefolge unterwegs. Seine Jagdschlösser waren über das ganze Land verstreut. Eines der glanzvollsten Feste, das Innsbruck während Sigmunds Regierungszeit erlebte, war die Hochzeit des 57-jährigen Erzherzogs mit der erst 16-jährigen Katharina von Sachsen am 25. Februar 1484. Hunderte Adelige und fürstliche Gäste mussten versorgt und einquartiert werden. Allein der eigentliche Brautzug umfasste 220 Pferde und 54 Wagen.

Gedenkstein an Sigmunds Vermählung mit Katharina von Sachsen am Goldenen-Dachl-Gebäude (1480)

Die erste Frau Sigmunds, Eleonore von Schottland, war 1480 gestorben. Sie war die Tochter des schottischen Königs Jakob I. aus dem Hause Stuart, eine der vornehmsten und interessantesten Frauengestalten ihrer Zeit. Für die kinderlos gebliebene Herzogin war die Beschäftigung mit Literatur und Wissenschaft Lebensinhalt. Sie stand im Briefverkehr mit zahlreichen Persönlichkeiten an europäischen Fürstenhöfen und Universitäten. Sie besorgte sich die neuesten Handschriften und Bücher und war selbst literarisch tätig. Ihre Übersetzung des französischen Ritterromans »Pontus und Sidonia« wurde fünf Jahre nach ihrem Tod in Augsburg gedruckt.

So war Sigmunds Innsbrucker Hof nicht nur Stätte der Vergnügung und des Luxus, sondern auch ein geistig-kulturelles Zentrum mit Anziehungskraft auf Künstler und Geistesgrößen ganz Europas. Ob die geistige Strömung des Humanismus oder die neue polyphone Musik der Niederländer, in Innsbruck konnte man das Neue kennenlernen, diskutieren, sich schöpferisch daran beteiligen. Vieles von dem, was später das kulturelle Leben am Hof Maximilians I. so besonders machen sollte, wurde unter Sigmund begonnen und zu erster Blüte geführt. Der Organist Paul Hofhaimer zum Beispiel wurde nicht erst von Maximilian nach Innsbruck geholt, sondern von Sigmund dem Münzreichen. Von den besten Künstlern und Kunsthandwerkern gilt dasselbe.

Ein politisches Genie war Sigmund sicher nicht, eher das Gegenteil. Dennoch gelang ihm ein diplomatisches Meisterstück mit der Anbahnung der Ehe zwischen der burgundischen Erbin Maria und dem habsburgischen Alleinerben Maximilian. Zwar gab es schon vorher Gespräche und Absichtserklärungen in dieser Richtung, jedoch versprach Karl der Kühne seine 1457 geborene Tochter einmal diesem, einmal jenem Heiratskandidaten, je nach herrschender machtpolitischer Konstellation. Sogar förmliche Verlobungen wurden geschlossen und wieder aufgelöst, da war Herzog Karl der Kühne nicht zimperlich. 1469 nahm der Tiroler Habsburger die Sache in die Hand, immerhin grenzten die mit Tirol verbundenen Vorlande im Westen an Burgund. Ein Bündnis zwischen Habsburg und Herzog Karl dem Kühnen war also auch im Tiroler Interesse. Außerdem brauchte es nicht viel politischen Weitblick, um zu erkennen, welche Chancen sich für das Haus Habsburg aus einer Verbindung mit dieser reichen und mächtigen Dynastie ergeben würden.

1469 holte Sigmund bei seinem Vetter die Vollmacht zu Heirats- und Bündnisverhandlungen ein und begab sich persönlich in Burgunds niederländische Provinzen, traf den Herzog in St. Omer und schloss mit ihm mehrere Verträge. Das Heiratsprojekt spießte sich zwar noch an Karls maßloser Forderung, zum römischen König erhoben zu werden, für seine eigenen Interessen konnte der Tiroler jedoch einen schönen Erfolg erzielen. Burgund kam pfandweise in den Besitz der habsburgischen Territorien im Elsass und konnte somit seine Länder arrondieren, Karl der Kühne zahlte jede Menge Pfandgelder und gewährte Sigmund ein Schutz- und Treuebündnis gegen die Eidgenossen. Darum war es dem Münzreichen wohl vor allem gegangen. Aber auch das Heiratsprojekt blieb seit St. Omer aktuell und wurde 1477 verwirklicht.

Dynastische Gedanken dürften Erzherzog Sigmund immer wieder einmal geplagt haben. Für den Tiroler Habsburger war es schwer zu ertragen, dass seine Zweiglinie mit ihm zu Ende gehen und sein Land an den mürrischen alten Kaiser fallen würde. Er konnte es seinem Vetter Friedrich, der 12 Jahre älter war und habsburgisches

Familienoberhaupt, nie verzeihen, dass er in den 1440er Jahren so lange unter dessen Vormundschaft bleiben hatte müssen und um sein Erbe wohl betrogen worden wäre, wenn sich die Tiroler Landstände nicht so sehr gewehrt hätten. Wie die schottische Königstochter konnte auch Sigmunds zweite Frau ihm keinen Erben schenken. Dafür hatte der lebenslustige Fürst eine ganze Reihe außerehelicher Kinder: Über vierzig sollen es gewesen sein, wobei man munkelte, dass dem Landesfürsten nicht selten von einem Bauern- oder Bürgermädchen die Vaterschaft nur angedichtet wurde, um ein »lediges Kind« versorgt zu wissen. Im Stolz auf seine Virilität und bei längst verlorenem Überblick über seine Gespielinnen akzeptierte Sigmund gerne. Von den Mädchen unter seinen »natürlichen« Kindern weiß man nicht viel. Über die illegitimen Söhne gibt es dagegen Archivmaterial, denn später, als Sigmund praktisch pleite war, musste sich der Landtag mit dem Problem befassen und auf Antrag des Landesfürsten Steuergelder dafür bewilligen. Es sei für ihn »spöttisch«, wenn seine Kinder »Mangel und Abgang« leiden müssten, hielt er den Ständevertretern vor, denn »gleich wie es wolle, so sein dieselben doch von meinem Fleisch und Blut«. Jedem von Sigmunds Söhnen standen ein Pferd und ein Harnisch zu sowie eine Jahresrente von 30 Gulden. Das war nicht viel, doch konnte man davon leben.

Dass es ihm verwehrt war, seine Herrschaft an ein Kind »von seinem Fleisch und Blut« weiterzugeben, mag mitgespielt haben, dass der Tiroler Habsburger irgendwann in gewissenloser Weise daranging, »seine Länder bei Lebzeiten stückweise zu eigenem Nutzen zu verjubeln« (Wiesflecker). Denn weder die persönlichen Jahreseinkünfte, die von Markgraf Albrecht von Brandenburg auf unglaubliche »100.000 Gulden in parem gellt«

geschätzt wurden (Vergleich: ein Spitzenbeamter bekam maximal 1000 Gulden im Jahr), noch die vom Landtag immer wieder bewilligten Sondersteuern reichten aus, um Sigmunds Mäzenatentum und all den unmäßigen höfischen Luxus zu finanzieren. Also verkaufte und verpfändete er nach und nach Güter, Bergwerke, ganze Herrschaften und selbst bedeutende Gerichte an die Wittelsbacher Herzöge Albrecht IV. von Bayern-München und Georg den Reichen von Bayern-Landshut. Herzog Albrecht war häufig in Innsbruck, wo er die Kaisertochter Kunigunde kennenlernte und sie mit Unterstützung seines Freundes Sigmund heimlich heiratete, sehr zum Ärger des Vaters, der mit ihr anderes vorhatte.

Die Wittelsbacher erkannten die Chance, die vor 120 Jahren verlorene Grafschaft Tirol wiederzugewinnen, und bestachen seine Räte, die den alternden und – nach Wiesflecker – »schon ein wenig verblödeten« Erzherzog zu immer weitergehenden Verschreibungen überredeten. Um von diesen Vorgängen abzulenken, trieben sie Sigmund im Sommer 1487 in einen völlig unnötigen Krieg gegen Venedig, der zwar den glänzenden Tiroler Sieg von Calliano brachte, letztlich jedoch nur Unsummen verschlang und nicht zu gewinnen war. Als gleichzeitig die geheimen Verträge mit Bayern und Pläne einer Generalverschreibung des Landes Tirol an Bayern bekannt wurden, wofür Sigmund als Pfand eine Million Gulden erhalten hätte, wurde es sowohl den Ständevertretern als auch dem Kaiser zu viel. Sie entmachteten den Landesfürsten schrittweise (*siehe S. 14/15*) und erreichten im März 1490 seinen Regierungsverzicht.

Entscheidend für das Nachgeben des im Grunde gutmütigen Tiroler Erzherzogs waren wohl drei Faktoren: erstens der persönliche Einsatz Maximilians, der im

Schlacht bei Calliano (Relief Alexander
Colins am Kenotaph Maximilians I. in der
Innsbrucker Hofkirche)

April 1489 nach Innsbruck kam und mit Sigmund ver-
söhnliche Gespräche führte. Zweitens lag Sigmund viel
daran, dass Tirol mit den Vorlanden als selbständiges
Landesfürstentum unter der Regierung Maximilians I.
bestehen blieb und nicht mit den übrigen habsburgischen Ländern vereinigt wurde, wie es der Kaiser
gewollt hatte. Friedrich III. hielt sich Anfang 1488 drei
Monate lang in Innsbruck auf, um darüber zu verhan-
deln. Wahrscheinlich wurde ihm dabei bewusst, dass
er auf dieser Lösung nicht beharren durfte, sollte Tirol
für Habsburg gesichert werden. Drittens erleichterte
die Gewährung einer hohen Pension durch den Tiroler
Landtag und die Aussicht auf ein paar sorgenfreie Jahre
am Ende eines aufregenden Herrscherlebens Sigmunds
Entscheidung.

Altersporträt Erzherzog Sigmund
des Münzreichen, gemalt von seinem
Hofmaler Ludwig Konraiter

Am 15. März 1490 klagte der Landesfürst im Landtag noch über die Behandlung, die er sich von den Ständevertretern gefallenlassen müsse. Er werde wohl an diesen Händeln vorzeitig sterben. Das »gab wohl das Stichwort«, meint Hermann Wiesflecker und beschreibt die Szene aufgrund von Augenzeugenberichten. »Man wird ihn bestürmt haben, sich zurückzuziehen, sich zu schonen und seinen Vergnügungen, der Jagd und der Fischerei sich hinzugeben.« Was am Abend und in der Nacht passierte, welche Gespräche noch geführt wurden, weiß man nicht. Tags darauf jedenfalls erschien Sigmund der Münzreiche frühmorgens zusammen mit König Maximilian in der Ständeversammlung und ließ durch Kanzler Dr. Konrad Stürtzel verkünden, dass der Erzherzog wegen seines Alters und seiner Gebrechen aus freiem Antrieb alle seine Länder ohne Ausnahme seinem »*lieben Sohn*«, dem Römischen König, übergeben habe und er die Landstände nun bitte, ihm als ihrem neuen Herrn zu huldigen und Treue zu schwören.

Die darüber aufgesetzte Urkunde enthält den wichtigen Vorbehalt, dass Maximilian die ihm übertragenen Gebiete zurückgeben müsse, sollte Erzherzog Sigmund doch noch einen Sohn und Erben erhalten. Maximilian dürfe aber bis zu dessen Volljährigkeit als Vormund fungieren. Tatsächlich gab der Tiroler Habsburger die Hoffnung nicht auf, berief einen Arzt nach dem anderen für sich und seine Gemahlin, die sich allen nur denkbaren Kuren unterzog, und versuchte den Himmel durch Votivgaben und Stiftungen gnädig zu stimmen. Mit Graf Leonhard von Görz, mit dem er die Sorge um erbberechtigten Nachwuchs teilte, tauschte er brieflich gute Ratschläge aus, öfter jedoch jammerten die beiden alten Herren nur über ihre jeweiligen Wehwehchen.

Als Privatmann zog sich Sigmund der Münzreiche mit kleinem Hofstaat in die ehemalige Residenz am Stadtplatz zurück und überließ die Hofburg seinem Nachfolger. In den folgenden Jahren bis zu seinem Tod im Jahr 1496 machte er keinen Versuch, sich in die Regierungsgeschäfte einzumischen. Maximilian ließ ihn durch Florian Waldauf über wichtige Ereignisse und alles Interessante am Laufenden halten *(siehe S. 40–43)*, selbst schrieb er ihm selten und dann nur Belanglosigkeiten. Sigmunds Biograph Wilhelm Baum liest »zwischen den Belanglosigkeiten manche Gegensätze und Missstimmungen« heraus und nennt als Beweis für Spannungen zwischen den beiden Fürsten eine Bemerkung des französischen Diplomaten und Historikers Philippe de Commynes aus dem Jahr 1493: Er habe erfahren, dass Sigmund seine Abdankung schon mehrfach bereut habe. Wenn man die finanzielle Seite der Situation betrachtet, kann man beide verstehen. Maximilian stöhnte unter der enormen Belastung des Landesbudgets durch Sigmunds Jahrespension, verschlang diese doch einen Großteil der Einnahmen. Dem Ex-Landesfürsten wiederum reichten die zugesagten 52.000 Gulden im Jahr bei weitem nicht zur Aufrechterhaltung des gewohnten Lebensstils, außerdem musste er sich gefallen lassen, dass der Betrag nicht immer zur Gänze ausbezahlt wurde und nach den ersten Jahren sogar offiziell reduziert wurde.

Eine gar nicht so unwichtige Funktion hatte Sigmund am Rande des politischen und diplomatischen Geschehens in der heimlichen Hauptstadt des Reichs, indem er für Abwechslung und fürstliches Vergnügen von hochgestellten Gästen sorgte, die mit dem König in Innsbruck verabredet waren und auf dessen Eintreffen oft lange warten mussten. Überaus zuvorkommend verhielt er sich – ganz Charmeur und Kavalier – Bianca Maria Sforza gegenüber, als die Braut aus Mailand im Dezember 1493 über das Wormser Joch und den Reschenpass nach Tirol kam. Er reiste dem Brautzug bis Imst engegen, half der Italienerin die zehnwöchige Wartezeit auf ihren Gemahl mit allerlei Unterhaltungen zu überbrücken und schenkte ihr ein wertvolles Schachspiel. Zum Jahreswechsel gab er für die Königin und eine erlesene Gästeschar ein Festmahl mit 19 Gängen. Und aus dem Pferdeschlitten zeigte er ihr die Dörfer der Umgebung von Innsbruck.

Gicht, Steinleiden und andere Krankheiten trübten Sigmunds letzte Lebensjahre. Auf die Jagd zu gehen, war ihm nicht mehr möglich, er musste sich in einer Sänfte herumtragen lassen. Anfang Februar 1496 erkrankte er schwer und starb am 4. März. Begraben wurde der Landesfürst in der Fürstengruft von Stams neben seiner ersten Gemahlin. Die Witwe Katharina von Sachsen heiratete noch im selben Jahr Herzog Erich von Braunschweig, einen von Maximilians Feldherren im Venezianerkrieg. Die Ehe war schon zu Lebzeiten Erzherzog Sigmunds des Münzreichen vereinbart worden.

Maximilian nennt Sigmund den Münzreichen im Weißkunig den »fröhlichen weißen Kunig«. Einer der Holzschnitte Hans Burgkmairs d. Ä. zeigt sein Begräbnis. In Wahrheit nahm Maximilian nicht daran teil.

Das traurige Schicksal der Bianca Maria Sforza

Maximilian war insgesamt 17 Jahre mit Bianca Maria Sforza verheiratet. In dieser Zeit waren sie – Christina Lutter hat alle Tage zusammengerechnet – nur fünf Jahre beisammen. Und an diesen Tagen natürlich auch nicht immer. Später ließ Maximilian seine Gemahlin jahrelang allein und kümmerte sich auch nicht um sie, wenn sie beide in Innsbruck waren. Man muss ihm zugestehen, dass er sich am Anfang um sie bemühte, aber schon nach ein paar Monaten verlor er das Interesse an der jungen Frau. Der König besuche seine Gemahlin nie vor dem Schlafengehen, schreibt der Mailänder Gesandte Maffeo Pirovano Ende November 1494 an Bianca Marias Onkel Ludovico Moro. Maximilian liebe sie aus ehelichem Pflichtgefühl und habe mit den Ärzten über Biancas Verdauungsprobleme gesprochen, die eine Empfängnis verhindern könnten. Er erwähnt auch die Äußerung Maximilians, dass Bianca ähnlich schön sei wie Maria von Burgund, aber weniger Erfahrung habe. Er hoffe, *»sie werde sich noch machen«*.

Alle Welt wusste, dass der römisch-deutsche König die Mailänderin nur aus politischen Überlegungen und – dies vor allem – wegen der reichen Mitgift zur Frau genommen hatte. Bianca war eine der reichsten »Waren« am fürstlichen Brautmarkt gewesen. Ihr Onkel Ludovico Sforza, genannt il Moro, war auf sehr zweifelhafte Weise im Herzogtum Mailand zur Macht gekommen und benützte seine Nichte, um durch deren möglichst glänzende Verheiratung unter den europäischen Herrscherhäusern als gleichgestellt zu gelten. Jahrelang hatte er

Maximilian I. mit seiner zweiten Gemahlin
Bianca Maria Sforza (Mitte) und seiner
verstorbenen Frau Maria von Burgund auf
dem inzwischen durch eine Kopie ersetzten
Originalrelief vom Goldenen Dachl

sich schon bemüht, von Kaiser Friedrich III. mit dem
Herzogtum Mailand belehnt zu werden, das als eines
der wenigen Gebiete in Italien immer noch zum Heiligen
Römischen Reich Deutscher Nation gehörte. Vergeblich.
Der Kaiser hatte für ihn und seine »Dynastie« nur Ver-
achtung übrig. Um das zu verstehen, muss man die Vorgeschichte kennen, auch wenn sie vom Eheleben Maximilians und Bianca Marias kurz wegführt.

Der Vater von Ludovico Sforza, Francesco I. Sforza, aus niedrigem Landadel stammend oder – nach Philippe de Commynes – gar nur der Sohn eines Schusters, hatte es zum berühmten Condottiere gebracht, die Tochter des letzten Herzogs aus der Dynastie der Visconti geheiratet und nach dessen Tod im Jahr 1450 »durch kühnen Zugriff« (Wiesflecker) sich des Herzogtums bemächtigt. Er übernahm das Viscontiwappen mit der Schlange, die – je nach Auslegung – ein Kind ausspeit oder verschlingt, als Wappen der Familie Sforza. Nach seinem Tod 1466 folgte ihm der älteste Sohn Galeazzo Maria auf den Thron, Bianca Marias Vater. Er wurde 1476 ermordet, worauf die Gerüchte nicht verstummten, dass sein jüngerer Bruder Ludovico am Mordkomplott beteiligt gewesen sei. Sicher ist nur, dass Ludovico mit allen Mitteln zur Macht strebte. Er verdrängte die Mutter des erst siebenjährigen Thronfolgers Gian Galeazzo nach wenigen Jahren aus der Regentschaft und ließ seinen kränklichen und leicht tölpelhaften Neffen auch nach Erreichung der Volljährigkeit nicht an die Regierung. Als De-facto-Herzog spielte er jetzt eine Hauptrolle in der politischen Landschaft Italiens und führte einen glänzenden Hof im Stil der bedeutendsten Herrscher der Renaissance. Zu den von ihm geförderten Künstlern und Gelehrten gehörte Leonardo da Vinci.

Ludovicos Bemühungen, auch offiziell als Herrscher von Mailand anerkannt zu werden, stand lange sein Neffe als nomineller Herzog im Wege. Als am 22. November 1494 der Tod des erst 25-jährigen Gian Galeazzo Sforza bekannt gegeben wurde und sich Ludovico am Tag darauf vom Mailänder Adel zum Herzog krönen ließ, stand es für viele fest, dass Gian Galeazzo wie sein Vater ermordet worden war. Kein Wunder, dass wieder der Verdacht auf Ludovico fiel. Doch dieser musste sich nicht mehr die Hände mit Blut besudeln. Im Spiel der Mächtigen hatte er die bestmöglichen Karten. Die Heirat seiner Nichte Bianca Maria mit dem römisch-deutschen König Maximilian I. hatte zwar eine Menge Geld gekostet, neben einem Bündnis hatte er dafür aber die Zusage

Bianca Maria Sforza im Totengeleit am Kenotaph Kaiser Maximilians.
Als Gilg Sesselschreiber die Figur zeichnete, lebte die Königin noch.

Das seltsame Wappen der Sforza am Goldenen Dachl: Ob die Schlange das Kind ausspeit oder verschlingt, ist nicht klar, es gibt Auslegungen für beides.

erhalten, mit dem Herzogtum Mailand belehnt zu werden. Kaiser Friedrich III. war im August 1493 gestorben, Maximilian hatte seinen Mailänder Handel vor ihm geheim halten können. Jetzt war alles offiziell.

Ludovico drängte auf die versprochene Belehnung, um seine Herrschaft im Herzogtum gegenüber den gerade in Italien einrückenden Franzosen zu schützen. Also stellte Maximilian am 4. September 1494 in Antwerpen die entsprechenden Urkunden aus. Zur feierlichen Übergabe der Reichslehen in der alten lombardischen Krönungsstadt Pavia kam es erst im Mai des folgenden Jahres. Die bis dahin erhaltenen zwei Drittel der Mitgift von 400.000 Dukaten – das entsprach ca. 533.000 Gulden – hatte Maximilian inzwischen schon verbraucht. Ob seine machtpolitische Situation in Italien gestärkt war, musste er längst in Zweifel ziehen. Und bei Bianca Maria hatte sich trotz aller Bemühungen ihres Gemahls keine Schwangerschaft eingestellt. Für Maximilian ein Fiasko, für Bianca Maria ein trauriges Schicksal, verkauft und missachtet, typisch für Herrschertöchter jener Zeit.

Schon mit vier Jahren war die 1472 geborene Tochter des Herzogs Galeazzo Maria Sforza mit dem 11-jährigen Philibert I. von Savoyen verheiratet worden, der aber sechs Jahre später starb. Der nächste willkommene Ehekandidat war Johann, der uneheliche Sohn des damals noch mächtigen Ungarnkönigs Matthias Corvinus. Die Ehe wurde per procuram, also durch einen Stellvertreter geschlossen, nie vollzogen und rechtzeitig zur neuen Verheiratung vom Papst aufgehoben. Ungarn war für Ludovico als Bündnispartner nicht mehr interessant, deshalb hatte auch König Wladislaw II. von Böhmen und Ungarn als Brautwerber keine Chance. Einer der früher an Bianca interessierten Reichsfürsten, Herzog Albrecht IV. von Bayern-München, hatte inzwischen eine andere geheiratet, weniger reich, dafür von höchstem Stand, nämlich die Kaisertochter Kunigunde. Um 1490 begann Ludovico deshalb, seine Verbindungen spielen zu lassen und keinem Geringeren als dem römisch-deutschen König seine Nichte und mit ihr eine außergewöhnlich hohe Mitgift anzubieten. Maximilian war zuerst noch nicht interessiert, war doch zu dieser Zeit das Heiratsprojekt mit Anne de Bretagne aktuell. Als ihm der französische König die bretonische Braut wegschnappte (1491), schaute die Sache schon anders aus. Maximilian begann Erkundigungen über Bianca Maria einzuholen und die Höhe einer möglichen Mitgift auszukundschaften.

Neue Kriegsgefahr und ein Blick in die leere Staatskasse brachten Maximilian im Herbst 1492 dazu, alle Bedenken beiseitezuschieben und Brautwerber zum Emporkömmling nach Mailand zu schicken. Die Aussicht auf viel Geld, die Hoffnung, vielleicht doch noch einen zweiten Sohn zur Absicherung der Erbfolge zu bekommen, und die Chance auf die Stärkung der Position Habsburgs und des Reichs in Italien waren ausschlaggebend, dass im Mai 1493 konkrete Heiratsverhandlungen begonnen und diese am 24. Juni in Gmunden abgeschlossen wurden. Der Heiratsvertrag sollte am 20. November 1493 in Mailand unterzeichnet und zehn Tage später am selben Ort die Hochzeit gefeiert werden, per procuram, sollte der König selbst nicht kommen können.

Mit all dem hatte Bianca Maria nicht viel zu tun. Wie weit sie den ganzen Heiratsmarkt um sie mitbekommen hat, ist schwer zu sagen, mitbestimmt hat sie sicher nicht. Die Aussicht, einen König und zukünftigen Kaiser heiraten zu dürfen, soll sie beglückt, die Geschichte von Maximilians so früh zerstörter Liebe zu Maria von Burgund gerührt haben. Sie hatte die übliche Erziehung eines Fürstenkindes genossen, ohne in die kulturellen Ambitionen des Hofes einbezogen zu sein. So brachte sie es beim Sticken und Weben zu beachtenswerter Kunstfertigkeit, geistige Regsamkeit und Bildung waren nicht ihre Stärke. Der schon einmal zitierte französische Diplomat und Historiker Philippe de Commynes wollte wissen, dass schon ihre Mutter Bona von Savoyen »*von geringem Verstand*« gewesen sei. Man kommt nicht umhin, an ihren entmachteten Bruder Gian Galeazzo zu denken, der bei zeitgenössischen Beobachtern und Kommentatoren nicht viel besser wegkommt.

Über Bianca Maria berichten selbst die Mailänder Gesandten wenig Positives: Sie müssten sie ständig wegen ihres kindischen Verhaltens ermahnen, wenn sie zum Beispiel lieber in ihrem Zimmer auf den Knien esse statt an der Tafel oder wenn sie hemmungslos Süßigkeiten vernasche, bis sie daran erkranke. Dass sie beim Kauf von Schmuck, Parfum, kostbaren Stoffen und anderen Luxusgütern keine Grenzen kannte, davon konnte der zu ihrem Hofmeister ernannte Nikolaus von Firmian ein Lied singen. Es war kaum möglich, die Königin dabei

Nikolaus von Firmian, Hofmeister der Königin, sollte die Mailänderin beim Einkauf von Luxusgütern einbremsen (Medaille des Meistergraveurs Adriano Fiorentino).

einzubremsen. Es interessiere sie nur »*Schmuck, Essen und Religion*«, notierte resignierend der Mailänder Gesandte Erasmo Brascha.

An dieser Stelle muss auf die Schwierigkeiten verwiesen werden, vor die ein objektiver Historiker gestellt ist, wenn er über Maximilians zweite Gemahlin schreiben will. Man möchte es sich nicht zu leicht machen und alle negativen Urteile über die Mailänderin weitergeben, die durchwegs von Männern stammen. Doch alles andere ist Interpretation, die Selbstzeugnisse in Briefen auch wenig aussagekräftig. Was weiß man schon über diese junge Frau, welche Kindheitserlebnisse haben womöglich Traumata hinterlassen, wie kam sie mit der völlig veränderten Umwelt zurecht, mit den Intrigen ihrer Hofdamen, wie mit all den enttäuschten Gefühlen, den erlittenen Zurückweisungen und vergeblichen Hoffnungen? Man weiß es nicht. So müssen wir uns an die quellenmäßig greifbaren Fakten halten und sollten möglichst wenig hineininterpretieren.

Die Hochzeit fand am 30. November 1493 in Mailand statt. Dass sich der Bräutigam durch Markgraf Christoph von Baden vertreten ließ, änderte nichts daran, dass Ludovico alles aufbot, was er an Prachtentfaltung zu bieten hatte. Es begann mit dem Hochzeitszug vom Schloss zum Dom durch jubelnde Volksmassen. Triumphbögen waren errichtet und die Hausfassaden mit kostbaren Teppichen geschmückt, die Braut saß im vergoldeten Triumphwagen. Die Bischöfe von Mailand und Brixen vollzogen die Trauungszeremonie und zelebrierten das Hochamt. Das anschließende Festmahl im Schloss dauerte Stunden. Zwischen den Gängen konnten die Gäste den auf langen Tischen ausgestellten Brautschatz bewundern – laut Ehevertrag musste sein Wert 100.000 Dukaten betragen – und ihre Geschenke dazulegen. Von Schmuck und

Gobelins, von Silber- und Goldgeräten bis zu erlesenen Kunstwerken war alles dabei, was gut und teuer war, angeblich auch ein Madonnenbild von Leonardo da Vinci. Auf Festessen und Schatzbesichtigung folgten Musik und Tanz. In den hell erleuchteten Straßen und auf den Plätzen der Stadt feierte und tanzte das Volk.

Drei Tage später machte sich die junge Königin mit ihrem Gefolge auf nach Como, um von dort durch das Veltlin und über die schneebedeckten Berge nach Tirol zu ziehen. Der stürmisch bewegte Comosee gab einen Vorgeschmack auf die Schwierigkeiten des bevorstehenden langen Weges. Nur mühsam bewegte sich der lange Brautzug das Veltlin aufwärts. Nicht nur der personenreiche Hofstaat und das gewöhnliche Gesinde, sondern auch Hofdichter und Hofmaler, Sekretäre und Räte der Mailänder Regierung sowie Freunde und Verwandte der Herzogsfamilie gaben Bianca Maria das Geleit. 600 Reitpferde und 60 Maultiere für Kleidung, Ausstattung, Brautschatz und das gewöhnliche Gepäck umfasste der Brautzug. Am 13. Dezember 1493 begannen hinter Bormio die Strapazen erst so richtig. Hinauf zum 2500 Meter hohen Wormser Joch und steil hinunter ins Münstertal *(siehe S. 234–239)* musste die Braut immer wieder absteigen und ein Stück des Weges zu Fuß überwinden. Die Trostworte des zu ihrer Begleitung abgestellten Gesandten Erasmus Brascha dürften das Weiterkommen nicht leichter gemacht haben. Endlich wurde das Tal erreicht, wo sie im Kloster Müstair untergebracht wurden. Von den *»schwarz gekleideten Nonnen«* hätten sie zum bescheidenen Abendessen *»schlechten Wein und noch schlechteres Brot«* bekommen, klagt Bianca Maria in einem Brief an ihre Schwester. Viele aus ihrem Gefolge hätten auf Bänken schlafen mussten. Bevor am nächsten Tag Mals erreicht wurde, begrüßten Vertreter des Tiroler

Adels die Königin, die endlich in einen Wagen steigen durfte, um festlich ins Dorf einzuziehen, wo sie der Bischof von Chur und die erste bequeme Unterkunft seit 10 Tagen erwartete.

Landeck, Imst, Stams und Rietz waren die nächsten Stationen, die der Italienerin sehr unterschiedliche Eindrücke boten: Im Schloss Landeck fürchtete sie sich in einer engen Kammer, in Imst brach ein Großfeuer aus, dem das Quartier des Churer Bischofs und seine Pferde zum Opfer fielen, von der Kirche des Stiftes Stams war sie begeistert, bald nach Rietz wurde sie von Erzherzog Sigmund und seiner Gattin begrüßt und eingeladen, über die Weihnachtsfeiertage in Innsbruck ihr Gast zu sein. Danach half er ihr, das lange Warten auf den königlichen Gatten mit allerlei Festlichkeiten und Vergnügungen, Schlittenfahrten und Schachspielen zu überbrücken.

Maximilian musste dringende Staatsgeschäfte in Wien und Niederösterreich erledigen, hatte es aber offensichtlich auch nicht eilig, seine junge Frau in die Arme zu nehmen. Erst Anfang März 1494 erschien der König mit kleinem Gefolge in Hall, wo es in der Burg Hasegg zum ersten Zusammentreffen des königlichen Ehepaares kam. Bianca Maria fiel vor Maximilian auf die Knie, so wird berichtet, er hob sie liebreich auf, küsste sie und führte sie in die für sie vorbereiteten Gemächer, wo sie sich zum Hochzeitsmahl umziehen konnte. Danach vergingen noch einmal Stunden, bevor es endlich zum offiziellen »Beilager« kam, denn Maximilian hatte noch eine politische Konferenz angesetzt. Immerhin konnten Ludovicos Gesandte am 10. März 1494 den Vollzug der Ehe nach Mailand melden. Das politische Geschäft war rechtsgültig und unwiderruflich abgeschlossen. Als Zugabe sozusagen folgte am Sonntag darauf ein *»gemeinsamer Kirchgang unter der Krone«* in

Innsbruck und die nochmalige, durch die Bischöfe von Brixen, Augsburg und Chur vorgenommene Trauung in der Innsbrucker St.-Jakobs- Kirche. Zahlreiche Reichsfürsten, Grafen und Edelleute sowie Botschafter europäischer Mächte nahmen daran teil und waren anschließend Gäste an der Festtafel in der Hofburg.

Für Bianca Maria waren diese Tage wie ein Märchen, sie war glücklich. Am 15. März schreibt sie ihrem Onkel und erzählt ihm vom ehrenvollen Einzug in Innsbruck, von den kniefälligen Ehrenbezeugungen, welche ihr die anwesenden Fürsten erwiesen. Sie glaubt zu spüren, wie die Liebe des Königs von Tag zu Tag größer wird, und dankt Ludovico, dass er ihr zu so großem Glück verholfen hat. Im Wissen darum, wie die Geschichte dieser Ehe weitergegangen ist, wird man sich vielleicht über die Naivität der 23-Jährigen wundern. Aber selbst so abgebrühte Diplomaten wie Erasmus Brascha berichten in diesen ersten Tagen nur Positives. Der König sei sehr zärtlich und zuvorkommend und überhäufe seine junge Gemahlin mit Geschenken.

Ein ähnlich großes Fest wie Maximilians und Bianca Marias Hochzeit hatte Innsbruck schon lange nicht mehr erlebt. Die Bürgerschaft freute sich über die neue Königin und auf die Geschäfte, die deren Hofhaltung bringen würde; Maximilian und seine Finanzleute freuten sich über die zweite Rate der Mitgift, die laut Vertrag nach dem Vollzug der Ehe fällig wurde. Zwei Tage brauchten die Sekretäre der Hofkammer, um die 100.000 Dukaten zu zählen, weiß Sabine Weiss in ihrer großen Biographie der Bianca Maria Sforza zu erzählen. Bis sich die Italienerin in Innsbruck niederlassen sollte, dauerte es aber noch drei Jahre, denn schon wenige Tage nach den Hochzeitsfeierlichkeiten brachen Maximilian und seine neue Frau – beide mit ihrem jeweiligen Hofstaat – in die

Niederlande auf, insgesamt eine »Reisegesellschaft« von kaum weniger als 400 Personen und ebensovielen Pferden. Zweck der Reise war es, Maximilians Kinder aus der Ehe mit Maria von Burgund mit ihrer Stiefmutter bekanntzumachen.

Da es aber Maximilians erste Reise durch das Reich seit seiner Königskrönung war, machte er mehrmals für längere Zeit Station, empfing Würdenträger und Bittsteller, erledigte Amtsgeschäfte, erneuerte Privilegien und Rechte, nahm Taxgebühren dafür entgegen, zog feierlich in Städte und Dome ein, verhandelte mit Geldgebern und Ständevertretern, ließ sich huldigen und nahm an Festen und Feiern teil, die Königin oft an seiner Seite. Am 6. Juli 1494 erreichte das Königspaar die Niederlande, wie man die Niederen Lande des früheren Herzogtums Burgund inzwischen allgemein nannte. In Maastricht wurde länger Station gemacht, da Maximilian einen Abstecher nach Geldern machte, um die dortigen Aufständischen zur Raison zu bringen. Deren Anführer, Erbprinz Karl von Egmont, nützte die Gelegenheit und bat die Königin um Vermittlung. Tatsächlich kam es zu einem Treffen der beiden Kontrahenten und am 18. August 1494 sogar zu einem Vertrag, der in Geldern durch Jahre den Frieden sicherte. Es war dies einer der ganz wenigen Fälle, in denen Bianca Maria in irgendeiner Form politisch aktiv wurde.

Am 6. August 1494 kam es vor den Toren von Mecheln zur Begegnung zwischen dem 16-jährigen Erzherzog Philipp und seiner 14-jährigen Schwester Margarethe mit ihrer Stiefmutter. Man verbrachte den Abend und die nächsten Tage zusammen, auch die Witwe Karls des Kühnen, Margarethe von York, und Kurfürst Friedrich von Sachsen waren dabei. Dann ging es weiter nach Antwerpen, wo der Hof für mehrere Monate Aufenthalt nahm. In dieser Zeit erlebte die Königin erstmals die Realität ihrer Ehe: Tagelang wartete sie mit »*großem Verlangen*« auf ihren Mann, doch er kam überhaupt nicht oder schlüpfte nur spätabends in ihr Bett. Ihre Einsamkeit und das Gefühl der Missachtung sollten noch größer werden. Im März 1495 reiste Maximilian zum Reichstag nach Worms. Seine Gemahlin ließ er in den Niederlanden zurück, weil er die angelaufenen Kosten für den Aufenthalt und wohl auch die Einkäufe der Königin nicht bezahlen konnte. Im Mai entschloss sich Bianca Maria zu einem Schritt, den man ihr kaum zugetraut hätte. Sie ließ den Großteil des Hofstaates samt Hofmeister als Pfand in Antwerpen und fuhr mit ganz kleinem Gefolge per Schiff nach Worms. Erst vier Wochen später konnte Hofmeister Nikolaus von Firmian sich und die Hofgesellschaft aus der Schuldhaft befreien und nachkommen.

Es wurde aber noch schlimmer, denn Bianca Maria saß jetzt mit ihrem Hofstaat in Worms fest. Und zwar bis Anfang April 1497, also fast zwei Jahre. Maximilian war nicht in der Lage, sie auszulösen. Während er für Rüstungen und andere Projekte Unsummen ausgab, brachte er die Mittel nicht auf, seine Frau nach Hause zu holen. Wie weit sie selber daran schuld war, weil sie sich in ihren persönlichen Ausgaben – zum Teil für ausgesprochenen Luxus – nicht einschränken konnte, ist nicht genau festzustellen. Es kam soweit, dass sie und ihre Leute kaum noch zu essen hatten, weil ihnen kein Kredit mehr gewährt wurde und das Bargeld verbraucht war.

Erst Anfang August 1497 kam die Königin mit ihrem längst verringerten Hofstaat nach Innsbruck und bezog das »Neue Frauenzimmer« in der Hofburg. Es ist hier nicht der Platz, auf die Ereignisse der folgenden Jahre, auf ihre weiteren Reisen und langen Aufenthalte »als Pfand« in fremden Städten einzugehen. Es kam noch ein

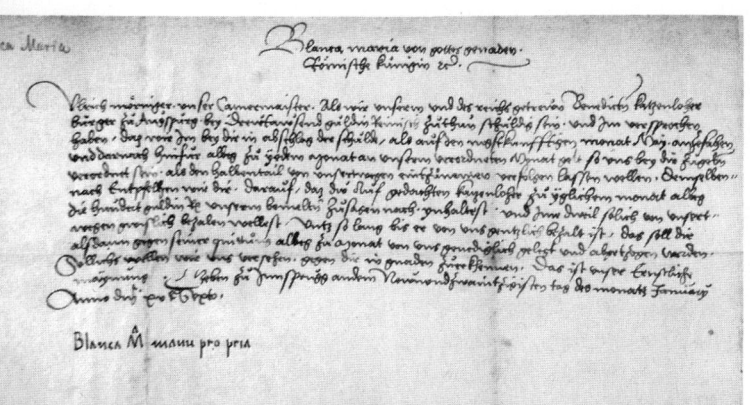

Brief der Königin an die Kammer vom
29. Jänner 1506 mit der Bitte, man möge
dem Augsburger Kaufmann Benedikt
Katzenloher, dem sie 3000 Gulden schulde,
jedes Monat 100 Gulden zurückzahlen.
Ihr standen monatlich 200 Gulden zu.
Mit eigenhändiger Unterschrift.

paar Mal vor und ganz Europa spottete darüber. Zuletzt
war sie vom März 1506 bis Juli 1509 nicht in Innsbruck.
Maximilian kümmerte sich längst schon nicht mehr um
sie, einsam und freudlos ging ihr Leben zu Ende. Sie starb
nach einigen Monaten Krankheit am 31. Dezember 1510.
Als Maximilian am 27. August während fröhlicher Jagd-
tage im Kaunertal über die ernsthafte Erkrankung seiner
Gemahlin informiert worden war, traf er Anweisungen
für den Fall ihres Todes und reiste zum Reichstag nach
Augsburg ab. Ende November benachrichtigte man den
Kaiser, dass seine Frau vier Monate lang »an verschiedenen Krankheiten« gelitten habe. Jetzt habe sie sich
leicht erholt, sei aber nicht richtig gesund. Seit Tagen
habe sie wieder Fieber, ihr Bauch zeige Schwellungen,
auch die Füße, der Arzt befürchte Wassersucht.

Maximilian bekam offenbar von mehreren Seiten Informationen über den Gesundheitszustand seiner Frau. An Bianca Marias Todestag schreibt er seiner Tochter Margarethe, ihre Stiefmutter sei seit längerer Zeit sehr krank, sie habe Fieber und sei ganz abgezehrt, wünsche immer nur zu trinken und wolle nichts essen. Täglich werde sie schwächer und sei oft verwirrt. Er bittet Margarethe, bei den besten Ärzten in Löwen Gutachten einzuholen, wie dieser Krankheit abgeholfen werden könne. Die wahre Todesursache ist nicht bekannt. Irgendwann kam die Meinung auf, übermäßiger Genuss von Schnecken sei die Schuld an ihrem Tod gewesen. Maximilian hatte immer ihre »unordentliche« Lebensweise als Grund für ihre Krankheiten und die Kinderlosigkeit betrachtet. Sabine Weiss nimmt an, dass Bianca Maria an der Basedowschen Krankheit litt, die man bereits im Mittelalter als Glotzaugenkrankheit kannte. Ihre Porträts legen diese Vermutung nahe. Der Humanist Joseph Grünpeck, der mit Maximilian vertrauten Umgang pflegte, war überzeugt, dass die unglückliche Königin an Lebensüberdruss und unglücklicher Liebe gestorben sei.

Bianca Maria Sforza in der Stamser Fürstengruft, wo sie begraben ist. Die holzgeschnitzte und vergoldete Figur ist ein Werk des Tiroler Barockbildhauers Andreas Thamasch.

Rechts: Blick in die Stamser Fürstengruft, das »Österreichische Grab«

Ihre letzte Ruhestätte fand Bianca Maria Sforza in der Fürstengruft des Klosters Stams im Oberinntal. Maximilian nahm sich nicht die Zeit, an ihrem Begräbnis teilzunehmen.

V
KÜNSTLERKREIS UM MAXIMILIAN

Unter den zahlreichen Künstlern, die Kaiser Maximilian I. für sich arbeiten ließ, waren die bedeutendsten seiner Zeit. An der Spitze steht wohl Albrecht Dürer, der den kaiserlichen Auftraggeber auf seiner Reise nach Venedig zweimal in Innsbruck besuchte. Persönlichen Kontakt zu den Illustratoren seiner Projekte hatte Maximilian aber kaum, nicht einmal zu Hans Burgkmair dem Älteren in Augsburg. Die genauen Vorgaben für die Holzschnitte in Maximilians autobiographischen Werken »Weißkunig« und »Theuerdank« oder für die Ehrenpforte ließ er schriftlich übermitteln oder von sachkundigen und kunstverständigen Mittelsmännern wie Konrad Peutinger, Joseph Grünpeck oder Marx Treitzsaurwein weitergeben und besprechen. Auch die Aquarelle des Triumphzugs entstanden auf ähnliche Weise. Nur vom Tiroler Maler Jörg Kölderer weiß man, dass der Herrscher ihn in seiner Innsbrucker Malerwerkstätte besuchte. Maximilians künstlerische Unternehmungen dienten in erster Linie seinem »Gedächtnus«, also dem Nachruhm. Oder der politischen Propaganda. Das dritte Motiv für Aufträge an Maler war die Dokumentation. In der Art bildlicher Inventare ließ er Geschütze und Kriegswerkzeug, Burgen und Befestigungen »abmalen« oder Bilder anfertigen, die seine Turniere, vor allem aber seine bevorzugten Jagdreviere und Fischweiden festhalten. Dabei ging es Maximilian hauptsächlich um die Genauigkeit der Darstellung, künstlerische Feinheiten waren dem Kaiser weniger wichtig.

*Der Weißkunig (Maximilian)
im Atelier seines Hofmalers (Ausschnitt)*

Jörg Kölderer und seine vielfältigen Aufgaben

Der zwischen 1465 und 1470 geborene Maler Jörg Kölderer gehört sicher nicht zu den bedeutendsten Künstlern im Umkreis Kaiser Maximilians I., vielleicht aber
zu denen mit dem engsten Kontakt zum Herrscher. Bei
keinem anderen seiner Künstler kann man annehmen,
dass Maximilian persönlich mit ihm zusammengetrof-
fen ist und über ein in Auftrag gegebenes Werk gesprochen, ihn vielleicht in seinem Atelier besucht hat. Von
Kölderer wissen wir es.

Jörg Kölderer stammte von einem Bauernhof auf dem
Inzingerberg im Oberinntal. Ende des 15. Jahrhunderts
begegnet er uns als Bürger von Innsbruck. Er war zuerst
als Karten-, Miniatur- und Wappenmaler tätig, erlangte
wohl schon früh beträchtliches Ansehen und erhielt von
vornehmen Bürgern und vom Hof wichtige Aufträge.
Maximilian zog ihn und seine Werkstatt erstmals heran,
um den Torturm am östlichen Ausgang der Stadt mit
54 Wappen zu bemalen, die für die habsburgischen Erbländer und umstrittene Gebiete stehen, auf die Maximilian Anspruch erhob. Die prachtvolle Wand gab dem
Gebäude den Namen Wappenturm. Beim Neubau der
Hofburg unter Maria Theresia ging er im Südrondell auf,
unter welchem hindurch man in die Altstadt gelangt. Auch
die südlich anschließende äußere Burg wurde mit Wappen geschmückt. Von den damals entstandenen Fresken
am sogenannten Harnischhaus ist ein Fragment erhalten
(heute im Inneren des Restaurants Stiftskeller), das einen
Mann im Mantel von hinten zeigt, wie er eine Wendeltreppe hinaufsteigt. Es sind wohl diese Arbeiten am

Wappenturm und am Gebäude südlich davon, für die Jörg Kölderer 1497 den ansehnlichen Betrag von 100 Gulden erhält. 1501 schuldet ihm die Kammer aber immer noch »etliche hundert« Gulden.

Inzwischen hatte Kölderer offenbar auch andere Aufträge des Kaisers ausgeführt, man könnte an das Tiroler Jagdbuch denken, denn 1498 sucht der Maler um eine Anstellung an und verweist in diesem Zusammenhang darauf, dass er dem König bereits »*etlich gepürg und ander ding gemalt hat*«. Die Eingabe scheint erfolgreich gewesen zu sein, denn ab 1500 wird Jörg Kölderer als Hofmaler geführt, allerdings ohne regelmäßige Arbeit und ohne »*jährliche Provision*«, wie er es sich gewünscht hat. Dazu kommt es erst 1507. Ab da soll »*Gold, Silber, Farben und anderes zum Malen Notwendige auf seiner Majestät Kosten gehen*«. Er darf auch »*gute, verständige, fleißige Knechte und dazu zwei Jünger*« auf Hofkosten aufnehmen. Sollte er außerhalb Innsbrucks eine Arbeit ausführen, erhält er auch die Kosten für Pferd und Verpflegung ersetzt. Das sind ganz außerordentliche

Damen auf Falkenbeize, Fresko von
Jörg Kölderer auf Schloss Friedberg in Volders

Vergünstigungen, die auf eine große Wertschätzung Maximilians für seinen Hofmaler schließen lassen. Für diesen hatte der Vertrag allerdings den Nachteil, dass er völlig an den Hof gebunden war und *»sonst niemand mit seiner Kunst dienen«* durfte.

Die von Kölderer und seiner Werkstatt auszuführenden Arbeiten waren sehr unterschiedlich. Er musste z. B. Schlitten und Hirschgeweihe anmalen, Vorlagen für Harnischätzungen und Verzierungen von Geschützen zeichnen, gestaltete aber auch Wandfresken in den Wohnräumen der Königin. Für all das bekam er genaue Vorgaben, einmal zum Beispiel war ein Wandfresko explizit mit *»Bäumen, Vögeln und kleinen Jägern in Grün«* gewünscht. Werke Jörg Kölderers zierten schließlich mehrere Gänge, Zimmer und die Kapelle der Hofburg sowie Teile der Fassade. Von all dem ist nichts mehr

Fresko an der Rückwand der Loggia
des Goldenen Dachls

erhalten. Und was sonst noch vorhanden ist, wird ihm heute nach und nach abgesprochen. Denn die Forschung stellte und stellt viele früher als sicher geglaubte Zuweisungen in Frage, zum Beispiel wird seine Urheberschaft der Fresken am und im »Goldenen Dachl« neuerdings angezweifelt.

Besser als dem Wandmaler erging es dem Miniaturisten Kölderer: Von den Entwürfen und Buchillustrationen, die seiner Werkstatt entstammen, ist eine große Zahl auf uns gekommen. Sie zeigen ihn als blendenden Handwerker, als scharfen Beobachter und als einen Künstler, der sich kaum einem Stil oder einer Schule seiner Zeit zuordnen lässt. Nüchtern-exakte Schilderung der Wirklichkeit, Freude am Detail, kräftige Farbgebung sind für Kölderer und seine Werkstätte typisch. Als gewissenhafter Illustrator zeigt er uns in seinen Miniaturen die Menschen seiner Zeit, so wie sie waren, inmitten einer liebevoll gezeichneten Natur, hineingestellt in ihre Umwelt. In diesem Sinn sind das Jagdbuch und das Fischereibuch die besten Beispiele für Kölderers Schaffen. Die Aquarelle in den Zeugbüchern und im Burgenbuch wiederum beweisen seine Fähigkeit, dem Wunsch des Auftraggebers gemäß möglichst exakt bildlich zu dokumentieren, was für Kriegsmaterial in den Zeughäusern lagerte bzw. wie die Burgen und Befestigungsanlagen an den Grenzen seiner Länder aussahen. Dafür musste Kölderer seit 1500 auch weitere Reisen unternehmen, weil die Erwerbung der Grafschaft Görz (Lienz und das Pustertal) sowohl im Fischerei-, als auch im Burgenbuch berücksichtigt wurde.

Da in den Prunkausgaben der Inventarbücher Maximilians die Mitarbeit mehrerer »Hände« erkennbar ist, konnte nicht ausbleiben, dass Kölderers Urheberschaft bei dem einen oder anderen Buch oder Bild angezweifelt

Maximilian mit Gästen und Gefolge beim Jagen,
Fischen und Feiern am Achensee. Aus dem
Tiroler Fischereibuch. Die erzählerische,
auf realistische Details achtende Malweise ist
typisch für Jörg Kölderer und seine Werkstätte.

wurde. Davor bewahrten ihn nicht einmal die Initialen auf der Abbildung des Innsbrucker Zeughauses. Er wird sich deshalb nicht im Grab umdrehen, steht halt in Klammern »zugeschrieben« oder ein Fragezeichen hinter seinem Namen oder es wird eigens »Kölderer und Werkstatt« geschrieben. Nur mehr zugeschrieben wird Jörg Kölderer auch die von Maximilian 1502 gestiftete »Mirakeltafel« in der Pfarrkirche von Seefeld, auf der die berühmte Legende vom Hostienwunder erzählt wird. Erich Egg zweifelte noch nicht an der Urheberschaft Jörg Kölderers und erkennt an dem nicht signierten großformatigen Tafelbild »die charakteristischen Mittel seiner Kunst«.

Zur Diskussion stand lange Zeit der Anteil Kölderers an den Entwürfen zu den von Maximilian in Auftrag gegebenen Bildfolgen des »Triumphzuges« und der »Ehrenpforte«. Entschieden ist jetzt wohl, dass seine *»6 visierung zu dem triumpfwagen von Osterreich«* nichts mit der später von Albrecht Altdorfer geschaffenen Bilderfolge zu tun haben, sondern der Vorbereitung auf die Trauerfeierlichkeiten für Philipp den Schönen dienten. Auch die schon 1507 von ihm gemalten *»Kallikutermendl«* (Kalkuttamännchen), haben nichts zu tun mit der Gruppe exotischer Menschen im Triumphzug. Diese beruhen nämlich eindeutig auf den zwei Jahre später entstandenen Illustrationen Hans Burgkmairs für Balthasar Springers Buch über seine Indienreise *(siehe S. 80/81)*.

Dagegen ist die Beteiligung Kölderers – in welcher Form auch immer – an der Ehrenpforte unbestritten, das bezeugt sein Wappen unter einem der vier Sockel des aus 195 Einzelblättern zusammengesetzten Triumphbogens. Dieselbe Ehre erfährt nur der als Gesamtredakteur des umfangreichen Text- und Bildmaterials hauptverantwortliche Hofhistoriograph Johannes Stabius und – etwas

Das mittlere der drei Wappen am Fuß der Ehrenpforte ist das von Jörg Kölderer.

kleiner – Albrecht Dürer, von dem hauptsächlich die Rahmenarchitektur stammt. Albrecht Altdorfer und seine Mitarbeiter, die all die Szenen, Porträtreihen, den Stammbaum und die Wappenfriese gezeichnet und in Holz geschnitten haben, scheinen nicht auf. Da Vorzeichnungen Kölderers oder Skizzen zu einzelnen Szenen nicht bekannt sind, weist sein Wappen wohl auf seine ersten Gesamtentwürfe hin und vielleicht auch auf die laufende mündliche Beratung und wichtige Anregungen, die Kaiser Maximilian gewürdigt wissen wollte.

Kölderers Anteil am Grabmal des Kaisers ist auch erheblich, allerdings erst ab 1518 konkret fassbar. Nach der Entlassung der Familie des Gilg Sesselschreiber übertrug ihm der Kaiser die Begutachtung der von Stefan Godl probeweise gegossenen Figur und die Gesamtleitung der weiteren Arbeiten am Grabmal. In dieser Funktion war er auch unter Maximilians Enkel Erzherzog (später König) Ferdinand I. tätig. Da die Arbeiten weiterliefen, fertigte Kölderer für Stefan Godl auch Vorzeichnungen in Originalgröße, sogenannte Visierungen, der noch zu gießenden Figuren an und zeichnete die fertigen Figuren zur Information seines neuen Auftraggebers, der sich ja erst in das Projekt Kaisergrab einarbeiten musste. In diesem Zusammenhang entstanden – hauptsächlich nach den Vorzeichnungen Gilg Sesselschreibers – aquarellierte Federzeichnungen von 39 Ahnenfiguren samt Wappen, die zusammengeklebt eine 3,39 m lange und 35,5 cm hohe Pergamentrolle ergaben. Kölderer brachte sie 1528 persönlich zu König Ferdinand nach Prag und wurde anschließend beauftragt, die Aufstellungsmöglichkeiten in Wien und Wiener Neustadt zu prüfen und Skizzen anzufertigen.

Sich um das Kaisergrab zu kümmern, war nur mehr ein kleiner Teil von Jörg Kölderers Verpflichtungen. Im Dienste Ferdinands I. wirkte er bis zu seinem Tod im Jahr 1540 kaum noch als Maler, sondern als Kartenzeichner, Begutachter von Burgbauten, als Inspektor für Wege und Straßen, als Architekt und in anderen Funktionen. Er wird in den Akten jetzt auch nicht mehr Hofmaler, sondern Hofbaumeister genannt.

Jörg Kölderer malte nach Maximilians Tod zur Information für dessen Enkel Ferdinand die fertigen und geplanten Ahnenfiguren.

Niklas Türing d. Ä. und sein Goldenes Dachl

Neben Jörg Kölderer wird eine zweite Innsbrucker Künstlergestalt auf immer mit dem Namen Maximilians eng verbunden bleiben: Niklas Türing der Ältere. Er ist der maßgebliche Schöpfer jenes Prunkerkers, der als »Goldenes Dachl« Weltberühmtheit erlangt hat und eines der hervorragendsten Werke spätgotischer Baukunst darstellt. Über sein Leben wissen wir wenig, deshalb ist er als Persönlichkeit schwer fassbar. Sein Hauptwerk muss für ihn sprechen.

Schon die Herkunft des Baumeisters Türing (auch Thüring oder Düring geschrieben) ist unsicher. Dass er aus dem Schwäbischen kam, wurde immer schon vermutet. In jüngster Zeit wird er gleichgesetzt mit jenem »Meister Niklas«, der 1473 aus Memmingen nach Tirol kam (Naredi-Rainer/Madersbacher). Sicher nachzuweisen ist, dass Niklas Türing in den 1480er Jahren als Maurer und Steinmetz bereits für Erzherzog Sigmund und den Tiroler Adel arbeitete. Von seiner Meisterschaft in der Bauplastik zeugen erhaltene Wappensteine und andere Arbeiten, u. a. in der Johanneskapelle von Matrei am Brenner und in der Georgskapelle der Burg Hasegg in Hall.

Neben seinen Hofaufträgen arbeitete Meister Niklas viel für die Innsbrucker Bürgerschaft, die zu dieser Zeit ihre Häuser um- und ausbauen und durch Steinmetzarbeiten an Erkern und Portalen verschönern ließ. In der Türingschen Werkstätte jenseits des Inn (St. Nikolaus) arbeiteten auch sein Sohn Gregor und wohl auch Schwiegersohn Christoph Geiger. Im Jahr 1502 wird

Niklas Türing der Ältere in die Innsbrucker Bürgerschaft aufgenommen. Ab 1508 ist er Mitglied der St.-Barbara-Bruderschaft.

Als Hofmaurer wird Türing erstmals 1497 bezeichnet. Damals hatte er bereits den Bau des Wappenturms hinter sich und arbeitete an der Errichtung des Prunkerkers am früheren Residenzgebäude mitten in der Altstadt. Über Entstehung und Ausführung des Goldenen Dachls findet man in den Archiven fast keine Hinweise. Anders als beim später entstandenen Grabmal des Kaisers, über dessen Geschichte wir durch schriftliche Quellen genauestens informiert sind, muss sich die Forschung beim Wahrzeichen Innsbrucks ausschließlich auf bautechnische Untersuchungen und auf Deutung und Datierung des künstlerischen Schmucks verlassen. Was Fragen aufwirft, die trotz aller Diskussionen und Theorien bis heute nicht schlüssig beantwortet werden konnten. Durch eine dendrochronologische, also auf dem Vergleich der Jahresringe beruhende Analyse der Balken steht fest, dass das verwendete Holz des Dachstuhls im Winter 1497/98 geschlägert wurde. Und die Jahreszahl 1500 zwischen den Fahnenträgern auf der Fassade hält das Jahr der Vollendung des Erkers fest. Andererseits ist nicht zu übersehen, dass der gesamte Bildschmuck die Beziehung der Geschlechter zum Thema hat und damit am ehesten auf eine Hochzeitsfeier verweist. Sabine Weiss stellt in ihrer neuen Maximilianbiographie sogar ganz konkrete Bezüge zu Maximilians Familie und zur Hochzeit mit Bianca Maria Sforza her. Solche Überlegungen unterstützen die Meinung, dass das Goldene Dachl aus Anlass der zweiten Vermählung Maximilians mit der Mailänderin Bianca Maria Sforza errichtet wurde.

Diese Theorie kann man auch bei einer Fertigstellung im Jahr 1500 noch akzeptieren. Dann war es eben ein

Das Goldene Dachl in Innsbruck, das Hauptwerk Niklas Türings des Älteren

Denkmal zur Erinnerung an dieses Ereignis. Doch so ehrenvoll war die Heirat für Maximilian ja nicht, dass er daran so auffällig erinnern hätte wollen. Durch die bautechnische Untersuchung vom Tisch ist das Argument des Historikers und langjährigen Innsbrucker Stadtarchivdirektors Franz-Heinz Hye, der das Wappen von Erzherzog Sigmunds zweiter Frau Katharina von Sachsen im Söller als unumstößlichen Beweis für eine frühere Fertigstellung wertete, weil die Witwe des am 4. März 1496 verstorbenen ehemaligen Landesfürsten Sigmund bereits 1497 mit Herzog Erich von Braunschweig-Lüneburg verheiratet war und ihr Wappen nicht mehr in dynastischem Zusammenhang mit Habsburg gezeigt worden wäre. Um wieder auf die fast demonstrativ angebrachte Jahreszahl 1500 zurückzukommen, muss auch die Meinung erwähnt werden, der Prunkerker wäre Maximilians Tribut an das neue Jahrhundert gewesen. Aber muss es überhaupt einen speziellen Grund für die Errichtung des Erkers gegeben haben? Es gibt ja auch keinen für die vergoldeten Kupferschindeln am Dach. Außer man denkt an Hermann Wiesfleckers wohl eher augenzwinkernd vorgebrachten Hinweis auf einen möglichen Zusammenhang des goldgedeckten Daches mit der Funktion als Sitz der Finanzbehörde, die Maximilian dem Gebäude gegeben hat.

Völlig aus der wissenschaftlichen Diskussion verschwunden ist ein Gedanke früherer Historiker (Otto Stolz, Karl Klaar), der auf das Körnchen Wahrheit verweist, das vielleicht in der bis heute immer wieder erzählten Geschichte steckt, Herzog Friedrich mit der leeren Tasche, der Vater Sigmunds des Münzreichen, hätte den Erker seines neuen Residenzgebäudes als Hohn für seine Feinde und zur Widerlegung seines Spottnamens mit Gold decken lassen. Erstmals niedergeschrieben wurde diese Sage 1649. Was spricht dagegen, dass Herzog Friedrich IV. einen Erker an den damals zur Residenz zusammengebauten Bürgerhäusern mit vergoldeten Schindeln decken hat lassen? Und Maximilian hätte es nur wieder so gemacht. Immerhin gibt es eine Notiz der Tiroler Kammer von 1557, in der es heißt, dass das *»fürstlich Haus«* am Stadtplatz *»von alters her und zuvor mit dem guldin Tächel«* geziert gewesen sei. Reicht ein Alter von 57 Jahren aus, dass man *»von alters her und zuvor«* schreibt? Wie auch immer. Mit der Frage nach dem Anlass und dem Jahr der Fertigstellung von Niklas Türings spätgotischem Meisterwerk hat es nichts zu tun.

Was Baumeister Türing macht, war eine Erweiterung und Umgestaltung eines bereits bestehenden Hauserkers, dem eine Loggia aufgesetzt wurde. Pfeiler und Rippengewölbe im Erdgeschoß sind Scheinarchitektur. Der ältere, bescheidene Erker bildet den Kern des ersten Obergeschoßes, unter dessen Fenstern ein achtteiliges Wappenfries verläuft. Die sechs Wappen an der Vorderfront wurden erst 1508 im Austausch gegen ältere eingesetzt, als Maximilian den Titel eines Erwählten Römischen Kaisers annahm. Das zweite Obergeschoß ist als vorstehender, überdachter Söller gestaltet. An der Brüstung bilden wiederum Relieffelder ein Fries. In der Mitte ist gleich zweimal Maximilian abgebildet: einmal zwischen Hofnarr und Ratsherr, das andere Mal zusammen mit seiner verstorbenen ersten und seiner 1494 angetrauten zweiten Gemahlin. Diese hält in ihrer Hand den Apfel als Siegespreis für den besten jener Maruska-Tänzer, die sich auf den übrigen acht Relieffeldern paarweise drastisch verrenken. Vier Säulen tragen einen breiten Maßwerkgiebel, in dem Affen, Löwen, Steinböcke und Hunde klettern, und das berühmte Dach mit den 2657 feuervergoldeten Kupferschindeln. Ein prächtiges Netzrippengewölbe

voll Figürchen und Wappen deckt die Loggia; ihre Rückwand ist mit Fresken geschmückt.

Über deren Inhalt und Symbolgehalt wurden die verschiedensten Spekulationen angestellt. Einmal wurden
die dargestellten Szenen als höfisches Fasnachtstreiben
interpretiert, dann erkannte man in den Menschen, die
zu sehen sind, Maximilians Familie und Verwandtschaft.
Ausgefallener ist die Deutung als eine um das Leitmotiv
von Weibermacht und Liebestorheit kreisende Illustration von Vergils Geschichte der »Ehebrecherfalle«
(Naredi-Rainer/Madersbacher). Wie immer man auch

Steinmetzarbeiten des Meisters Niklas
Türing d. Ä. am Goldenen Dachl.
Aufnahme von Vinzenz Oberhammer
aus dem Jahre 1969

die vielen über das ganze Werk verstreuten Symbole (Apfel, Mondsichel, Sonne, Narr, Affe, verschiedene Blüten) interpretiert, es bleibt der Phantasie jedes Betrachters überlassen, was er herauslesen will. Das gilt wohl auch für das Spruchband mit hebräisch anmutenden, aber in keiner Sprache und Kultur existierenden Schriftzeichen, das bisher jedem Versuch einer Deutung widerstand. Vielleicht wollte Maximilian mit der überbordenden Symbolik und den rätselhaften Motiven auch gar nicht mehr sagen, als dass das Leben und die Welt ein einziges Rätsel sind, vielleicht hatte er auch nur sein Vergnügen daran, die Leute zu verwirren, sie lächelnd dem Geheimnis zu überlassen. Was den Sinn und Zweck des Bauwerks insgesamt betrifft, kann man festhalten: Ob es nun ein Erinnerungsmal an Maximilians zweite Vermählung sein sollte oder vielleicht gar dem Anbruch des neuen Jahrhunderts gewidmet war, ganz sicher war es als repräsentative Hofloge für Festlichkeiten am Stadtplatz gedacht und sollte zugleich an einem zentralen Punkt des Handels- und Personenverkehrs zwischen Italien und Deutschland staunendes Bewundern hervorrufen und habsburgisches Herrschertum verherrlichen.

Wer die Fresken gemalt hat, ist anhand von Archivalien (Aufträge, Rechnungen) nicht feststellbar. Bisher wurden sie fast durchgehend Hofmaler Jörg Kölderer zugeschrieben, auch die Fahnenträger an der Fassade sollten von ihm stammen. Dies ist inzwischen in Zweifel gezogen, was aber im Grunde keine Rolle spielt. Dass der Baumeister Niklas Türing selbst auch die zentralen Reliefs geschaffen hat, ist bisher unbestritten. Ob er dazu Vorlagen von Jörg Kölderer verwendet hat, scheint wieder fraglich. So sehr auch Details die Handschrift verschiedener Künstler erkennen lassen mögen, das ganze Werk ist doch aus einem Guss, von einem künstle-

Wappen des Baumeisters Niklas Türing und seiner Frau im Gewölbe des Söllers

rischen Willen geprägt. Türing verstand es, königlichen Prunk und höfische Eleganz mit krasser Realistik und Ausdruckskraft zu verbinden. So ist das Goldene Dachl ein Höhepunkt und Musterbeispiel maximilianischer Kunst. Meister Niklas Türing erwirkte sich die Ehre, sein Wappen – und interessanterweise auch das seiner Frau – im Gewölbe der Loggia anbringen zu dürfen. Neben ihm waren an dem großen Werk mehrere Gesellen und Mitarbeiter aus seiner Werkstatt beteiligt, u. a. sein Sohn Gregor, der 1508 die sechs neu eingesetzten Wappensteine schuf, und sein Schwiegersohn Christoph Geiger, der ebenfalls als Bildhauer und Steinmetz arbeitete und vor allem wegen der beiden Lienzer Grabsteine für Leonhard von Görz und das Ehepaar von Wolkenstein berühmt wurde.

Niklas Türing der Ältere starb 1517. Sein Sohn Gregor und sein Enkel Niklas der Jüngere führten Werkstatt und Familientradition bis 1558 fort.

Das Grabmal und
seine Künstler – fast ein Krimi

Die hochentwickelte Technik und lange Erfahrung der
Innsbrucker Bronzegießer, die auch den höchsten künst-
lerischen Anforderungen gerecht wurden, machte es
möglich, die Verwirklichung des kühnen Planes in
Angriff zu nehmen. Die Bemühungen der Augsburger,
den Auftrag für ihre Stadt zu gewinnen, scheiterten.
Der mit der Leitung des Vorhabens betraute Hofmaler
Gilg Sesselschreiber setzte sich mit dem Argument für
Innsbruck als Gussstätte ein, dass *»nit albeg die Swaben*

König Maximilian in der Gießerei von Peter Löffler
(Holzschnitt aus dem Weißkunig)

und *auswendig allein berühmbt werden, dieweil man hie und in diesem Land auch guet Meister find«*. Maximilians Plan sah vor, 34 Bronzebüsten römischer Kaiser als seine *»Vorfahrn am Reich«*, d.h. Vorgänger im Kaiseramt, weiters 100 Statuetten der habsburgischen Familienheiligen gießen zu lassen und als Höhepunkt und Hauptteil des Grabmals 40 überlebensgroße Statuen seiner geistigen und leiblichen Vorfahren und Verwandten. Bedeutende Wissenschaftler hatten die habsburgische Ahnenreihe »erforscht« und waren dabei zu – für uns – absonderlichen Ergebnissen gekommen, z.B. dass Maximilians Geschlecht *»von einem Vater auf den andern bis auf den Noe* [Noah] *zurückreiche«*.

Die eigentlichen Arbeiten am Grabmalprojekt begannen 1502, als der Münchner Maler Gilg Sesselschreiber beauftragt wurde, aufgrund historischer Unterlagen, Grabsteinbildnissen und anderer überlieferter Bilder möglichst wahrheitsgetreue Porträts zu zeichnen. Auch Rüstungen, Kleidermode und andere Details sollten studiert und kopiert werden. Zum Beispiel schickte Maximilian seinen Augsburger Hofmaler Hans Knoderer nach Speyer, um König Rudolf I. auf dessen Grabmal in Originalgröße abzumalen. Gilg Sesselschreiber schuf nach diesen Vorlagen für die ersten vorgesehenen Figuren Vorzeichnungen in Originalgröße mit allen Details, sogenannte »Visierungen«. Wieweit auch andere Maler, etwa Jörg Kölderer, damit beschäftigt waren und Entwürfe lieferten, ist nicht sicher. 1508 war es so weit. Sesselschreiber übersiedelte nach Innsbruck. Der Guss konnte beginnen.

Es war nicht nur ein künstlerisches, sondern ein technisches Abenteuer, denn noch nie vorher waren im deutschen Raum überlebensgroße Standbilder gegossen worden. Damals arbeitete man noch nach geschnitzten

König Rudolf I., ein frühes
Werk aus der Werkstätte
Gilg Sesselschreibers

Holzmodellen in Originalgröße, auf die in Teilstücken
eine Wachsschicht aufgetragen und nach dem Vorbild
der Visierung modelliert wurde. Schließlich kam eine
Schichte Lehm darüber. Nach dem Erhärten wurden
Lehm und Wachs abgenommen, die Wachsform innen
mit Lehm gefüllt. Durch das Ausschmelzen des Wachses
entstand so die Hohlform, in die eine Metalllegierung

eingegossen werden konnte. Nach dem Erkalten des Gusses mussten die Einzelteile zusammengesetzt, die Unebenheiten und Gussfehler beseitigt (»ausbereitet«) und die Feinarbeiten vom Goldschmied ziseliert und nachgearbeitet werden. Neben dem Maler, Holzschnitzer, Modellierer und Gießer waren somit noch Schlosser, »Ausbereiter« und Goldschmiede an der Ausführung beteiligt.

Gilg Sesselschreiber hatte inzwischen die Vorlagen für acht Statuen gezeichnet. Wer die Holzmodelle schnitzte, ist nicht bekannt, vielleicht sein Schwiegersohn Sebastian Häußerer, der die Possierarbeit leitete, so nennt man das Auftragen und Modellieren der Wachsschicht. Das Gießen war ursprünglich dem bedeutenden Mühlauer Geschütz- und Glockengießer Peter Löffler zugedacht. 1509 goss er als erste Statue Ferdinand von Portugal. Danach zog sich der berühmte Gießer aber

Vollplastische Details auf der Figur Ferdinands von Portugal, die Sesselschreiber entworfen und Peter Löffler gegossen hat.

zurück und nahm keinen weiteren Auftrag mehr an, weil ihm die Arbeit zu ungesund war. Sesselschreiber verwendete nämlich nicht die übliche Bronzelegierung, sondern eine Kupfer-Zink-Legierung (Messing) oder fast reines Kupfer. Wie Erich Egg schreibt, begann damit die Tragödie des Sesselschreiberschen Unternehmens. Meister Gilg übernahm mit seinem Sohn und Schwiegersohn auch die technisch überaus schwierige Arbeit des Gießens, obwohl er darin nicht die geringste Erfahrung hatte. Er bekam in Mühlau eine Gusshütte, verzögerte die Weiterarbeit jedoch durch Jahre. Es nützte nichts, dass Maximilian, der für die Arbeit am Grabmal jährlich 800 bis 1000 Gulden zur Verfügung stellte, seinen getreuen Florian Waldauf zum Oberaufseher des Projekts ernannte – das Werk geriet ins Stocken, noch ehe richtig begonnen worden war.

Um es voranzutreiben, wandte sich Maximilian auch an Werkstätten und Künstler in Nürnberg, Landshut und Brüssel und vergab einige Aufträge für Entwürfe, Holzmodelle und Gussarbeiten. Diesem Umstand haben wir es zu danken, dass wahrscheinlich für drei der »Schwarzen Mander«, wie der Volksmund die unvergoldet gebliebenen Bronzefiguren nennt, niemand Geringerer als Albrecht Dürer die Vorzeichnungen schuf, sicher weiß man es beim Standbild Albrechts von Habsburg, anzunehmen ist es auch bei den in Nürnberg von Peter Vischer gegossenen Figuren Theoderichs und des Königs Artus. Alle drei sind als Einzelwerke von höchster Qualität, wirken jedoch durch ihre filigrane Leichtigkeit und fast ein wenig gezierte Haltung wie Fremdkörper in der ehernen Totenwache.

Sesselschreiber hatte den Kaiser schwer enttäuscht. Während er für private Auftraggeber arbeitete, erfüllte er den Vertrag mit dem Kaiser nicht, manipulierte auf betrügerische Weise die Abrechnungen und kam mit der Ausführung selbst der angefangenen Statuen nur langsam vorwärts. Als 1515 eine Kommission in der Mühlauer Gusshütte erschien, war der Meister wie üblich nicht anzutreffen. Dafür sein Sohn Christoph, ein ausgebildeter Gießer, und Schwiegersohn Sebastian Häußerer, die sich anboten, anstelle des Vaters die Arbeiten am Grabmal weiterzuführen und innerhalb weniger Wochen sechs bereits angefangene Standbilder fertigzustellen. Bei einer im Jahr darauf von der Regierung durchgeführten Inventur samt Rechnungsprüfung wurde festgestellt, dass bisher nur fünf Figuren fertig gegossen waren, von einer stand der Rumpf in der Gusshütte, eine weitere war zum Guss vorbereitet. Die Regierung hatte an Sesselschreiber bisher 6833 Gulden ausgegeben, 2369 mehr, als ihm laut Abrechnungen und Inventur zustanden. Daraufhin ließ Maximilian nach dem flüchtigen »Grabmacher«, wie Sesselschreiber im Innsbrucker Volksmund hieß, fahnden. Mit Hilfe von Konrad Peutinger wurde er in Augsburg aufgegriffen.

In Ketten nach Innsbruck geliefert, darf Meister Gilg sein Haus nicht verlassen und die Stadt nicht betreten, was er wahrscheinlich wegen der wartenden Gläubiger ohnehin nicht getan hätte. Er entfernt sich ohne Erlaubnis und taucht in Mecheln in den Niederlanden auf, wo der kaiserliche Hof gerade Station macht. Maximilian lässt den Bittsteller ausrichten, er möchte in der Sache nicht mehr belästigt werden. Danach verliert sich Gilg Sesselschreibers Spur. Es ist nicht bekannt, wann er gestorben und wo er begraben ist. Die Familie Sesselschreiber wurde am 24. Juni 1518 vom Auftrag entbunden. Zwar stammen nur acht Statuen aus der Werkstätte Gilg Sesselschreibers, nur sechs sind in allem ihr Werk, doch gehören gerade sie durch ihre kraftvoll-persönliche

Gestaltung zu den eindrucksvollsten und interessantesten der bronzenen Ahnengalerie, nach Erich Egg »ein großartiges Denkmal maximilianischer Kunst«.

Christoph Sesselschreiber und sein Schwager Sebastian Häußerer vollendeten die angefangenen Figuren und gossen noch drei weitere, die aber wegen schwerer Gussmängel wieder eingeschmolzen werden mussten. Währenddessen sah sich Maximilian nach einem verlässlicheren – und billigeren – Meister um und fand ihn in Stefan Godl, der zwischen 1514 und 1518 nach Entwürfen von Jörg Kölderer 23 der geplanten 100 Heiligenstatuetten in Bronze gegossen und sich dadurch für diese künstlerische Arbeit bestens qualifiziert hatte. Der »Rotgießer« Stefan Godl war von Maximilian schon 1508 nach Innsbruck geholt worden, weil er in Mühlau eine Messinghütte errichten und damit das Nürnberger Monopol auf die Herstellung von Handbüchsen aus Messing brechen wollte. Er wusste aber schon damals um die Fähigkeiten des Meisters aus der fränkischen Gießermetropole in der Herstellung künstlerischer Arbeiten, was im Vertrag eigens angesprochen wird. Godls Geburtsjahr kennen wir nicht, auch nicht seine Herkunft, die von manchen Historikern im Raum Innsbruck vermutet wird. Dann wäre er also in die Heimat zurückgekehrt, nachdem er in Nürnberg das Gießerhandwerk erlernt hatte.

Das Ausscheiden der Familie Sesselschreiber sah Stefan Godl offenbar als Chance und bot dem Kaiser an, *»auf sein wagnus und kostung«,* also auf eigenes Risiko, die Figur des Albrecht von Habsburg zu gießen, für die es bereits ein Holzmodell des Landshuter Bildhauers Hans Leinberger gab. Nach geglücktem Guss seiner ersten Großfigur übertrug ihm der von Todesahnungen geplagte Kaiser die Weiterführung des Grabmalunternehmens. Er dürfte wohl gewusst haben, dass er seine Vollendung nicht mehr erleben wird. Als er im Jänner 1519 starb, war noch nicht einmal ein Dutzend der geplanten 40 Großfiguren vollendet.

Nach dem Tod des Auftraggebers stockte zunächst die Arbeit am Grabmal. Doch Maximilians Nachfolger als Tiroler Landesfürst und Beherrscher der österreichischen Länder, Erzherzog Ferdinand I., wusste sich dem Geist und Willen seines Großvaters verpflichtet und ließ das große Werk 1521 fortsetzen. Godls Werkstatt funktionierte ausgezeichnet, rasch wuchs die Zahl

Gottfried von Bouillon, die letzte Arbeit des Teams Stefan Godl/ Leonhard Magt

Auch Stefan Godls Bruder Bernhart arbeitete in der Werkstätte, wie er am Sockel Albrechts II. stolz verkündet: *»Mich goss ...«*

der vollendeten Bronzegestalten. Einige goss Stefan Godls Bruder Bernhart. Die Vorlagen entwarfen einheimische Maler, u. a. Jörg Kölderer. Der Innsbrucker Bildhauer Leonhard Magt formte danach die Figuren aus Lehm und Wachs. Auf das Holzmodell verzichtete man und goss »mit verlorener Form«, auch nicht mehr in einzelnen Stücken, sondern jede Statue als ein Ganzes. Godls Arbeiten sind gusstechnische Meisterwerke, doch ist ihre künstlerische Qualität eher schwankend. Vielleicht deshalb, weil jetzt der Techniker und nicht mehr der bildende Künstler tonangebend war.

Wieder trat eine lange Arbeitspause ein, als 1532 Leonhard Magt und 1534 Stefan Godl starben. 1548 machte Ferdinand noch einen Versuch, die ausständigen Statuen entwerfen und gießen zu lassen. Es war ein ausgezeichnetes Team, das nun als letztes seinen Beitrag zur Ahnenreihe des Maximiliangrabes leistete: der Augsburger Maler Christoph Amberger und die beiden Innsbrucker Veit Arnberger als Bildhauer und Peter Löfflers Sohn Gregor als Gießer. Sie stellten zwei Figuren her, von denen jedoch nur jene des Frankenkönigs Chlodwig erhalten ist. Als reifes Werk der deutschen Renaissancekunst ist sie ein würdiger Abschluss der Statuenreihe.

Nun ging es nämlich endgültig nicht mehr weiter. Vor allem war kein einheimischer Gießer bereit, Aufträge für das Grabmal zu übernehmen. »Nur« 28 statt 40 Ahnenbilder sollten also das kaiserliche Totengeleit bilden.

Wo sollte man die Figuren aufstellen? Maximilian wollte sich auf dem Falkenstein über dem Wolfgangsee eine eigene Grabeskirche bauen lassen. In seinem Testament verfügte er dann aber, in der Georgskapelle zu Wiener Neustadt beerdigt zu werden. Die Statuen sollten an Ketten rundherum aufgehängt werden. Die Idee scheint absurd. Trotzdem ließ sein Enkel Ferdinand die technischen Möglichkeiten von Kölderer prüfen. Auch eine Aufstellung in einer Wiener Kirche oder in der Innsbrucker Pfarrkirche wurde überlegt. Nichts konnte jedoch befriedigen. Da löste Ferdinand das Problem kurzerhand, indem er den Befehl gab, in Innsbruck eine eigene Kirche für das Grabmal zu erbauen. So entstand zwischen 1554 und 1563 die Hofkirche. In der neuen Kirche konnten die »Schwarzen Mander« endlich aufgestellt werden. Zwischen 1502 und 1550 waren sie entstanden. Zwei Generationen, mehrere Künstlerpersönlichkeiten hatten daran gearbeitet. Und doch ist das gewaltige Werk eine Einheit, ein typisches Beispiel für die tirolische Kunst jener Zeit, wo die neuen Ideen und Vorstellungen der Renaissance sich zunächst mit spätgotischem Formempfinden verbanden, um sich dann allmählich ganz durchzusetzen. Zwei Epochen greifen ineinander über, wie ja auch Maximilians vielschichtige Persönlichkeit sowohl dem Mittelalter als auch der Neuzeit angehörte. Von den 100 geplanten Heiligenstatuetten waren nur 23 gegossen worden. Die 34 Büsten römischer Kaiser – entstanden in Augsburg und von geringer künstlerischer Qualität – wurden bei der Aufstellung des Grabmals nicht berücksichtigt und gerieten in Vergessenheit. Erst

Erst 65 Jahre nach Kaiser Maximilians
Tod war sein Grabmal vollendet:
1584 schuf Alexander Colin die kniende
Figur des Monarchen am Kenotaph.

nach dem Zweiten Weltkrieg wurden auch sie aus Wien nach Innsbruck geholt und stehen nun – wie die Heiligen – auf der Empore der Hofkirche.

Als Ferdinand I. im Jahre 1564 starb, fehlte noch immer der leere Sarkophag, der Kenotaph, als Mittelpunkt des Grabdenkmals. So sollte sich also noch eine weitere Generation höfischer Künstler am großen Werk beteiligen. Zuerst hatte man die Brüder Bernhard und Arnold Abel aus Köln geholt, die geplanten 24 Marmorreliefs mit Szenen aus dem Leben Maximilians auszuführen, ihre Werkstätte kam jedoch mit dem riesigen Auftrag nicht zurande. So berief die Regierung 1562 Alexander Colin aus Mecheln in den Niederlanden nach Innsbruck. Diesem erstklassigen Bildhauer gelang es tatsächlich, zusammen mit zahlreichen Gesellen innerhalb zweier Jahre das Werk auszuführen und damit eines der ganz großen Meisterwerke der europäischen Kunstgeschichte zu schaffen. Die detailgenauen und topographisch exakten Vorlagen lieferte der dritte der Abelbrüder, Florian, der als Hofmaler beim späteren Landesfürsten von Tirol, Erzherzog Ferdinand II., in Prag arbeitete. Colin schnitt nach mehreren Unterbrechungen auch die Wachsmodelle des knienden Kaisers auf dem Kenotaph und der Symbolfiguren der vier Tugenden. In Innsbruck gab es niemanden mehr, der den schwierigen Guss bewerkstelligen konnte. So war es der Münchner Hans Lendenstreich, der die Tugendfiguren goss (1570), und der Italiener Ludovico del Duca, der nach weiteren 14 Jahren den Guss der Kaiserfigur übernahm. Erst jetzt, 1584, war das Grabmal vollendet. Längst war eine neue Zeit angebrochen, nicht nur in der Kunst.

VI

BISCHÖFE IM DIENSTE MAXIMILIANS

Als König Maximilian die Grafschaft Tirol und die Vorlande als neuer Landesfürst übernahm, waren nicht nur die Herrschaftsgebiete der Habsburger vor dem Arlberg, im Schwäbischen und am Oberrhein mehr oder weniger kleinteilig zersplittert. Auch innerhalb der Tiroler Landesgrenzen gab es Städte und Gerichte, die nicht dem Landesherrn unterstanden, sondern von den Bischöfen von Brixen und Trient als geistliche Reichsfürsten regiert wurden. Ihnen war ehemals die Herrschaftsgewalt in den Grafschaften rund um den Brenner übertragen worden, doch hatten es die Grafen von Tirol als ihre Vögte (d. h. Anwälte) vermocht, sie daraus immer weiter zu verdrängen, bis ihr weltliches Herrschaftsgebiet nur mehr aus wenigen kleinen Gerichten und – in Trient – einigen Tälern bestand. Diese innere Zerrissenheit Tirols war durch zahlreiche Verträge zwischen der Grafschaft Tirol und den Hochstiftern (Bezeichnung für die weltliche Herrschaft der Bischöfe) abgemildert. Die Bischöfe waren Mitglieder der Ständevertretung, hatten im Landtag Stimmrecht und zahlten Steuern, ihre Untertanen waren zum Kriegsdienst im Tiroler Aufgebot verpflichtet. Glänzende Hofhaltungen entwickelten sich in den Residenzstädten der Tiroler Bischöfe nur zeitweise, da sie als Kardinäle oder als Räte und Diplomaten des Landesfürsten die meiste Zeit abwesend waren. Die Aufgabe des geistlichen Oberhirten der Diözese, die weit über ihr geistliches Fürstentum hinausreichte, nahm ein Koadjutor oder Weihbischof wahr.

Geistliche und weltliche Reichsfürsten zwischen der Späre der Heiligen und dem Volk (Holzschnitt Hans Burgkmairs d. Ä. im Haller Heiltumsbuch)

Die Bischofstadt Brixen und ein Bischof als »Geldmacher«

Vom Fürstentum des Brixner Bischofs ist nicht viel übrig geblieben seit dem 12. Jahrhundert. Außer seiner Residenzstadt bestand es nur noch aus Bruneck und ein paar ländlichen Gerichten rund um Brixen. Die Diözese Brixen, d. h. seine Zuständigkeit als geistlicher Oberhirte, erstreckte sich hingegen über das Pustertal, das obere Eisacktal und Nordtirol bis zum Zillertal. Das Städtchen Brixen stellte ein bescheidenes Zentrum dar. Neben dem alten Dombezirk des 11. Jahrhunderts hatte Bischof Hartwig 1039 eine Verkehrssiedlung gegründet, die dank der Lage am Brennerweg langsam anwuchs und um 1330 von Bischof Albert von Enna mit einem zweiten Mauerring umschlossen wurde. Sie umfasste auch das zur Unterbringung der Hofdienstleute erbaute Viertel von Stufels am Mündungssporn zwischen Eisack und Rienz. Die ursprünglich direkt beim Dom gelegene Bischofsburg war zu der Zeit schon an die Südwestecke der Stadtbefestigung verlegt worden, wo bisher der Stadthauptmann seinen Sitz gehabt hatte. Ihr heutiges Aussehen als Renaissanceschloss verdankt die Hofburg allerdings erst einem großzügigen Umbau unter Bischof Andreas von Österreich in den Jahren um 1600. Als Herzog Ludovico Sforza 1499 für einige Monate hier Zuflucht fand, weil die Franzosen ihn vertrieben hatten, musste er sich noch mit einer bescheideneren Unterkunft begnügen.

Innerhalb der Mauern drängten sich um 1500 in ca. 300 Häusern und Ansitzen ca. 2000 Einwohner. Stark vertreten war der Klerus vom Hilfspriester bis zu den

Domherren, dazu die für Regierung und Verwaltung des Hochstifts zuständigen Adeligen und die Bürgerschaft: Gewerbetreibende, Händler, Handwerker, auch Hofbeamte, Doktoren, Notare, Lehrer und was eine bürgerliche Gemeinschaft eben alles brauchte. Das bürgerliche Element war vielfach streng getrennt von den Hofleuten, so gab es eine Stadtapotheke für die Bürger und eine eigene Hofapotheke. Anders als in den Städten, die den Habsburgern als Landesherren unterstanden, war die bürgerliche Selbstverwaltung sehr eingeschränkt. Die Brixner durften zwar einen Zwölfer-Stadtrat und einen Bürgermeister wählen, die höchste Instanz war aber der vom Bischof eingesetzte Stadtrichter.

Ausschnitt aus einer Ansicht von Brixen
aus dem Jahr 1588. Seit Maximilians Zeiten
hatte sich nicht viel geändert.

Melchior dei ⁊ aplice sedis gratia epus eccle Brixineñ

Bischof Melchior von Meckau im Brevier, das er 1489 beim Augsburger Buchdrucker Erhard Ratold in Auftrag gab. Zu seinen Füßen lehnen das Wappen des Bistums Brixen (Osterlamm) und sein Familienwappen (drei goldene Mehlschaufeln).

Während der ersten zwei Jahrzehnte von Maximilians Regierung war Melchior von Meckau Bischof von Brixen. Er stammte aus Meißen in Sachsen und war dort Domherr, nachdem er in Leipzig und Bologna studiert hatte. 1471 hatte er dienstlich in Rom zu tun und blieb dort hängen. Fast zehn Jahre lang war er für die Kurie tätig, dann wurde er Rektor der deutschen Nationalstiftung Santa Maria dell'Anima. Er verstand es, sich einträgliche Domherren-Posten (Brixen, Straßburg, Magdeburg, Meißen) zu verschaffen, wofür man damals nicht an Ort und Stelle sein musste. Diese und andere Pfründe, meist mit lebenslänglicher Rente verbunden, waren der Grundstein für Meckaus späteren Reichtum. Dass ihn Herzog Sigmund in seinen Rat berief, war vor allem deshalb wichtig, weil der Landesfürst ihn als Kandidat für die Brixner Bischofswahl ins Gespräch bringen und unterstützen konnte. Zum dortigen Koadjutor wurde er schon 1482 gewählt. Eigentlich wäre seine Aufgabe gewesen, den amtierenden Bischof bei dessen seelsorglichen Aufgaben zu unterstützen, doch er blieb lieber in Innsbruck und half dem Tiroler Landesfürsten beim Geldbeschaffen.

Was Sigmunds Politik betraf, hatte er in Meckau eher einen Gegner, vor allem trat er gegen die Verpfändungen an die Wittelsbacher und gegen den für das Land schädlichen Einfluss der »bösen Räte« auf. Bald erkannten ihn Kaiser Friedrich III. und König Maximilian I. als den Kopf der Bayerngegner im Land. Und als Maximilian im März 1490 die Regierung Tirols übernahm, berief er Melchior von Meckau an die Spitze des von ihm neu zusammengestellten Regiments. Meckau war damals bereits seit zwei Jahren Bischof von Brixen, was ihn nicht daran hinderte, weiter am Innsbrucker Hof zu weilen, mit dem König unterwegs zu sein und sich vor allem dessen Finanzgeschäften zu widmen. Das Geld war seine Leidenschaft.

Dass 1493 gerade Melchior von Meckau die Gesandtschaft nach Mailand anführte, um den Hochzeitsvertrag auszuhandeln, zeigt, wie sehr es dabei mehr um die Mitgift und die Bedingungen um deren Auszahlung ging als um die menschliche Seite einer Ehe. Er hielt auch nach Abschluss des Hochzeitsgeschäfts engen Kontakt zum Mailänder Herzog und nahm ihn als Gast bei sich in Brixen auf, als der Herzog 1499 vor den Franzosen flüchten musste. Sehr gut waren des Bischofs Verbindungen zum Fuggerschen Handelshaus in Augsburg, bei dem er nicht nur hohe Kredite für seinen Dienstherrn besorgte, sondern sein eigenes Geld einlegte. Mit dieser Art der Vermögenssicherung und -steigerung hatte er schon Erfahrung aus seiner Zeit als Rektor der römischen Anima, als er deren Gelder bei den Fuggern gewinnbringend anlegte. Ganz in seinem Element war der Brixner Bischof, der auch den Besitz seines Bistums und seinen eigenen durch Käufe und Pfandnahmen von Ämtern und Bergwerken wesentlich vermehrte, als ihn der König im Zuge der Behördenreform zum Vorsitzenden der neuen Hofkammer bestellte. Damit gewann er Einfluss auf die große Politik.

Aus Dankbarkeit für seine treuen und höchst erfolgreichen Dienste bemühte sich Maximilian um den Kardinalshut für Bischof Melchior. Als dies 1503 gelang, zog es den Geldmacher des Königs unwiderstehlich nach Rom. Er ließ sich nach und nach die Schulden zurückzahlen, die nicht nur Maximilian, sondern auch Fürsten und hohe Beamte bei ihm gemacht hatten, verabschiedete sich – immer mit diplomatischen Aufträgen in der Tasche – zunächst nach Venedig, dann nach Rom, wo er Papst Julius II. für die Kaiserkrönung Maximilians gewinnen sollte. Was bekanntlich misslang. Immerhin erreichte er die päpstliche Zustimmung zur Annahme des Kaisertitels.

Melchior von Meckau war währenddessen immer noch Bischof von Brixen. Die Amtsgeschäfte in der Tiroler Bischofstadt und vor allem die Aufgaben eines geistlichen Oberhirten lagen während all der Jahre in den Händen seines Koadjutors Christoph von Schrofenstein, der nicht einmal die Bischofsweihe empfangen hatte, aber ein tüchtiger Verwalter war. Kardinal Meckau blieb in Rom, fungierte als Botschafter des Kaisers beim Heiligen Stuhl und führte ein großes Haus mit über 100 Bediensteten. Er sammelte Bücher, Handschriften, Münzen und Kunstwerke vor allem als Wertanlage, für ihren geistig-kulturellen Wert hatte er weniger Verständnis.

Der Kardinal galt inzwischen als einer der reichsten Männer der Welt, allein seine Einlage bei den Fuggern betrug über 150.000 Gulden. Als er im März 1509 starb, brachte das sogar das Handelshaus Fugger in Probleme, denn sowohl der Papst als auch Maximilian verlangten die sofortige Auszahlung dieser Gelder. Beide fochten Meckaus flüchtig niedergeschriebenes Testament an, das allein die Nationalstiftung Anima berücksichtigte. Maximilian hielt sich – warum auch immer – für den rechtmäßigen Erben, der Papst fand, es stehe dem Bistum Brixen zu. Nach Jahren des Streits gelang es Maximilian, einen Teil von Meckaus Reichtümern an sich zu bringen.

In Brixen wählte das Domkapitel Maximilians Wunschkandidaten Christoph von Schrofenstein zum neuen Bischof. Er war Spross einer Adelsfamilie, auf deren Stammburg bei Landeck er um 1460 geboren wurde. Über seine Studienjahre wissen wir nichts, doch erfreute sich

Bischof Christoph von Schrofenstein auf seinem Grabstein an der Fassade des Brixner Doms.

der junge Jurist offenbar der Förderung des Tiroler Landesfürsten Sigmund, denn nur mit dessen Hilfe war es möglich, im Alter von 20 Jahren ohne abgeschlossenes Studium ein Kanonikat in Brixen zu erlangen und damit als Domherr von seinen Pfründen leben zu können. 1493 promovierte er zum Doktor beider Rechte. Nun auch von Maximilian I. kräftig gefördert, erlangte Christoph von Schrofenstein ein weiteres Kanonikat in Trient und wurde Koadjutor des Trienter Fürstbischofs Ulrich von Liechtenstein. Gleichzeitig trat er in der Umgebung des Königs als dessen Berater in Erscheinung.

Vom mächtigen Brixner Bischof Melchior von Meckau zu seinem Koadjutor bestellt, wechselte Schrofenstein den Ort seines Wirkens und hatte von nun an für das Seelenheil des größten Teils der Tiroler Bevölkerung zu sorgen – und das ohne jede geistliche Weihe. Erst zwei Jahre nachdem er die Nachfolge des 1509 verstorbenen Bischofs Melchior angetreten hatte, wurde er zum Priester und gleich auch zum Bischof geweiht. Mit der Einberufung einer Diözesansynode und der Herausgabe eines neuen Messbuchs zeigte er wenigstens ansatzweise Bemühen um die im Argen liegende Seelsorge. Als Mitglied des Tiroler Landtags war er einer der eifrigsten Befürworter eines Friedensschlusses mit Venedig: »*Gebe Gott, dass uns noch ein Friede werde; das wäre wahrlich das Beste für die kaiserliche Majestät, deren Länder und Leute*«, seufzte der Kirchenfürst. Bischof Christoph von Schrofenstein überlebte seinen etwa gleichaltrigen Kaiser um zwei Jahre.

Die Stadt Trient, ihre Bischöfe und die Kaiserproklamation

Die wichtigere der beiden Tiroler Bischofstädte war Trient. Machtpolitisch kam ihr die Lage im Zentrum der Etschtalfurche mit Abzweigungen nach Osten (Valsugana) und Westen (zur Sarca und dem Gardasee) zugute, kulturpolitisch die Nähe zu Italien, die anregende Wirkung einer damals noch stark gemischtsprachigen Einwohnerschaft. So war hier, knapp südlich der damals bei Lavis verlaufenden Sprachgrenze, der Einfluss von Humanismus und Renaissance früher und stärker zu spüren als in anderen kulturellen Zentren des Heiligen Römischen

Die bischöfliche Burg in Trient um 1495
(Aquarell von Albrecht Dürer)

Reichs Deutscher Nation. Auf die fürstbischöfliche Hofhaltung, das Musikleben, die Berufung von Künstlern
und die Förderung der Wissenschaft wirkte sich dies
besonders unter Bischof Bernhard aus. Während die letzte
Erweiterung der Burganlage Buonconsiglio unter Bischof
Johannes Hinderbach (1465–1486) noch spätgotische Bauformen, Malereien und Täfelungen zeigt (heute »Castel-
vecchio«), ist der von Bernhard von Cles (1514–1539)
veranlasste Neubau eines völlig eigenständigen Palast-
flügels (heute »Magno Palazzo« genannt) in Architektur
und Ausstattung reinste Renaissance.

König Maximilian war seit Beginn seiner Regierungszeit in Tirol in engem Kontakt mit den Trienter Bischöfen und ihren Domkapiteln. Als 1493 das erste Mal ein
neuer Bischof zu wählen war, erhielt sein Kandidat
Christoph von Schrofenstein nur vier Stimmen, sechs
entfielen auf Ulrich von Liechtenstein, gegen den der
König aber nichts einzuwenden hatte. Dass der Papst
die Bestätigung der Wahl durch drei Jahre verzögerte,
führte Maximilian gleich zu Beginn seiner Tiroler Zeit
die Problematik des Bistums Trient vor Augen, dem die
römische Kurie die Zugehörigkeit zum Reich immer
wieder aberkennen und damit dem Domkapitel das
Recht der Bischofswahl streitig machen wollte. Dieses
beruhte auf dem 1122 zwischen dem Papst und dem Heiligen Römischen Reich abgeschlossenen Konkordat. Es
legt fest, dass der König oder Kaiser dem vom Domkapitel gewählten Bischof die Insignien und Rechte
(Regalien) eines Reichsfürsten überträgt. Der Papst hat
die Wahl dann zu bestätigen und setzt den neuen Bischof
als geistiges Oberhaupt des Kirchenvolkes seiner Diözese
ein. Wäre Trient kein Reichsfürstentum gewesen, hatte
der Papst den Bischof nach eigenem Gutdünken einsetzen können. Bedenklich waren verschiedene Mätzchen

der Kurie, die Trienter Bischöfe in die Knie zu zwingen. So wurde die Bestätigung der Wahl von der Zahlung einer jährlichen Pension von 500 Dukaten an Kardinal Orsini abhängig gemacht. Bedenklich war auch, dass es in Trient eine starke Gruppe italienischer Domherren und Kleriker gab, die einmal insgeheim, einmal offen die Politik der römischen Kurie unterstützten.

König Maximilian war die Bedeutung des an der Reichsgrenze liegenden geistlichen Fürstentums durchaus bewusst. Er wusste nichts von dem Gutachten, das der Kurfürst und Erzbischof von Mainz, Berthold von Henneberg, auf Wunsch Ulrich von Liechtensteins in Sachen Zugehörigkeit zum Reich und Bischofswahl nach Rom entsandte und das die Rechtsmeinung der Kuriengegner voll unterstützte. Er hätte der Schlussbemerkung des Kurfürsten voll und ganz zugestimmt. Trient sei, so Bischof Berthold, »*an einem solchen Orte, dass die Augen hinzuwenden nützlich ist*«.

Und Maximilian schaute genau hin, was in Trient passierte und überließ es nicht zufälligen Mehrheiten im Domkapitel, wer dort Bischof wurde. Der 1493 unterlegene Kandidat Schrofenstein wurde später Bischof von Brixen *(siehe S. 213/214)*, und bei der nächsten Trienter Wahl im Jahr 1505 stand bereits mit Georg von Neideck ein anderer Günstling Maximilians parat. Bischof Ulrich hatte ihn noch kurz vor seinem Tod als Koadjutor mit dem Recht der Nachfolge eingesetzt, die Wahl durch das Domkapitel verlief reibungslos. Obwohl sich der neue Bischof und König Maximilian über manche Regeln im Zeitablauf der rechtlichen Schritte hinwegsetzten, machten auch Papst und Kurie keine Schwierigkeiten und verlangten nicht einmal, dass der Bischof zur Bestätigung und Amtsübergabe nach Rom reiste, wie es sonst üblich war.

Wappenstein
des Bischofs
Georg von Neideck
als Statthalter in
Verona, 1513

Georg von Neideck (auch Neudegg) war der erste Trienter Bischof, den Maximilian mit Aufgaben betraute. Woher der junge österreichische Jurist stammt, den Maximilian wahrscheinlich bei Verhandlungen mit König Wladislaw von Böhmen und Ungarn als dessen Sekretär kennengelernt hatte und um 1495 in seine Dienste nahm, ist nicht bekannt. Nachweisbar ist er zwischen 1485 und 1492 als Student in Bologna. Für König Maximilian arbeitete Neideck zunächst als Sekretär und Unterhändler, dann als Assessor am Reichskammergericht. Dort und im Hofrat vertrat er die Rechte des Königs gegenüber den Reichsfürsten. Ab Juni 1501 hatte er seinen Arbeitsplatz als Österreichischer Kanzler in Wien, wo er alsbald zum Humanistenkreis um Conrad Celtis stieß und es in gelehrten Kreisen zu einigem Ansehen brachte, wie seine Bestellung zum Superintendenten der Wiener Universität beweist.

Maximilian hatte jedoch anderes mit Georg von Neideck vor und machte ihn zum Bischof von Trient. Ein Studium der Theologie war damals nicht Voraussetzung und die fehlende Priesterweihe kein Hindernis, wenn ein Mächtiger seinen Kandidaten auf einen Bischofsstuhl hieven wollte. Trient in sicherer Hand zu wissen, war für Maximilian schon deshalb wichtig, weil diese Stadt an der Grenze zu Italien der Ausgangspunkt für den immer wieder geplanten und immer wieder verhinderten, doch nie aufgegebenen Romzug war. Zum Jahreswechsel 1507/1508 war der König wild entschlossen, es im kommenden Frühjahr zu versuchen. Ohne Kampf würde es nicht gehen, das war klar, denn die Zeiten waren längst vorbei, als Maximilian in Mailand einen Verbündeten hatte. Dort versperrten jetzt die Franzosen den Weg. Und Venedig weigerte sich nach wie vor, dem Kaiser den friedlichen Durchzug mit einem wenn auch nur kleinen Heer zu gestatten. Zu sehr fürchtete man dort, dass die von Maximilian angestrebte »Wiederherstellung der Reichsrechte« in Italien zum Umsturz der bestehenden Machtverhältnisse auf der Apenninenhalbinsel führen könnte. Aber wie einst sein Vater Friedrich III. ohne militärische Macht in Italien erscheinen, nur um sich krönen zu lassen, wollte Maximilian auf gar keinen Fall. Also mussten auch die von der Lagunenrepublik bewachten Tore zu Italien mit Gewalt geöffnet werden. Der gerade abgeschlossene Konstanzer Reichstag hatte wenigstens ein kleines Aufgebot und ein Minimum an Geld bewilligt, das wollte er nützen.

In Trient wurde das Hauptquartier für den bevorstehenden Krieg errichtet. Hier sammelte sich die gesamte Heeresmacht. Doch als Maximilian im Jänner 1508 eintraf, musste er erkennen, wie kläglich diese war. Statt 3000 Reiter und 9000 Knechte, die der Reichstag bewilligt hatte, standen an Reitern und Knechten zusammen nur 1000 Mann bereit. Und von den 120.000 bewilligten Gulden war erst ein Drittel eingetroffen. Zusammen mit den Fähnlein seiner Erbländer und des Schwäbischen Bundes und von ihm selbst angeworbenen Söldnern standen dem König nur 7000 Kämpfer zur Verfügung. Und das Geld war fast schon zur Gänze aufgebraucht. Einzig seine Artillerie war komplett, sie hatte er aus dem Innsbrucker Zeughaus heranführen lassen. Dagegen warteten, auf ganz Oberitalien verteilt und an den möglichen Einbruchstellen konzentriert, mindestens 10.000 Knechte des Königs von Frankreich und mehrere 10.000 Venezianer – die Kundschafter meldeten gar 60.000 –, davon allein 10.000 in Rovereto. Unter diesen Umständen musste Maximilian schon froh sein, wenn nicht die Venezianer ihrerseits nach Tirol vorstießen. Im Osten waren Friaul, Görz und Triest ohnehin völlig ungeschützt und mussten – wie dem König gemeldet wurde – mit einem Angriff starker Kräfte rechnen.

Was also tun? Maximilian entschloss sich, auf einen Angriff zu verzichten. Aber zurück konnte er nach der großspurigen Ankündigung des Romzuges auch nicht mehr. Er musste der Öffentlichkeit – und auch ohne die Möglichkeit moderner Medien blickte in diesen Wochen ganz Europa gespannt nach Trient – etwas Auffallendes, Großartiges als Ersatz anbieten. Und Maximilian wäre nicht das Propagandagenie gewesen, wenn ihm nicht etwas eingefallen wäre. Zunächst nahm er einen alten Plan auf, der ihm von früheren Päpsten vorgeschlagen worden war: eine Krönung in Oberitalien (jetzt nicht mehr denkbar) oder im Reich, wofür sich Trient anbot. Maximilian hatte den Papst auch schon um die Übersendung der Krone ersucht. Kardinallegat Carvajal war ja in Tirol und hätte die Zeremonie vornehmen können.

In Rom bearbeitete der Bischof von Brixen, Kardinal Melchior von Meckau, den Papst Julius II. in diesem Sinne (*siehe S. 212*). Vergebens. Immerhin erreichte er wenigstens die Zustimmung des Papstes zur Proklamation des Kaisertitels. Auf deren schriftliches Eintreffen wartete Maximilian aber nicht mehr, sondern wollte so schnell wie möglich die offensichtliche militärische Machtlosigkeit durch die Entfaltung kaiserlicher Pracht überstrahlen lassen.

Am 3. Februar zog Maximilian mit großem Gefolge und 1000 Reitern in der Bischofstadt ein, als Pilger gekleidet, um die beabsichtigte Romfahrt als frommes Unternehmen zu charakterisieren und seine Gegner der frevelhaften Störung derselben zu beschuldigen. Am Stadttor ergriff der König eine der aufgestapelten Kanonenkugeln und trug sie während des weiteren Ritts wie einen Reichsapfel in der linken Hand. Tags darauf versammelte er die mit ihm angekommenen Fürsten und Grafen, Vertreter mehrerer italienischer Stadtstaaten und befreundeter Mächte – unter ihnen der berühmte Niccolò Machiavelli für die Republik Florenz –, Persönlichkeiten aus der Bischofstadt und viel Klerus zu einer feierlichen Rede im Schloss, bei der es immer noch um die Kaiserkrönung ging, so als würde man am nächsten Tag nach Rom aufbrechen. Damit knüpfte Maximilian an die überlieferten Rituale an, die am Beginn eines jeden Romzugs standen. Danach ging es in feierlicher Prozession durch die zusammengeströmten Massen an Kriegsvolk, Mönchen, Nonnen und Priestern, Truppenteilen und Bewohnern der Stadt und der Umgebung zum Dom, der König in schwarzen Samt gekleidet auf einem Schimmel reitend, voran der Reichsherold mit entblößtem Reichsschwert. Wer fehlte, war die Königin, und auch keiner der sieben Kurfürsten war anwesend.

Maximilian bei einem Gastmahl in Trient
(zeitgenössisches Fresko an der Fassade
des Palazzo Geremia)

Im Dom angekommen, ließ sich der König in den vollen
vollem Kaiserornat einkleiden und eine der prächtigen
Hauskronen aufs Haupt setzen. So stieg er über die Stu-
fen zum damals noch erhöhten Chor und ließ von Bischof
Matthäus Lang verkünden, dass er willens sei, zur Kaiserkrönung nach Rom aufzubrechen und deshalb von nun
an »Erwählter Römischer Kaiser« zu nennen sei. Glück-
wünsche, Kaiserrufe, Orgelbrausen, Paukenschlag und
Trompetenschall leiteten über zur Kaisermesse, die vom
Weihbischof zelebriert wurde. Fürstbischof Georg von
Neideck nahm zwar am feierlichen Akt teil, hielt sich

aber zurück, weil die päpstliche Zustimmung zur Proklamation des Kaisertitels noch nicht eingetroffen war. Kardinallegat Carvajal hatte sich aus Furcht vor einer päpstlichen Rüge nicht einmal in den Dom getraut.

Schon am Tag nach den Feierlichkeiten begann der Krieg. Und schon ein paar Wochen später musste der Kaiser hoffen, die Venezianer zu einem Waffenstillstand bewegen zu können, und währenddessen auf den von mehreren Seiten angebahnten Wechsel im Bündnissystem warten. Diese Zusammenhänge und Ereignisse haben allerdings nur insofern mit der Bischofstadt Trient und ihrem Fürstbischof Georg von Neideck zu tun, als dieser es war, den Maximilian zusammen mit Paul von Lichtenstein und Zyprian von Serntein an der Spitze einer Delegation Ende März zu Verhandlungen nach Venedig schickte. Dort zeigte man sich freundlich gesinnt und zu einem Waffenstillstand auf ein Jahr bereit, ließ jedoch angesichts der Erfolgsmeldungen aus dem Kriegsgebiet Friaul-Görz geraume Zeit verstreichen, bis die Gespräche am 27. Mai im Kloster Santa Maria delle Grazie zwischen Arco und Riva fortgesetzt wurden. Wieder führte Bischof Neideck die kaiserliche Delegation an. Der Bischof von Trient hatte die Vollmacht, den Vertrag fertig auszuverhandeln und auch gleich zu unterzeichnen und zu siegeln, was am 10. Juni 1508 geschah. Dem Kaiser brachte es nicht nur eine Verschnaufpause, sondern die Möglichkeit, die von seinen Beratern betriebene Annäherung an den französischen König in eine neue Liga umzumünzen, die Venedig für kurze Zeit an den Rand des Abgrundes bringen sollte.

Als der Krieg im Mai 1510 vor Ablauf des Waffenstillstandes mit einem Überfall der Franzosen auf venezianisches Territorium wieder losbrach und Venedig halb Oberitalien samt den Städten Verona und Vicenza

Bischof Bernhard von Cles auf einem Fresko
in dem von ihm erbauten Nuovo Palazzo
des Castello del Buonconsiglio

kampflos den Kaiserlichen überließ, bestellte Maximilian Georg von Neideck zum Statthalter von Verona. Und der Bischof blieb in dieser Funktion während der folgenden Jahre mit ihren wechselvollen Kämpfen, die gerade auch um den Besitz von Verona entbrannten. Er blieb es bis zu seinem Tod im Jahre 1514. Sein Nachfolger im Bischofsamt, Bernhard von Cles, der einer Adelsfamilie aus dem Nonstal entstammte, übernahm auch die Statthalterschaft von Verona, bis die Stadt im Friedensschluss von Brüssel 1516 an Venedig zurückgegeben werden musste.

Bernhard von Cles, der in Bologna und Verona Rechtswissenschaften studiert hatte, bei der Wahl zum Bischof keine 30 Jahre alt war und die geistlichen Weihen erst 1515 empfing, war die bedeutendste Persönlichkeit in der Reihe der Trienter Fürstbischöfe. Er machte die Stadt und seine Residenz zu einem Zentrum der Renaissance und des Humanismus, vergrößerte laufend seine berühmte Bibliothek, berief bedeutende Künstler, korrespondierte mit Gelehrten – unter anderem mit Erasmus von Rotterdam – und setzte bauliche Akzente. Er fügte dem ehrwürdigen romanischen Dom Kuppel und Campanile hinzu, gab den Auftrag für die Kirche Santa Maria Maggiore und erweitere – wie schon berichtet – das Castello del Buonconsiglio. Maximilian weilte gerne an seinem Hof und in den Palais des Adels und reicher Bürgerfamilien, wo er die stark italienisch geprägte gehobene Lebensart genoss. Bischof Bernardus Clesius – wie er sich in der Art der Humanisten nannte – war nach Maximilians Tod einer der vertrauten Berater seines Enkels Ferdinand I., zudem dessen Kanzler und Präsident des Geheimen Rates. Der Papst ernannte ihn 1530 zum Kardinal.

Bezeichnend für das geistige Klima in Trient ist, dass es unter den Domherren einige bedeutende Humanisten und Gelehrte gab. Der bedeutendste war wohl Jakob de Banissis, der einige Jahre als sein »lateinischer Sekretär« mit dem Kaiser unterwegs war und auch als Gesandter in Venedig gute Dienste leistete.

Medaille des bedeutenden Trienter Domherrn Jakob de Banissis, auf der er sich vor dem Kaiser kniend darstellen ließ

VII

EIN KLOSTER
UND EIN STÄDTCHEN
AM OBEREN WEG

Es gibt eine ganze Reihe von Orten in Nord- und Südtirol, die eine besondere Rolle gespielt haben während der Regierungszeit Kaiser Maximilians I. – und sei es nur zu einem gewissen Anlass. Glurns im Vinschgau zum Beispiel ist schon deshalb erwähnenswert, weil die kleine Stadt an der wichtigen Verkehrsverbindung vom westlichen Oberitalien über das Wormser Joch nach Tirol und weiter nach Süddeutschland liegt, am sogenannten Oberen Weg. Der Hochzeitszug der Bianca Maria Sforza kam zum Beispiel hier durch. Und das Zisterzienserstift Stams war ein Stützpunkt für Maximilians Jagdausflüge. Einmal wurde hier auch Weltgeschichte geschrieben, als der römisch-deutsche König auf der Klosterwiese eine türkische Delegation zu Verhandlungen über einen Friedensvertrag empfing.

Die Szene eines Handschlags zwischen Papst Alexander VI. und Maximilian I. am Kenotaph in der Innsbrucker Hofburg (Ausschnitt) stellt symbolisch den Abschluss der Heiligen Liga von 1495 dar. Irgendwie kann die Szene ganz allgemein für die vielen Verhandlungen stehen, die an den verschiedensten Orten stattfanden, so auch in Glurns und in Stams, und für die wechselnden Bündnisse, für Waffenstillstände und Friedensschlüsse.

Stams und die türkische Delegation

Die Zisterzienserabtei Stams im Oberinntal hatte seit ihrer Gründung durch Graf Meinhard II. ein besonderes Nahverhältnis zu den jeweiligen Tiroler Landesfürsten. Sie schätzten das Kloster als Begräbnisstätte – Sigmund der Münzreiche ist noch dort begraben, danach nur mehr Maximilians zweite Gemahlin Bianca Maria Sforza – und Ort des Gebets, das sie mit reichen Stiftungen ausstatteten; die enge Beziehung hatte aber auch eine durchaus praktische Seite, die auch König Maximilian zu nutzen wusste. Bei den Zisterziensern war es seit jeher verpflichtende Tradition, den Gründer und seine Nachkommen unentgeltlich bei sich aufzunehmen. Die Habsburger scheuten sich nicht, diese »Hospitalitas« auch auf Gefolge und Gäste auszudehnen, was sich zu einer argen Belastung des Klosterbudgets entwickelte.

Am ärgsten war es unter Sigmund dem Münzreichen, als zum Beispiel während einer viertägigen Jagd – in heutige Maße umgerechnet – ca. 600 Liter Wein sowie an Lebensmitteln 1220 Brote, 67 Stück Federvieh, 300 Eier, 50 kg Rindfleisch, 16 kg Schweinefleisch, 15 kg Schmalz verbraucht wurden, von Kerzen, Pferdefutter und anderen Produkten ganz abgesehen. Es braucht wohl nicht gesagt zu werden, dass die landesfürstliche Kammer die dafür ausgestellte Rechnung nie bezahlt hat. Über solche Besuche hinaus wurde verlangt, die ständig in den Revieren der Umgebung tätigen Jäger samt ihren Hunden aufzunehmen und zu versorgen, was nicht nur Kosten verursachte, sondern auch Unruhe und Ärger. Denn die Jäger führten – klagt der Klosterchronist Wolfgang

Auf diesem Ausschnitt aus einer um 1600 entstandenen Ansicht der Hofmark des Stiftes Stams kann man gut erkennen, wie das Kloster zur Zeit Maximilians ausgesehen hat. Die großen Veränderungen kamen erst nachher.

Lebersorg – ein Leben, »*das einem christlichen Menschen völlig unwürdig ist. Sie scheuten sich nicht, mit ihrem geschmacklosen Gelärme und dem Bellen ihrer Hunde den Gottesdienst zu stören, und begingen auch andere gottlose Sünden*«, die er lieber verschweigen wolle. Im Jagdbuch Kaiser Maximilians werden im Gericht St. Petersberg, zu dem Stams gehörte, die »*gembsgejaid*« an der Magerbachwand und am Kammereck wegen ihrer leichten Erreichbarkeit besonders hervorgehoben, denn dort »*mag der landsfürst der jedes ains tags vom closter Stambs oder von Ymbst* [Imst] *aus bejagen und an denselben enden widerum Herberg haben*«.

Maximilian weilte so gerne in Stams, dass er daran dachte, sich wie Sigmund einen eigenen Wohnbereich einrichten zu lassen. Hatte sich Sigmund noch mit einem »Stüberl« begnügt, das nach ihm auch Maximilian benützte, gab der König 1515 den Befehl, im Klostergarten für ihn ein Haus zu bauen. Das Projekt wurde aber bis zu seinem Tod nicht fertig, der Rohbau blieb fast ein Jahrhundert lang stehen und wurde 1610 abgerissen, als der damalige Landesfürst Maximilian III. mit dem Bau eines Fürstentraktes begann. Neben der üblichen Hofgesellschaft lud Maximilian gerne Gäste aus aller Herren Länder ein, die er während seiner Aufenthalte in Tirol zur Audienz empfing und dann gerne zur Jagd lud.

Im Sommer 1497 schaute ganz Europa nach Stams. König Maximilian I. machte das Stift zum Schauplatz von Verhandlungen mit einer Delegation des türkischen Sultans Bayezid II. Es ging um nichts weniger als um einen Frieden mit dem nach Europa drängenden Osmanischen Reich, das 1453 Konstantinopel erobert hatte und seitdem immer wieder Kriegs- und Beutezüge über die Balkanhalbinsel nach Norden schickte. Maximilian war die heilige Pflicht 1459 in die Wiege gelegt worden, dem Vordringen eines andersgläubigen Herrschers Einhalt zu gebieten. Immerhin war der von den Türken in die Flucht getriebene bosnische Wojwode Nikolaus Ujlak sein Taufpate. Auch als Mitglied und Förderer des St.-Georg-Ritterordens, den sein Vater zusammen mit Papst Paul II. zur Abwehr der Türkengefahr gegründet hatte, war ihm die Sicherung der Südostgrenze des Reichs ein Hauptanliegen. Einen bereits bis ins Detail entworfenen Kreuzzugsplan musste Maximilian Mitte der 1490er Jahre aufgeben, weil die europäischen Mächte uneins waren, ja mehr noch, weil der alte Rivale Frankreich die Vorherrschaft Habsburgs in Europa nicht akzeptieren konnte und ein Krieg unausweichlich schien. Dafür brauchte Maximilian Ruhe am Balkan.

Der Kontakt zum türkischen Sultan Bayezid II. wurde über einen gebürtigen Griechen geknüpft, der als türkischer Untertan in Italien Handel trieb und gleichzeitig in diplomatischen Diensten des Sultans stand. Er trat als Andreas Grecus auf, die Türken nannten ihn Pontcaracce. Nach einer ersten Begegnung mit dem deutschen König in Vigevano bei Pavia traf der türkische Diplomat im Juni 1497 mit einer größeren Delegation in Venedig ein und wurde nach Innsbruck weitergeschickt. Maximilian hatte damals seine Residenz für eineinhalb Jahre in Innsbruck aufgeschlagen, von wo aus er kreuz und quer durch das nördliche Tirol und das Allgäu ritt. In Füssen erfuhr er vom Eintreffen der Türken und lud sie zu einem diplomatischen Treffen nach Stams ein, weil in der Tiroler Landeshauptstadt gerade eine Seuche wütete. Wo sich der König gerade aufhielt, fanden sich meist Herzöge, Kirchenfürsten und Gesandte auswärtiger Mächte in größerer Zahl ein. Und so war es auch ein illustres Publikum, das vom 23. bis 25. Juli 1497 in Stams zusammenkam.

Dementsprechend gibt es auch mehrere Berichte über das diplomatische Treffen. Den ausführlichsten enthält ein Brief des päpstlichen Legaten nach Rom. Der König besuchte in der Früh die Messe in der Klosterkirche und ergötzte sich anschließend auf einer mehrstündigen Jagd. Kurz vor Mittag versammelte sich die ganze Gesellschaft zum Mahl in einem Zelt, das auf der »Herzogswiese« beim Kloster aufgestellt worden war. Danach bot Maximilian dem türkischen Gesandten das Vergnügen einer Schaujagd. Zusammen mit anderem Wild wurde ein Hirsch auf die umzäunte Wiese getriebenen, und der Gast durfte ihn »auf türkische Art« mit einem Wurfspieß erlegen.

Schließlich begann die Audienz. Maximilian saß vor einem festlich geschmückten Zelt auf einem erhöht aufgestellten Thron, zu seiner Rechten hatten der päpstliche Legat und die Gesandten von Neapel und Venedig

Ein Mitglied der türkischen Gesandtschaft,
die im Juni 1497 in Stams mit König Maximilian
verhandelte, als Gast bei einem Ausflug der
Hofgesellschaft auf der »Langen Wiese« bei
Innsbruck (Ausschnitt aus einer Miniatur von
Jörg Kölderer im »Tiroler Fischereibuch«)

Platz genommen, auch mehrere Grafen und Räte. Die
Stühle zur Linken des Königs waren für den Kurfürsten
von Sachsen und seinen Bruder bestimmt, weiters für
Herzog Georg den Reichen von Bayern und die Bischöfe
von Augsburg und Brixen sowie einige andere hochge-
stellte Personen aus deren Begleitung. Der türkische
Gesandte stand dem König gegenüber, ihm zur Seite
Maximilians Kanzler Dr. Stürtzel und der Marschall des
Rates, beide mit Sekretären, hinter dieser Gruppe Mit-
glieder der türkischen Delegation, sowie Adelige, Räte

und Hofbeamte. Begrüßungen wurden ausgetauscht, der türkische Diplomat übergab ein Schreiben des Sultans und hielt eine Rede, in der es um die von Maximilian gewünschte Freundschaft mit dem Herrscher des Osmanischen Reichs und dessen positive Haltung dazu ging. Er verwendete – wie im diplomatischen Verkehr der Türken mit europäischen Staaten üblich – die italienische Sprache. Der neapolitanische Gesandte übersetzte Satz für Satz ins Lateinische. Für diejenigen Anwesenden, die weder das Italienische noch Latein beherrschten, wurde die Rede anschließend auch in Deutsch vorgelesen.

Danach zogen sich die Hauptpersonen des Treffens zu Beratungen ins Zelt zurück. Zum Schluss hielt Maximilian eine Rede in deutscher Sprache. Er sprach noch einmal von seinem Wunsch nach einem Ende der fortwährenden Waffengänge und erinnerte an den schon einmal gemachten Vorschlag, der Sultan und er mögen sich – um das Blut ihrer Völker zu schonen – zu einem Zweikampf treffen, der allein über Sieg und Niederlage entscheiden sollte. Mit der Aushändigung von Geleitbriefen für eine Gesandtschaft des Königs nach Konstantinopel und der Übergabe von Geschenken endete die Audienz. Die Abgesandten des türkischen Herrschers blieben noch über den Sommer in Tirol, nahmen an höfischen Jagdausflügen teil und wurden zu Konzerten der Hofmusik und verschiedenen Festlichkeiten eingeladen.

Der in Stams angebahnte Waffenstillstand wurde im folgenden Jahr nach weiteren Verhandlungen in der türkischen Hauptstadt abgeschlossen und hielt bis nach dem Tod des Kaisers. Die türkische Gesandtschaft des Jahres 1497 erregte die Phantasie der Zeitgenossen und der Nachwelt. Es wurde sogar verbreitet, der türkische Sultan hätte um die Hand von Maximilians Schwester Kunigunde angehalten. Nichts als ein Märchen.

Glurns – zweimal im Brennpunkt der Geschichte

Wenn man zur Zeit Kaiser Maximilians von Innsbruck nach Mailand reisen wollte, dann führte der kürzeste Weg über den Reschenpass zum Städtchen Glurns und weiter über das Wormser Joch. Es war allerdings nur zu Fuß oder hoch zu Ross passierbar. Für den Warentransport benutzte man Saumtiere. Der Name ist heute auf keiner Landkarte mehr zu finden, und nur Historiker wissen, was es damit auf sich hat. Der Pass führt unweit des heute viel bekannteren Stilfser Jochs nach Bormio und ins Veltlin. Der deutsche Name für Bormio war Worms, deshalb der Name des Übergangs, dessen nördlicher Endpunkt Santa Maria im Münstertal (rätoromanisch Val Müstair) war, das bei Glurns abzweigt und den Vinschgau mit dem Unterengadin verbindet. Bis lange in die Neuzeit hinein waren die Herrschaftsrechte im Unterengadin zwischen den Grafen von Tirol und dem Bischof von Chur geteilt. Staatsrechtlich gehörte das Münstertal jedenfalls zu Österreich, sodass ein Tiroler bis zum Wormser Joch hinauf den heimatlichen Boden nicht verließ.

Den Bauern des Val Müstair und des Unterengadins war es schon im 15. Jahrhundert gelungen, die Steuerpflicht Tirol gegenüber abzuschütteln. Als Mitglieder des »Gotteshausbundes« gewannen sie immer mehr Eigenständigkeit, auch gegenüber dem Bischof von Chur. 1652 verkaufte Landesfürst Ferdinand Karl die verbliebenen habsburgischen Rechte an den inzwischen der Schweizer Eidgenossenschaft angeschlossenen »Freistaat der Drei Bünde« (Grauer Bund, Gotteshausbund,

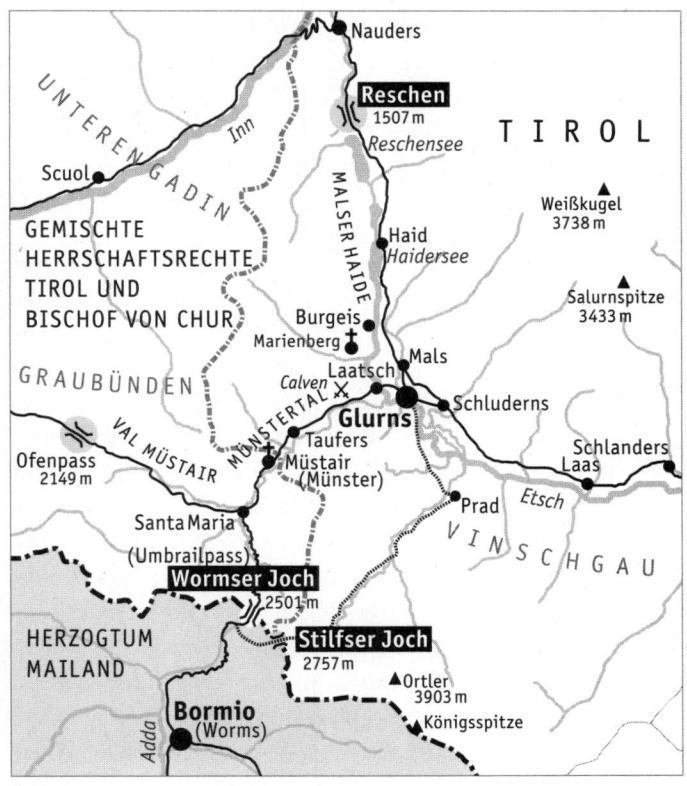

Karte der vom Vinschgau nach Italien
führenden Übergänge

Zehngerichtebund), womit die staatsrechtliche Zugehörigkeit zu Österreich auch offiziell endete. Die Grenze
quert seit damals zwischen Müstair (Münster) und Taufers das Tal. Das Dorf Santa Maria, der Ausgangspunkt
zum Wormser Joch, liegt auf der Schweizer Seite. Nicht
nur als Tiroler benützte man seit damals lieber den »Stilfser Weg«, wenn man nach Bormio und ins westliche
Oberitalien wollte. Die einst wichtige Verbindung über
das Wormser Joch verlor ihre Bedeutung, der Weg verfiel

zusehends. Die zwischen 1820 und 1825 von Österreich gebaute Straße über das Stilfser Joch (2757 m) war eine viel bequemere Alternative und auch für Fuhrwerke geeignet. Ausschlaggebend für den Bau war die Tatsache, dass die Lombardei damals zu Österreich gehörte und eine verkehrstaugliche Verbindung vor allem aus militärischen Gründen notwendig war. Erst Ende des 19. Jahrhunderts entschloss man sich auch in der Schweiz, statt des alten Saumpfades eine kurven- und kehrenreiche Fahrstraße über das Wormser Joch zu bauen. Sie wurde 1901 eröffnet und mündet bald nach dem höchsten Punkt (2505 m) auf italienischer Seite in die Stilfser-Joch-Straße. Wie unbedeutend die hauptsächlich für das Militär gebaute Straße weiterhin blieb, zeigt schon die Tatsache, dass bis 2008 in der Nacht kein Grenzübertritt möglich war. Mit dem Straßenbau verschwand auch der alte Name. Der Übergang heißt heute Umbrailpass.

Es hat sich also umgekehrt: Was heute das Stilfser Joch ist, war früher das Wormser Joch, zumindest bis weit in die Neuzeit hinein. Der Weg war für Waren und Personenverkehr ein Zubringer zum sogenannten »Oberen Weg«, der von Trient, Bozen und Meran über den Reschen, Landeck, Imst und den Fernpass nach Augsburg führte. Wo die beiden Wege zusammenkommen, gründete Landesfürst Meinhard II., Graf von Tirol, das ummauerte Städtchen Glurns zur militärischen Sicherung, vor allem aber als Marktplatz. Es sollte dem vom Churer Bischof beim karolingischen Kloster St. Johann in Müstair gegründeten Markt Konkurrenz machen. Was auch gelang. Bald wurde der zu Bartholomäi (24. August) abgehaltene Jahrmarkt in Glurns von Kaufleuten aus Bormio, Como, Brescia, Cremona und Mailand rege besucht.

In der Hauptsache war Glurns jedoch Umschlagplatz im internationalen Transportwesen, weil hier die

Bis heute ein ummauertes Städtchen
geblieben: Glurns

Ballen, Säcke und Körbe mit den verschiedenen Waren
von den Pferde- oder Ochsenkarren auf Saumtiere umge-
laden werden mussten. Auf seinem Weg von Norden nach
Süden wurde das Salz aus Hall in Glurns gewogen, geprüft
und auch auf Lager genommen. In ähnlicher Weise war
hier die Niederlage für die Gegenfracht: Südfrüchte und
Gewürze, vor allem aber Wein. Für den Veltliner Wein
saßen hier »*geschworene*« Weinschreiber und Wein-
messer. Notare standen bereit, um Kaufverträge abzuschließen und andere Rechtshändel durchzuführen.

Handel und Verkehr waren die Lebensgrundlage der
Bewohner von Glurns, aber auch im benachbarten Dorf
Mals und überhaupt entlang des ganzen Oberen Weges
hatten viele Wirtshäuser und das Verkehrshilfsgewerbe
wie Sattler oder Wagner gute Verdienstmöglichkeiten.

Der Fröhlichsturm in Mals als Rest der
ehemaligen landesfürstlichen Burg

Vorspanndienste waren vor allem am schwierigen Steil-
stück von der befestigten Talsperre Finstermünz hinauf
nach Nauders viel beschäftigt. Dem Landesfürsten und
seinem Gefolge standen im Verlauf der Strecke zahlreiche
Burgen, Ansitze und Gerichtshäuser als Raststätten und
standesgemäße Unterkunft zur Verfügung. Maximilian
war öfter am Oberen Weg unterwegs.

Aufregende Tage erlebten die Menschen entlang des
Oberen Weges, als sich im Dezember 1493 ein langer
Zug über das verschneite Wormser Joch bewegte. Die
Nichte des Mailänder Regenten Ludovico Sforza reiste,
per Stellvertreter frisch mit König Maximilian vermählt,
mit dem gesamten Hofstaat zu ihm nach Tirol, um noch
einmal, diesmal mit dem »richtigen« Gatten Hochzeit
zu feiern und in ihre Innsbrucker Residenz einzuziehen

(siehe S. 169/170). Raststation nach dem beschwerlichen Übergang war das Dorf Mals mit seiner landesfürstlichen Burg, von der heute nur mehr der »Fröhlichsturm« erhalten ist. Bianca Maria wurde dort nicht nur von Tiroler Regierungsvertretern, sondern auch vom Churer Bischof begrüßt.

Zwei spektakuläre Ereignisse während der Regierungszeit Maximilians I. bleiben für immer mit dem Namen Glurns verbunden. Sie hätten unterschiedlicher nicht sein können. Im Juli 1496 berief der König Vertreter der »Heiligen Liga« zu Beratungen in den oberen Vinschgau. Denn dieses ein Jahr vorher abgeschlossene Bündnis zwischen dem Papst, Venedig, dem Herzogtum Mailand und dem Heiligen Römischen Reich Deutscher Nation hatte zwar die Hauptmacht der in Italien eingedrungenen Franzosen wieder vertreiben können, doch war der entscheidende Sieg versäumt worden, da Maximilian mangels Unterstützung der deutschen Fürsten nicht selbst mit starker Macht in Italien eingreifen hatte können. So waren die ersten Erfolge verpufft und die Liga zeigte bereits Auflösungserscheinungen, als im Frühjahr 1496 der französische König Karl VIII. sich anschickte, neuerlich in Italien einzufallen, wo er ja noch immer einige Stützpunkte besetzt hielt, und die Apenninenhalbinsel endgültig unter seine Kontrolle zu bringen. Fast schon verzweifelte Hilferufe der Gegner Frankreichs ließen den römisch-deutschen König daran denken, auch ohne Unterstützung durch das Reich nach Italien zu ziehen. Immerhin bestand die Heilige Liga noch, und die Verbündeten versprachen Soldaten und Geld, der Papst die Kaiserkrönung. Nur Venedig hielt sich zurück, taktierte vorsichtig, denn die Regierung der Lagunenrepublik wollte auf keinen Fall eine französische Vorherrschaft gegen die des Kaisers eintauschen.

Das war die Situation, als Maximilian am 17. Juli 1496 in Glurns eintraf, im Gerichtshaus Quartier nahm und in dessen Garten ein großes Zelt für die bevorstehenden Empfänge und Besprechungen aufstellen ließ. Die bereits angereisten venezianischen Bevollmächtigten waren im Kloster Marienberg untergebracht. Für den noch nicht erschienenen Herzog Ludovico Sforza war die Unterkunft in der Malser Burg vorbereitet. Außerdem waren der päpstliche Nuntius, zwei spanische Gesandte, diplomatische Vertreter von Savoyen, der piemontesischen Grafschaft Montferrat, der Republik Pisa und Beobachter einiger kleiner Herrschaftsgebiete und Städte schon anwesend oder kurz vor dem Eintreffen. Sie bekamen Quartiere in den Wirtshäusern von Mals, Glurns und der Umgebung oder bei kleinen Landadeligen zugewiesen. Außer König und Herzog waren alle mit eher kleinem Gefolge in den Vinschgau geritten.

Insgesamt waren in Glurns und Mals 700 Menschen und 1600 Pferde mehr unterzubringen und zu verpflegen als in normalen Zeiten. Mehrere Dutzend Fuhrwerke transportierten Maximilians Gepäck, dessen Umfang man sich vorstellen kann, wenn man bedenkt, dass auch in einem kleinstädtisch-dörflichen Ambiente das Auftreten des Königs möglichst repräsentativ bis prunkvoll gestaltet werden musste. Man trug Harnisch oder Festgewand, breitete kostbare Teppiche aus, und allein die Federbüsche für die Kopfbedeckungen des Gefolges füllten eine riesige Truhe. Es war damals üblich, für ein fürstliches Treffen alle Beteiligten neu einzukleiden, was Maximilian offenbar nicht wirklich geschafft hatte. Wie heikel dieser Punkt war, merkt man an den spöttischen Bemerkungen über den schlechten Zustand der Ausstattung des königlichen Gefolges, die der venezianische Diplomat Foscari in seinen Bericht einfließen ließ.

Am 20. Juli ritt Maximilian in aller Früh mit großem Gefolge dem Mailänder Herrscherpaar entgegen, das nach der Überquerung des Wormser Jochs in Müstair die Nacht verbracht hatte. Der Gastgeber wartete mit königlichem Prunk auf: Er wurde begleitet von 50 Adeligen in welschem Rock aus grünem Damast und Hosen in Weiß-Gelb-Rot, von 100 edlen Herren mit Brustharnisch und Hellebarde, 300 Landsknechten mit weißen Spießen, deren Wams und Hose aus Seide geschneidert waren; schließlich umgaben ihn zehn Räte in schwarzem Samtrock. Nach der zeremoniellen Begrüßung ritt man nach Mals, wobei Maximilian noch am Weg die Gelegenheit nutzte, mit seinem Bündnispartner, Geldgeber und »Schwiegeronkel« erste vertraute Gespräche zu führen. Noch am selben Abend begannen die offiziellen Verhandlungen. Maximilian eröffnete sie im Gartenzelt mit einer persönlichen Ansprache.

Die in Glurns vertretenen Mächte hatten sehr unterschiedliche Ziele und Hoffnungen. Der päpstliche Legat, Ludovico Sforza und die Delegierten von Savoyen und Pisa wollten vor allem eine fixe Zusage des Königs, möglichst rasch mit einem eigenen Heer in Italien zu erscheinen, um den französischen König fernzuhalten oder ihm entgegenzutreten, sollte er wirklich einen Angriff wagen. Maximilian wusste, dass daran nicht zu denken war, und forderte die von Frankreich bedrohten Fürsten und Stadtstaaten auf, selbst genügend Truppen aufzubieten und zu finanzieren; er würde sich dann an deren Spitze stellen und der französischen Aggression Einhalt gebieten. Er ließ sie aber nicht im Unklaren darüber, dass seine Ziele weit darüber hinausgingen. Er wollte einer französischen Vorherrschaft über ganz Europa zuvorkommen und dem König von Frankreich nicht nur defensiv entgegentreten, sondern die »Heilige Liga« zu einem Offensivbündnis machen, Frankreich innerhalb von dessen Grenzen von allen Seiten angreifen und ein für alle Mal als Machtfaktor ausschalten. Die venezianischen Gesandten schließlich wollten beides nicht, ohne es offen zuzugeben. Ihr Ziel war es, die eigene Herrschaft am Festland abzusichern und im Sinne des bewährten Gleichgewichts der Kräfte in Oberitalien keine Macht zu stark werden zu lassen. Also hielt man den König mit halbherzigen Zusagen hin. Letztlich war es allein Maximilian, der sich in Glurns konkret zu etwas verpflichtete. Er ließ sich nämlich dazu hinreißen, einen baldigen Italienzug zu versprechen, ohne dafür irgendwelche Garantien auf Unterstützung von Seiten der in Glurns vertretenen italienischen Mächte erhalten zu haben.

So ging man auseinander. Und Maximilian stolperte, indem er auf bloße Versprechungen seiner Verbündeten vertraute, in ein Italienunternehmen, das »auf Stelzen« ging, wie er dem befreundeten Herzog von Sachsen schrieb: Dem großmächtigen Auftreten fehlte die sichere Grundlage – das Geld und wirklich zuverlässige Verbündete. Dementsprechend sollte es im Fiasko enden. Doch das hat nichts mehr mit Glurns und den dortigen Verhandlungen zu tun. Und es betraf das Städtchen auch nicht unmittelbar. Anders drei Jahre später, als unglückliche Politik und ein Krieg, an dem das Tiroler Regiment nicht unschuldig war, Tod und Verwüstung brachte.

Es waren nicht so sehr die Bestrebungen der Schweizer Eidgenossenschaft, faktisch längst schon ein eigenständiges Staatswesen, ihre Zugehörigkeit zum Heiligen Römischen Reich auch formal zu beenden, die zum Schweizerkrieg von 1499 geführt hatten. Vielmehr lagen die Gründe im wachsenden Gegensatz der immer selbstbewusster gewordenen Schweizer Bauern und dem aus süddeutschen Städten und Adeligen bestehenden

Schwäbischen Bundes. Beiderseitige Rüstungen, wüste Beschimpfungen und Spottgefechte entlang der Rheingrenze, ein Krieg der Worte also, hatten eine Versöhnung und den von Maximilian gewünschten Ausgleich der Interessen unmöglich gemacht. Auch im Grenzgebiet des Oberen Vinschgau zum Unterengadin häuften sich Streitigkeiten und Übergriffe, vor allem dort, wo sich Rechte und Ansprüche der habsburgischen Grafschaft Tirol und des Churer Bischofs überschnitten und die Churer Untertanen sich der Unterstützung der Graubündner im Mittel- und Oberengadin versichert hatten. Der Graue Bund wiederum hatte inzwischen ein Schutz- und Trotzbündnis mit der Eidgenossenschaft abgeschlossen.

Ausgerechnet in einer Situation, in der der König einmal nicht den Krieg als Mittel der Politik einsetzen wollte, fiel ihm das Tiroler Regiment in den Rücken, wollte in einem lokalen Streitfall Härte zeigen und löste durch die gewaltsame Besetzung des Klosters in Müstair den Konflikt aus. Von den Talbewohnern zu Hilfe gerufene Graubündner eroberten das Kloster zurück, stießen in den Vinschgau vor und richteten bis Meran hinunter schlimme Verwüstungen an. Während der Churer Bischof einen letzten Versuch unternahm, weitere Kämpfe zu verhindern und besonnene Anführer zu Verhandlungen nach Glurns lud, stürmten schon die Bundesgenossen beider Parteien, die Eidgenossen und der Schwäbische Bund, aufeinander los. In wenigen Wochen waren fast ganz Vorarlberg und weite Gebiete der Vorlande in ihrer Hand. In Köln erklärte ein Reichstag den Schweizern den Reichskrieg, ohne dass irgendjemand danach gehandelt und Bewaffnete aufgeboten hätte. Nichts passierte. Maximilian war gerade in den Niederlanden in Kämpfe verwickelt, musste diese aber wohl oder übel beenden, in den Süden des Reichs eilen und sich an die Spitze eines von ihm nicht gewollten Feldzuges stellen.

Während die Schweizer – abgesehen von lokalen Konflikten an der Tiroler Grenze – für ihre Befreiung von der Bevormundung durch das Reich und gegen den Hochmut des schwäbischen Adels kämpften, wusste in Tirol kaum jemand, warum es eigentlich ging, als die Aufgebote der Städte und Gemeinden ausrücken mussten. Denn im Prinzip hatten die Tiroler ja nichts gegen ihre Schweizer Standesgenossen. Dass man Ende März 1499 unter Führung des Feldhauptmanns Ulrich von Habsperg raubend und plündernd in das Unterengadin einfiel, mag manchem als Rache für die Verwüstung des Vinschgaus recht und billig vorgekommen sein. Damit hätte aber auch Schluss sein können. Doch die Graubündner sahen das anders. Sie rückten nun ihrerseits wieder gegen Glurns vor. An der Calven, am Übergang des Vinschgaus zum Münstertal, hatte Ulrich von Habsperg vier Basteien aus Holz aufbauen lassen und mit Kanonen bestückt. In ihrem Schutz warteten 5000 Tiroler Kriegsknechte und eine kleine Söldnertruppe.

Den Schweizern gelang es am 22. Mai 1499, die Wehranlagen zu umgehen und die Verteidiger unter Schlachtrufen und Hörnerklang von zwei Seiten anzugreifen. Das blutige Ringen dauerte mehrere Stunden und zog sich bis an den Rand der Malser Heide. Habspergs schwere Panzerreiter griffen nicht ein, sondern flohen, als es auch für sie gefährlich wurde. So endete der Tag im Gemetzel, da die Schweizer »*nach dem frommen Brauch der Altvordern*« – so der Bericht des Chronisten – keine Gefangenen machten. Aber auch sie verloren an die tausend Mann. Trotzdem verfolgten sie die Tiroler sengend und mordend den Vinschgau hinab. Die Mauern von Glurns wurden mittels der erbeuteten Pulverfässer »*im Rauch*

Die Schlacht an der Calven bei Glurns in Diebold
Schillings Luzerner Bilderchronik von 1513

gen Himmel geschickt«, die Häuser geplündert und ange-
zündet. Erst nach drei Tagen beendeten die Graubündner
ihr Wüten und verließen Tirol mit reicher Beute an
Geschützen, Harnischen, Handwaffen, Lebensmitteln
und diversen Kostbarkeiten. Auch das Tiroler Haupt-
banner nahmen sie mit.

König Maximilian lagerte mit seinem Heer in Landeck, als ihm ein Bote die Nachricht von der Katastrophe
an der Calven überbrachte. Als er mehrere Tage danach
selbst das zerstörte Glurns erreichte, bedeckten immer
noch über 5000 Leichen, vielfach der Kleider beraubt,
die Felder der Umgebung. Es wird erzählt, dass der
Monarch die Tränen nicht zurückhalten konnte.

VIII

DER GROSSE WAIDMANN

Man bezeichnet Kaiser Maximilian I. gerne als den letzten Ritter. Durchaus berechtigt, wenn man sein Faible für Turniere und sein in vielen Belangen mittelalterliches Denken meint, gleichzeitig aber seine Hinwendung zu den neuen humanistischen Ideen bedenkt und die Anwendung moderner Technik im Kriegswesen. Doch es gibt einen von ihm selbst stammenden Begriff, der ihn nicht minder treffend charakterisiert: der große Waidmann. Die Jagd war sein Lebenselixier, könnte man fast sagen, er ließ sich durch keine noch so dringenden Geschäfte davon abhalten. Sie war ihm sportliche Ertüchtigung und geistige Erholung, Naturerlebnis und die Möglichkeit, mit einfachen Leuten in Kontakt zu kommen. Man mag es kaum glauben, aber auch das war ihm wichtig. Er schreibt das selber in seinem »Geheimen Jagdbuch«.

Die Jagd war für Maximilian körperliche Ertüchtigung und Naturerlebnis. Gerne ließ er sich von Gästen und vor allem von der weiblichen Hofgesellschaft, dem Frauenzimmer, beim Jagen auf Gämsen zuschauen, wie es hier in einem Holzschnitt aus dem Ritterroman »Theuerdank« dargestellt ist (Ausschnitt). Es galt als höchste waidmännische Kunst, die Gämsen mit einem langen Spieß *»aus der Wand zu stechen«*.

Die Martinswand und
die Jägerei

Fast senkrecht ragt westlich von Innsbruck die Martinswand direkt vom Tal in die Höhe. Sie wäre auch ohne die bekannte Sage von Kaiser Maximilian, der sich im Fels verstiegen hatte und von einem Engel gerettet wurde, etwas Besonderes. Als Johann Wolfgang von Goethe 1786 darunter vorbeifuhr, zeigte ihm der Kutscher die Höhle hoch oben im Fels und erzählte dazu diese Geschichte. Und der Dichterfürst notierte im Tagebuch: *»Zu dem Platze, wohin Kaiser Maximilian sich verstiegen*

TYROL

Die Höhle an der Martinswand.

*haben soll, getraue ich mir wohl ohne Engel hin und her
zu kommen, ob es gleich immer ein frevelhaftes Unternehmen wäre.«* Heute weiß in Tirol jedes Schulkind,
dass sich in den steilen Felsen im Westen von Innsbruck
etwas Aufregendes zugetragen hat.

Als kühner Jäger stieg Maximilian in die Wand ein,
kletterte zu mutig einer Gämse nach und konnte plötzlich weder vor noch zurück. Keine Hilfe in Sicht. Nach
zwei Tagen und Nächten ließen seine Kräfte nach. In
Todesängsten rief der fürstliche Jäger ins Tal hinunter,
der Pfarrer von Zirl solle die Monstranz mit der heiligen Hostie zum Fuß der Wand tragen und himmlischen
Beistand erflehen. Bald kam von Zirl herüber eine kleine
Prozession, der Priester hob die Monstranz, vom Fuße

der Wand und aus Maximilians Herzen flogen Gebete zum Himmel. Plötzlich näherte sich dem Kaiser über einen vorher nicht sichtbar gewesenen Steig ein Jägerbursch und brachte den hohen Herrn in Sicherheit. Im Tal angekommen, jubelte das Gefolge und das herbeigeeilte Volk. Als Maximilian seinem Retter danken wollte, war dieser verschwunden. So wurde in der Sage aus dem Jägerburschen ein Engel.

Das Abenteuer Maximilians I. in der Martinswand ist keine romantische Erfindung späterer Jahrhunderte. Schon wenige Jahrzehnte nach des Kaisers Tod wurden Reisende auf die Geschichte aufmerksam gemacht. Auf sie verwies auch das Kreuz in der Grotte hoch über dem

Die Martinswand mit Blick ins Oberinntal (links Maximilians Jagdschloss Martinsbühel). Kupferstich von G. Bodenehr, ca. 1680

Tal. Maximilian selbst hatte es in dankbarer Erinnerung an seine Errettung aufstellen lassen. Später rätselten nur die Historiker darüber, wann sich diese dramatische Situation in der Martinswand abgespielt haben könnte. Auf einem Stein am Straßenrand nahe dem Schloss Martinsbühel steht: »*Wanderer / Blicke empor in die Martinswand / Wo Kaiser Max am Rand / Seines Grabes stand.*« Und dazu die Jahreszahl 1484, was sicher falsch ist, denn um diese Zeit war Maximilian noch nicht in Tirol. Vor 1490 kann es nicht gewesen sein. Wegen der ersten Erwähnung des Kreuzes aus dem Jahr 1507/08 nahm man meistens an, das Ereignis hätte um 1505/06 stattgefunden. Ende 2018 hat Sabine Weiss in einem Vortrag

Das IHNTHAL zwischen Zierle und Inspruck sampt der St. Martins Wand.

vor dem Tiroler Geschichtsverein erstmals von einem Dokument aus dem Jahr 1499 berichtet, in welchem einem Jägerknecht höherer Sold und eine jährliche Pension zuerkannt wird und das sie mit dem historischen Hintergrund der Sage in Verbindung bringt. Damit ist Maximilians Abenteuer in der Martinswand jetzt noch konkreter geworden.

Von seinen gefährlichen Jagderlebnissen erzählt Kaiser Maximilian in seinen autobiographischen Werken immer wieder. Ohne Angabe von Ort und Zeit allerdings, doch erfährt man im Ritterroman »Theuerdank«

Im Theuerdank erzählt Maximilian von gefährlichen Jagdabenteuern. Hier entkommt er einer Lawine.

genauere Einzelheiten aus dem ergänzenden Kommentar des Nürnberger Propstes Melchior Pfinzing, der die Endfassung des von verschiedenen Autoren nach kaiserlichen Diktaten verfassten Werks schuf. Theuerdank (Maximilian) bleibt einmal mit einem Steigeisen zwischen Steinen stecken, ein andermal rutscht er »*am Gufel im unteren Inntal*« auf einem moosigen Felsen aus und hat Glück, nicht in die Tiefe zu stürzen, oder er entkommt im Halltal knapp einer Lawine. Auch von einer gefährlichen Bärenjagd nahe Schloss Tirol bei Meran wird berichtet und von mehreren Begebenheiten bei der Wildschweinjagd in der Nähe von Brüssel. Ähnliches widerfährt Maximilian als Weißkunig in der gleichnamigen Autobiographie.

Was das »Geheime Jagdbuch« an Jagderlebnissen enthält, ist eine Aufzählung von Kuriositäten oder von Erfolgen, die dem Begriff Jägerlatein nahekommen. Dafür ist alles andere in dieser Schrift von größtem Interesse, weil wir hier den Kaiser ganz konkret auf der Jagd erleben. Das Buch besteht nämlich aus gesammelten Notizen Maximilians, zum Teil mit eigener Hand geschrieben, zum Teil einem Sekretär diktiert, und gibt seine Jagderfahrungen an den Enkel weiter, der Nachfolger in den österreichischen Erblanden werden wird. Wenn wir eine gewisse sinnvolle Reihenfolge in die ungeordneten Ratschläge bringen wollen, so beginnen wir am besten mit diesem Punkt: »*So du an die gejaidt wildt oder gembssen Jagen so Muestu gewondlich zu dreien Uren auff sein das du zuvor mes horst und ist.* [Wenn du auf die Jagd willst oder Gämsen jagen, so musst du in der Regel um drei Uhr auf sein, damit Du vorher Messe hörst und etwas isst.]« Als Proviant für den Tag empfiehlt Maximilian »*eine kleine Butte mit Gebratenem, Früchten, Käse, Brot und gutem Wein*« (wörtliche Zitate sind ab jetzt der transkribierten Fassung in der ersten gedruckten Ausgabe des Geheimen Jagdbuchs von 1859 entnommen). Der Kaiser trägt dieses kleine Fässchen nicht selbst, sondern lässt es sich selbstverständlich nachtragen, ebenso eine Bank, »*damit du zuweilen auf ihr sitzest*«. Schließlich soll auch »*eine kleine grüne Hütte*« mitgeführt werden und »*ein Stuhl zum Zusammenschrauben, damit du ruhen kannst, bis der Trieb kommt. So kannst Du auch im Geheimen in der Hütte Wasser abschlagen, ohne daß es jemand sieht.*«

Offenbar eine Lehre aus dem Martinswand-Abenteuer zieht der »große Waidmann« mit folgender Empfehlung: »*Du sollst allzeit einen oder zwei Jäger weit vor Dir die Berge hinan gehen lassen, damit sie dich führen und die Wege besichtigen.*« An anderer Stelle wird er noch deutlicher: »*Kein Fürst soll eine Felswand besteigen, denn es ist zu gefährlich.*« Ob sich Maximilian selber daran gehalten hat, nachdem eine lebensgefährliche Situation glimpflich ausgegangen ist, wissen wir nicht. Eher wohl nicht. Zu sehr liebte er die Natur und war neugierig auf ihre Geheimnisse. Nach einer Wanderung zu einem Gletscher im hinteren Ötztal schrieb er voll Stolz ins Jagdbuch, er sei auf dem »*höchsten Gebirg Europas*« gestanden, ohne das Erdreich zu berühren. Auf hohe Berge und in »*grausame Felswände*« zu steigen, könne er »*aus Lust, Neigung und Begierde*« nicht lassen, heißt es im »Weißkunig«. Aber er sei stets vorsichtig und »*sein Kopf frei von Schwindel*«.

Seinen Enkel mahnt er zur Vorsicht und verbietet ihm, »*in Risse und unter die Wände zu gehen, wo die Steine herablaufen. Das ist das Gefährlichste, viel mehr als das Fallen, denn sie kommen oft von ganz unerwarteten Seiten her, durch die Hunde und Jäger in Bewegung gesetzt, daß Einer seines Lebens nicht sicher ist.*« Aus demselben Grund sollst du selber, »*wenn es die Berge hinan geht, ganz vorne vor deinem Gefolge gehen*«, und »*geht es die Berge herab, dann laß jedermann vor dir gehen und du gehe zu hinterst, einen oder zwei ausgenommen, die du neben dir gehen läßt, denn allzeit werden dabei Steine in Bewegung gesetzt*«. Gegen den Steinschlag sei immer eine »*Hirnhaube*« mitzuführen. Weiters brauche man sechszackige Steigeisen, »*ein Paar Bergeisen und ein Paar Waldeisen*«. Diese sollen »*kurze Haken und niedere Öhre haben, damit sie dich nicht drücken*«. Auch »*sollen sie mit Riemen gehörig versehen sein, damit sie am Fuße fest sitzen*«. Auch Seil und »*Waidsack*« [Rucksack] gehörten zur Ausrüstung. Nicht zu vergessen das Jägerhorn.

Für die richtige Kleidung gibt es folgende Ratschläge: »*Du sollst graue und grüne Kleider haben, halb grau halb grün geviertelt.*« Bei der Übersetzung dieses Halbsatzes gehen die Meinungen auseinander: teils grau, teils grün oder grau-grün kariert? Eindeutiger geht es weiter: »*Du sollst allzeit zwei Paar Schuhe haben; dazu vier Leiste, wenn du auf das Gebirge gehst in den Schnee, und die Schuhe naß werden, daß man sie über die Leiste schlage und die trockenen hervor nehme. Die Schuhe sollen mit Rändern gemacht werden, damit keine Steine hinein fallen.*« Was braucht es noch: ein Wams, dessen Ärmel nicht bauschig sein dürfen, und Hosen. Maximilian empfiehlt aber auch »*einen kurzen Leibrock mit angeschnittenen Ärmeln*«. Der soll »*gehörig weit und mit einem kurzen Schooß*« gemacht sein. Wams und Röcklein sollen »*hoch an den Hals reichen, damit, wenn du durch die Felsen schliefst, dir nichts in den Rücken falle*«. Weiters gehören zur Bergkleidung »*ein facellett*« [Sacktuch], ein »*Brustfleck*« gegen die »*bösen Winde*«, zweierlei Handschuhe (aus Wolle und aus »*weißem Tuch*«), wollene Socken, »*damit, wenn du auf dem Gebirge in den Schnee kommst, du die Socken* über die Schuhe und Hosen anlegen kannst«. Verschiedene Kopfbedeckungen – außer der eisernen Hirnhaube – sind Maximilian sehr wichtig. Man braucht »ein Pfauen-Hütlein, mit Taffet überzogen, wenn die Hitze groß ist«, sonst »ein graues Hütlein mit einer umgeschlagenen Krempe und einem kleinen Bande daran, daß es der Wind nicht hinab weht«. Damit nicht genug, schlägt der große Waidmann auch noch »eine Kappe aus halbseidenem Taffet, wenn es stark windig ist, und eine tüchtige wollene Kappe gegen Regen und Schnee« vor.

Natürlich ist auch von den Jagdwaffen die Rede, vom Jagdschwert und der Armbrust, die im Sommer einen »stehlan Pogen« (stählernen Bogen) haben soll, im Winter einen Bogen aus Horn, der Kälte wegen. Weiters sollen vom Gefolge »zwei gute Schäfte« mitgetragen werden, ein kürzerer Bergschaft und ein langer Jagdschaft. Über ihre Dicke und Beschaffenheit und wie das Messer obenauf gesteckt werden soll, gibt es genaue Informationen. Diese 4,5 m langen Stangen wurden für die Gämsenjagd verwendet. Es galt nämlich als höchste Waidmannskunst, die von den Jägern zusammengetriebenen Tiere nicht mit der Armbrust zu erlegen, sondern ihnen nachzuklettern und »aus der Wand zu stechen«. Außer der Jagd auf Gämsen und Steinböcke werden auch Kleidung und Gerätschaften für das Jagen von Hirschen und Wildschweinen beschrieben. Zur Fischerei gibt es ebenfalls einige Bemerkungen und Ratschläge.

Das Geheime Jagdbuch bietet auch Einblick in Maximilians Auffassung vom grundsätzlichen Sinn und Zweck seiner Jagdausflüge. Denn nur zur Nahrungsbeschaffung für den Hofstaat hätten seine vielen bediensteten Jäger leicht ausgereicht. Er erinnert seinen Enkel daran, dass die »Waidmannschaft« seiner Gesundheit und Entspannung dienen solle, auch zum »Troste deiner Unterthanen,

Des Kaisers Jäger in der Holzschnittfassung der Bilderfolge »Triumphzug
Kaiser Maximilians I.«

*weil du ihnen dadurch kannst bekannt werden, auch der
Arme wie der Reiche [...] täglich bei diesem Waidwerke
Zutritt zu dir hat, so daß sie sich ihrer Noth zu beklagen
und sie vorzubringen vermögen«.* Maximilian war dieser
Kontakt mit seinen Untertanen offenbar wichtig. Man
konnte sich dem leutseligen Herrscher ungezwungen
nähern, ein Anliegen vorbringen oder sich mit ihm ganz
einfach unterhalten. Es bereite Lust, schreibt Maximilian, wenn du *»während des Genusses der Waidmannschaft
den Bitten der Armen Abhilfe gewähren kannst«.* Um das
zu ermöglichen, *»sollst du alle Zeit deinen Secretär und
etliche Räte auf die Waidmannschaft mitnehmen«.*

Die Leutseligkeit des Landesfürsten und seine durch
diese unkomplizierten »Audienzen« während der Jagd
demonstrierte Volksverbundenheit machten Kaiser Max

bei seinen Untertanen in Tirol rasch beliebt. Worüber man aber bald zu schimpfen anfing, waren nicht nur der steigende Steuerdruck und die geforderten Kriegsdienste, sondern auch das strenge Verbot der Jagd für jedermann. Entgegen der Rechtsauffassung des Volkes war sie als »königliches Recht« allein dem Landesherrn vorbehalten. Maximilian mochte sich auch nicht ein Stück Wild wegnehmen lassen und bestrafte Wilderei mit äußerster Strenge. Auch in der Tierwelt wurde übrigens ausgemerzt, was den Wildbestand beeinträchtigen konnte.

Die Wildhege löste Maximilian aus der Forstverwaltung und errichtete eine eigene Organisation mit einem obristen Jägermeister für Tirol und den Vorlanden an der Spitze. Für diese Funktion holte er 1503 den Niederländer Jan Hilland, genannt Kniepiß, und gab ihm seine »natürliche« Tochter Margaretha von Edelsheim zur Frau. Ihm zur Seite stand der Jagdschreiber Wolfgang Hohenleitner, der Jägermeister im Inntal Hans Reindl, der *»Pirchmeister«* (Gebirgsmeister) Oswald Kurz, dem die Gämsenreviere unterstanden, der Wildhetzer, der für die Jagdhunde zuständig war, außerdem Murmeltiermeister und Otterjäger. Auf einer untergeordneten Ebene gab es spezialisierte Knechte für die verschiedensten Aufgaben und Dienste.

Unter den Jägern genossen einzelne das besondere Vertrauen des Fürsten und waren immer mit ihm unterwegs. Sein liebster Jagdgefährte war Kaspar Gramaiser, genannt Lechtaler. Die Gunst des Königs verhalf ihm zu einer glänzenden Karriere im Rahmen der Jagdorganisation der österreichischen Erbländer. Er brachte es bis zum »obrister Pirg- und Jägermeister« in den niederösterreichischen Landen und wurde von Maximilian sogar geadelt. Am 11. Juli 1514 war er mit seinem kaiserlichen

Jagd- und Bergkameraden unterwegs, am Grimming im Ennstal diesmal, als er an einer senkrechten Felswand den Halt verlor und 300 m in die Tiefe stürzte. Der Lechtaler wurde in der Spitalskirche von Rottenmann beigesetzt. Der Kaiser gab ihm persönlich das letzte Geleit und ließ für den Tiroler Jäger einen kunstvollen Grabstein meißeln. Wahrscheinlich war dieser Verlust der Anlass, dass Maximilian in der Pfarrkirche der Innsbrucker Nachbargemeinde Wilten eine jährliche Messe für seine im Dienst verunglückten Jäger stiftete.

Zur Organisation des Jagd- und Fischereiwesens gehörte auch die Anlage eines Verzeichnisses der Jagdreviere und Fischwässer. Zuerst entstand das Tiroler Jagdbuch, das 150 Hirsch- und 179 Gämsereviere im Inntal und seinen Seitentälern beschreibt. Bei jedem »Gejaid« ist die Erreichbarkeit bzw. die Entfernung von einer möglichen Unterkunft angegeben, dann die Zahl der Tiere und die Eignung für einen Ausflug mit dem Frauenzimmer. Dafür musste ein Weg nahe an die Felsen heranführen, von wo aus die Damen den Jägern beim Waidwerk zuschauen konnten. Anders als das Jagdbuch umfasst das ein paar Jahre später in Auftrag gegebene Fischereibuch das ganze Land inklusive der neu gewonnenen görzischen Gebiete. Und wieder ist Maximilian besonders daran interessiert festzuhalten, wo sich die Gelegenheit zu erlebnisreichen Ausflügen und Festlichkeiten bot. Hier zeigt sich die andere Seite von Maximilians Jagdleidenschaft, die weniger mit Naturliebe und sportlicher Ertüchtigung zu tun hat als vielmehr mit der Lust zu feiern, zu tanzen, vornehme Gäste zu unterhalten, Diplomaten, Fürsten und anderen Besuchern zu imponieren. Von solchen Orten wird im Fischereibuch mehrmals geschwärmt: Der Landesfürst könne »zuerst nach Gämsen jagen«, heißt es zum Beispiel vom Achensee, und danach »*mit seinem Frauenzimmer, mit Botschaftern und der Hofgesellschaft die gefangenen Forellen und das erlegte Wild zubereiten und nach dem Bankett Freude und Lust beim Tanzen haben*«.

Unter der Martinswand – um wieder zum Ausgangspunkt dieses Kapitels zurückzukehren – breiteten sich nach Osten bis hin zum Völser See weite Auen und feuchte Wiesen aus, was es auch hier ermöglichte, Jagen und Fischen miteinander zu verbinden. Und den Damen, die vielleicht zwischendurch selbst mit ihren Jagdfalken ausgeritten waren, konnten gerade hier prächtige Schaujagden geboten werden.

Weißkunig: »*Die schicklihait und pesserung aller furstlichen lust und nutz der vischerey.*«

Jagdschlösser und eine Bilderburg

Wenn König Maximilian in Tirol auf die Jagd ging, dann hatte er im ganzen Land verteilt seine Stützpunkte: Schon Sigmund der Münzreiche hatte über das ganze Land verteilt seine Jagdschlösschen erbauen lassen. Jetzt standen sie Maximilian zur Verfügung. Er ergänzte sie nach eigenem Bedarf und ließ da und dort auch im Gebirge, weitab von Siedlungen, ein Jagdhaus aus Holz errichten. Vor allem aber verlangte er von seinen Räten, hohen Beamten und anderen verdienten Männern, denen er – als Pflegschaft, verpfändet oder verkauft – eine Burg überließ, dort zu seinem Gebrauch Stübchen und Schlafkammer einzurichten. Blasius Hölzl ging es so *(Vellenberg, siehe S. 85/86),* Florian Waldauf von Waldenstein ebenso *(Rettenberg, siehe S. 45).* Zyprian von Serntein wird Maximilian auf Fragenstein zu Gast haben *(siehe S. 70–75).* Zuerst war er – damals noch des Königs oberster Sekretär – von 1493 bis 1500 Pfleger von Runkelstein bei Bozen. Dort hielt sich Serntein jedoch eher selten auf, musste er doch entsprechend seiner Stellung in der Nähe des Herrschers sein und mit ihm in ganz Europa herumziehen. Die »Burghut« überließ Serntein einem Unterpfleger. Deshalb wechselte Maximilian im September 1498 den Pfleger auf Runkelstein, das damals auch als Waffenlager diente, und setzte den Feldhauptmann Georg von Frundsberg auf diesem Posten ein.

Zyprian von Serntein, ab 1501 nicht offizieller, aber sozusagen amtsführender Hofkanzler, erwarb auf dem Pfandweg die Burg Fragenstein bei Zirl, die er zu einem prächtigen Schloss ausbauen ließ *(siehe Abbildung S. 74).*

Maximilian mischte sich kräftig in die Planung ein und gab ihm nicht nur genaue Anweisung, wie die ihm vorbehaltenen Räume ausgestattet sein sollen, sondern empfahl auch, das »*heimlich gemach*«, also den Aborterker, etwas abseits davon zur Schlucht hin anbringen zu lassen, damit »*es nymer so vast smeckht*«. Zur Ausmalung der Kapelle könne der Hofmaler herangezogen werden, und am Burgberg sei ein Weingarten mit Reben aus Vahrn bei Brixen anzulegen, lässt der König seinen Hofkanzler wissen.

Das bekannteste Jagdschlösschen Maximilians ist wohl die Weiherburg oberhalb von Innsbruck. Um 1410 von der Innsbrucker Unternehmerfamilie Tänzl erbaut, erwarb sie 1493 König Maximilian und überließ sie – als Edelsitz »Weyerpurg« mit allen Adelsfreiheiten ausgestattet – seinem Tirolischen Kanzler Oswald von Hausen. Es war damals nur ein Wohnturm mit Eckerkern, der Trakt zum Berghang hin kam erst später dazu. Der Name kommt von einem bei der Burg gelegenen Fischweiher. Ein umzäuntes Wildgehege zur bequemen Jagd ließ erst Urenkel Ferdinand II. hier anlegen, dem »großen Waidmann« wäre diese Art, Wild zu erlegen, ganz gewiss zu unsportlich gewesen. Er stieg lieber von hier aus die Nordkette hinauf und ins Karwendel hinein, das ein gutes Gämsenrevier war.

Immer wieder wurde und wird erzählt, Maximilian hätte im Festsaal der Weiherburg 1509 eine venezianische Gesandtschaft empfangen, die nichts weniger als die Unterwerfung der Lagunenrepublik anbot. Die demütige Rede des Gesandten und die hochmütig-harsche Antwort des Kaisers sind überliefert. Leider für Innsbruck und die Verbindung der Stadt mit Maximilian hat Hermann Wiesflecker nachgewiesen, dass der Kaiser die venezianische Gesandtschaft nicht in Innsbruck,

Die Weiherburg am Nordkettenabhang oberhalb von Innsbruck. Es war damals nur ein Wohnturm mit Eckerkern, der Trakt zum Berghang hin kam erst später dazu.

sondern in Bassano (del Grappa) empfangen hat, und den Text beider Reden hält er überhaupt für eine klug lancierte Erfindung der venezianischen Propaganda, auf die spätere Historiker (Gerard de Roo, 1592, Jakob Andrä von Brandis, um 1620) hineingefallen sind. Was nicht heißt, dass nicht auch in der Weiherburg ein ähnliches Zusammentreffen stattgefunden haben könnte, es ist ja bekannt, dass Maximilian auswärtige Gesandtschaften auf die Jagd mitgenommen oder sie außerhalb der Residenzstadt empfangen hat.

Manche von Maximilians Jagdquartieren gewährten ihm doppelte Freude, da sie in der Nähe eines fischreichen Sees lagen. Zum Beispiel die Herbstenburg in Toblach, wo der Monarch während des Venezianerkriegs sogar mehrmals längeren Aufenthalt nahm *(siehe dazu S. 343/344)*. Zwar war es dann mehr militärisches Hauptquartier als Unterkunft für die Erholung. Aber Maximilian nahm sich immer die Zeit zum Abschalten beim Jagen und Fischen. Da konnte keine Sache zu eilig sein. Von der Herbstenburg, benannt nach ihren Erbauern, dem Brüderpaar Kaspar und Christoph Herbst, gelangte man in wenigen Reitminuten zum Toblacher See. Ein Brief Maximilians vom 4. September 1517 an Christoph Herbst beweist seine Sorge um dieses Gewässer (von Guido Bocher in heutiges Deutsch übertragen): *»Das Wasser geht nach und nach zurück und wird immer ärmer an Fischen [...], dagegen muss man etwas unternehmen [...].«* Und er will Abhilfe schaffen: *»Wenn die Fische ihren Laich ablegen und dann den See verlassen, um den Fluss hinauf zu schwimmen [...], ordne ich an, dass ein kleiner Damm errichtet wird und ein Gitter am Anfang des Sees, sodass die Fische ihn nicht verlassen können [...].«* Maximilian nennt noch andere Maßnahmen, die zu ergreifen wären.

Eine andere zur Jagd gern aufgesuchte Burg war Runkelstein bei Bozen. Die für Maximilian wichtigsten und beliebtesten Jagdgebiete waren in Nordtirol, doch im Herbst zog es ihn auch manchmal in südliche Landesteile, vor allem um Wildschweine zu jagen. Was den König an Runkelstein aber am meisten faszinierte – und da ging es ihm nicht anders als jedem heutigen Besucher –, waren die Fresken, mit denen das ganze Schloss ausgemalt ist und den Namen Bilderburg rechtfertigen, der zwar erst im 20. Jahrhundert erfunden wurde, den Nagel aber auf den Kopf trifft. Eine Burg voller Bilder, Bilder, die wohl dem König nicht mehr aus dem Kopf gingen. Für Sabine Weiss war Runkelstein Maximilians Schlüsselerlebnis, das viele seiner kulturellen Aktivitäten

Die »Bilderburg« Runkelstein bei Bozen

beeinflusst, wenn nicht gar ausgelöst hat, von der Ahnengalerie des Grabmals über den Ritterroman Theuerdank
bis zur Abschrift alter deutscher Heldensagen. Ob man
ihr in jedem Detail folgen mag oder nicht, sei dahin-
gestellt, überraschend sind die Übereinstimmungen
zwischen der Bilderwelt auf Runkelstein und den künstlerischen und aus Sicht seiner Zeit wissenschaftlichen
Unternehmungen Maximilians allemal.

Außerdem wird das außerordentliche Interesse des
Königs an den Fresken und dass sie in ihm Gedanken
und Pläne auslösten, durch Eintragungen in seinen
»Gedenkbüchern« bestätigt. Es sind dies so etwas wie
Notizbücher, in die Maximilian die unterschiedlichsten
Einfälle und Erfahrungen, Beobachtungen, Pläne, Fragen
und sonstige Notizen eintrug oder eintragen ließ. Die

Themen reichen, in Rubriken eingeteilt, von Regierungs- und Verwaltungsgeschäften über Essen, Trinken und Kochen bis zu seinen Lieblingsbeschäftigungen wie Jagen und Fischen. Aber auch antike Funde, die ihm gemeldet wurden, Bemerkenswertes über Burgen, Zitate aus Büchern, Sinnsprüche, Personalia, der Stand eines Projekts, interessante Vorhaben und die Möglichkeit ihrer Realisierung, Überlegungen zur Genealogie findet man in den Gedenkbüchern – und eben auch Gedanken zu den Sagen, die in den Runkelsteiner Fresken erzählt werden: »*Item daz Sloss Runcklstain mit dem mel lassen zu vernewen wegen der guten alten Istory und diesselbe Istory in schrift zu wegen bringen.*« (So soll man das Schloss Runkelstein mit den Gemälden erneuern lassen wegen der guten alten Historien und die Geschichten auch schriftlich festhalten.) Beides ist geschehen.

Die Burg Runkelstein wurde ab 1237 von den mächtigen und einflussreichen Herren von Wangen erbaut. Sie waren Parteigänger des Trienter Bischofs Alderich in seinem Streit mit dem aufstrebenden Geschlecht der Tiroler Grafen. Der Bau wurde am Eingang in die Sarner Schlucht auf dem aus dem Flussbett aufragenden *Runchenstain* aufgeführt und 1242 vollendet. Mit der Eroberung der Burg durch Meinhard II. von Tirol-Görz begann der Niedergang des Geschlechtes derer von Wangen. Von nun an wechselte die Burg mehrfach ihren Besitzer. Ihren langsam einsetzenden Verfall stoppten die reichen Bozner Bürger Nikolaus und Franz Vintler, die Runkelstein 1385 erwarben, zu einem repräsentativen Familienwohnsitz ausbauen und mit reichem Freskenschmuck versehen ließen. Dieser spiegelt adeliges Leben und ritterliche Ideale und lässt erkennen, dass reiche Bürger damals durchaus selbstbewusst die Schranken der Ständegesellschaft durchbrachen und sich ihrer Bedeutung entsprechend zu präsentieren wussten. In Konsequenz dieser Entwicklung war die Erwerbung einer Burg oder eines Ansitzes meist die Vorstufe zur Erhebung in den Adelsstand durch den Landesfürsten.

Die wichtigsten Themen der Runkelsteiner Fresken reichen von Darstellungen adeligen Lebens mit Turnier und Tanzszenen über die Illustration von Sagen (Tristan, Gawein aus Artus' Tafelrunde) und damals beliebten Ritterromanen (Garel, Wigalois) bis zu einem typisch mittelalterlichen Bildthema, das dem Betrachter in sechs bis neun Dreiergruppen bemerkenswerte Persönlichkeiten der Geschichte und sagenhafte Gestalten vorführt: von den drei größten Helden des Altertums (Hektor, Alexander der Große, Julius Cäsar) über die besten christlichen Könige (Artus, Karl der Große, Gottfried von Bouillon) bis zu den drei berühmtesten Zwergen (Goldemar, Bibunch, Alberich). Das über jede Konvention hinausgehende Bildprogramm der Brüder Vintler – den Maler kennt man nicht – wurde ergänzt durch hundert Medaillons römischer und mittelalterlicher Kaiser an der Hofseite der Ringmauern. Diese Reihe seiner »Vorfahren« im Reich dürfte Maximilian besonders fasziniert haben, und vielleicht wurde er wirklich durch sie angeregt, Cäsarenbüsten auch in das Programm seines Grabmals aufzunehmen.

Die Fresken auf Runkelstein waren zur Zeit Maximilians schon in einem ziemlich schlechten Zustand, sodass er beschloss, sie mit dem gesamten Schloss »vernewen« [erneuern] zu lassen. Es sind in den folgenden Jahren mehrere Maler damit beschäftigt, das Gebäude und die Gemälde zu begutachten, die Kosten für eine gründliche »Erneuerung« zu kalkulieren und dann auszuführen. Sowohl der Innsbrucker Hofmaler Jörg Kölderer als auch die Maler Friedrich Pacher aus Bruneck, der Bruder

Die Fresken im »Turniersaal« von Runkelstein
zeigen ritterliches Leben (rechte Seite, unten:
Ausschnitt aus dem Reigentanz). Besonders
fasziniert haben Maximilian jedoch die Szenen
aus Ritterromanen und Heldenliedern: hier ein
Ausschnitt aus dem Tristanzyklus im Westpallas.

des berühmteren Michael Pacher, und dessen inzwischen
in Salzburg tätiger Schüler Marx Reichlich sind in den
Großauftrag involviert, bekommen Honorar und Zehr-
gelder für die Reise. Wer was im Einzelnen gemacht hat,
ist nicht festzustellen, was erstaunt, denn die eingesetzten Maler haben die Bilderwände nicht im heutigen Sinn
restauriert, sondern »neu gemacht«, was Maximilian mit
dem Auftrag, die Gemälde »zu vernewen«, sicher auch
gemeint hat. Die alten »Istory« sollten nicht unbedingt
originalgetreu erhalten werden, sondern ihr Inhalt musste
in die Gegenwart gerettet und für die Zukunft bewahrt

werden. Es geht um die Geschichte, die sie erzählen, nicht um kunsthistorische oder historische Authentizität. So wurde zwar sorgfältig mit dem alten Bestand umgegangen, wo dieser nach der Meinung der »Restauratoren« aber nicht mehr ausreichte, wurde unbekümmert ergänzt und übermalt, »erneuert« eben.

Mindestens genauso wichtig, vielleicht sogar wichtiger, war Maximilian die im Gedenkbuch notierte Absicht, die von den Fresken erzählten Geschichten *in schrift zu wegen bringen«*, also deren Inhalt, die Namen und Bedeutung der dargestellten Personen und Dreiergruppen, vielleicht auch weitere Informationen dazu aufzuschreiben. Wem Maximilian den Auftrag dazu gegeben haben könnte, weiß man nicht. Dass er ausgeführt

wurde, geht aus einem um 1508 angelegten Verzeichnis von dreißig durch König Maximilian in Angriff genommene Bücher hervor, wo ein »*exposicz iber daz heldenbuch zu Rucklstain*« aufscheint. »Exposicz« könnte man mit erläuternde Zusammenfassung übersetzen. Der Ausdruck »Heldenbuch« erinnert an ein anderes Geschichts- und Literaturprojekt Kaiser Maximilians.

Wie der italienische Humanismus den Blick auf die Antike richtete und deren literarische Quellen zu erschließen und zu interpretieren begann, so waren die deutschen Humanisten an der Frühzeit ihres Volkes und der literarischen Überlieferung darüber interessiert. Das traf sich mit Maximilians Bemühen, unter den sagenhaften Heerführern und heldenhaften Recken der Germanen – aber auch anderer Völker – eigene Vorfahren zu identifizieren und ihre Abenteuer aufzuschreiben.

Maximilians Amtshaus in Bozen

Als der König im Frühjahr 1502 – vielleicht angeregt durch die Fresken auf Runkelstein – den Befehl erteilte: »*man sol die Burg* [das neue Amtshaus] *zu Bozen all mit recken malen*«, wurde er offenbar von Paul von Lichtenstein auf ein »*helldenpuch an der Etsch*« aufmerksam gemacht, das Anregungen zum Thema enthalten könnte. Gemeint ist wahrscheinlich eine auch als »Reckenbuch« oder »Riesenbuch« bezeichnete Handschrift aus dem frühen 14. Jahrhundert, die Sigmund der Münzreiche hatte abschreiben lassen. Das inzwischen verloren gegangene Buch gab es Anfang des 16. Jahrhunderts noch und wurde zwischen 1504 und 1515 in des Königs Auftrag von Hans Ried, Zöllner am Eisack in Bozen, in mühevoller Arbeit nach und nach abgeschrieben. Im Sommer, wenn es in Bozen zu heiß war, durfte er sich einen Ort im Inntal aussuchen, »*um unnser puech* [...] *vleissiger schreiben*« zu können. Sein Wunsch, ganz von seinem Dienst freigestellt zu werden, um »*das risenpuch*« zügiger schreiben zu können, wurde ihm aber erst nach Jahren gewährt. Das von Ried abgeschriebene und vom Schwazer Maler Ulrich Funk mit Ornamenten und Randzeichnungen versehene Werk kam aus Maximilians Besitz in die Ambraser Bibliothek seines Urenkels Ferdinand II. und wird heute unter dem Namen »Ambraser Heldenbuch« in der Österreichischen Nationalbibliothek in Wien aufbewahrt *(siehe S. 138)*.

So führten uns Maximilians Jagdaufenthalte auf Schloss Runkelstein, wo er sich wie auf vielen anderen Burgen und Ansitzen eine gemütliche Wohnung einrichten ließ, in ganz andere Sphären seines Lebens und seiner Gedankenwelt.

IX

DER GELDBEUTEL, IN DEN MAN NIE UMSONST GREIFT

Wenn man die beiden Städte nennen soll, die neben Innsbruck für Maximilian am wichtigsten waren in Tirol, so sind dies ohne Zweifel Schwaz und Hall. In ihnen konzentriert sich, was sein Landesfürstentum zu einem »Geldbeutel« machte, »in den man nie umsonst greift«. Hall war mit seinen Jahrmärkten, dem Flusshafen, der Saline und der Münzprägestätte überhaupt das Wirtschaftszentrum Tirols, das große Geld brachten aber die Bergwerke von Schwaz und die angeschlossenen Verarbeitungsbetriebe. Ohne das Schwazer Silber hätte König Maximilian seine Politik nicht durchziehen und seine Kriege nicht finanzieren können, wären die Habsburger nicht zur Weltmacht aufgestiegen.

Maximilians Garantie für reiche Einnahmen:
das Bergbaurevier am Falkenstein mit seinen
Stolleneingängen, Hütten und technischen
Anlagen im Schwazer Bergbuch (Ausschnitt).

Tratzberg und die Tiroler Bergherren

Berühmter sind die Fugger, doch begonnen und zur Blüte gebracht haben den Bergbau in Schwaz einheimische Unternehmer wie die Fieger, Stöckl und Perl, vor allem aber die Tänzl. Geradezu symbolisch steht das Schloss Tratzberg nahe Schwaz am Berghang und kündet von Glanz und Glorie der Tiroler Bergherren. Der Bedeutendste unter ihnen, Veitjakob (oder Veit Jakob) Tänzl, hat es erbauen lassen. Die Familie gehörte in der ersten Hälfte des 15. Jahrhunderts dem Innsbrucker Bürgertum an und hatte in der Haupt- und Residenzstadt Bürgermeister und Stadtrichter gestellt. Der Kaufmann Jakob Tänzl erkannte die Chancen, die im noch jungen Bergbau steckten, und investierte seit 1441 in Schwazer Gruben und Schmelzhütten. Als er 1474 starb, war sein Sohn Christian Tänzl schon ganz in die Silberstadt übersiedelt, wo er nahe der Pfarrkirche einen stattlichen Wohnsitz errichtete (Kern des heutigen Palais Enzenberg). Er war reich geworden, besaß Schloss Moss bei Sterzing und die Burg Berneck am Eingang ins Kaunertal, führte ein herrschaftliches Leben. Unter den 18 Gewerken (Gruben- oder Schmelzwerkbesitzer), die 1490 im Bergrevier am Schwazer Falkenstein tätig waren, nahm er die führende Position ein.

Nach dem Tod Christian Tänzls im Jahr 1491 führten Veitjakob und Simon Tänzl das Unternehmen ihres Vaters erfolgreich weiter. Als typische Vertreter der angebrochenen Kapitalwirtschaft waren sie bald schon wichtige Partner des neuen Tiroler Landesfürsten, des Königs und späteren Kaisers Maximilian, in dessen Darlehens-

Schloss Tratzberg, das fürstliche Domizil des
bedeutendsten Tiroler Bergherrn Veitjakob Tänzl

und Verpfändungspolitik sie voll einstiegen und daraus
beträchtlichen Gewinn zogen. 1499 erwarben sie im
Tausch gegen Berneck im Oberland die Brandruine der
einstmals strategisch wichtigen Burg Tratzberg und
ließen das alte Gemäuer zu einem Wohnpalast ausbauen.
Zur Realisierung des Projekts konnte Veitjakob, der
ehrenamtlich die Bauleitung der Schwazer Pfarrkirche
innehatte, deren Werkmeister Christoph Reichartinger
gewinnen, der spätgotische Bauformen mit Einflüssen
der bürgerlichen Renaissance verband und damals neu
entwickelte Konzepte des Wohnens und der Repräsentation in die Planung einbrachte. Die weiten Bogenga-
lerien an zwei Seiten des Hofs und die großzügigen Fest-
säle betonten das Repräsentative, dem privaten Komfort
dienten der quadratische Treppenturm, die heute als

Veitjakobs Huldigung an seinen Landesfürsten, König und Kaiser Maximilian: der Habsburger Stammbaum im Festsaal von Schloss Tratzberg

»Maximiliansschnegg« bezeichnete Wendeltreppe, die großzügige Anlage und Verteilung der Zimmer. Die Beheizbarkeit und der Luxus, dass jede Schlafkammer ihr eigenes *»heimliches Gemach«,* also einen Abort besaß, beweist den zivilisatorischen Fortschritt.

Manches wurde durch einen Umbau in der zweiten Hälfte des 16. Jahrhunderts verändert, vor allem die wirkungsvolle Bemalung des Hofs stammt aus dieser Zeit. Doch ist Tratzberg insgesamt ein eindrückliches Denkmal der Architektur und der gehobenen Wohnkultur der Zeit Maximilians, in die sich der Besucher zurückversetzt fühlt. Die kunsthandwerklich meisterhaften Steinmetzarbeiten aus Kramsacher Marmor an Portalen, Fenstern, Kaminen, Säulen und die hochwertigen

Tischlerarbeiten der Decken und Täfelungen sind erhalten geblieben, genauso der Habsburger Stammbaum an den Wänden des Festsaales, der deshalb heute Habsburger Saal genannt wird. Der Maler ist nicht bekannt. »Einer der Innsbrucker Hofmaler« wird es laut Erich Egg wohl gewesen sein. Genau kennt man dagegen »des Tänzls Tischler«, es waren Hans Reiter und Simon Wirt aus Schwaz. Weit entfernen mussten sich die Bauherren auch nicht auf der Suche nach einem tüchtigen Steinmetz. Die Brüder Tänzl engagierten Meister Jörg Steyrer, der in den Hagauer Steinbrüchen bei Rattenberg seine Werkstätte betrieb. Er schuf auch das Sakramentshaus der 1508 geweihten Schlosskapelle. In ihr spielte einst ein eigener Hausorganist auf einem Orgelpositiv, das

In Maximilians Jagdstube prangt sein
Leibspruch an der Vertäfelung.

leider verloren gegangen ist. Auch die kostbaren niederländischen Tapisserien, die Veitjakob Tänzl für sein
Schloss erwarb, sind nicht erhalten.

Wie in so mancher anderen Burg, die ein günstiger
Ausgangspunkt für Jagden war, ließ der Burgherr auch
in Tratzberg eine Stube und eine Schlafkammer zu Maximilians persönlichem Gebrauch einrichten. Auf der Vertäfelung ist, kalligraphisch verschnörkelt, Maximilians
Lieblingsspruch zu lesen: »Ich - leb, waiß - nit wie lang /
und stürb, - waiß nit wann, mueß - fahren, waiß nit /
wohin, - mich - wundert, daß / ich so frehlich bin.«

Der Kaiser erhob Veitjakob Tänzl und dessen Familie
1502 in den Adelsstand, was an Aufwand und Lebensstil
nicht viel änderte. Auch die familiären Beziehungen
zeigen ihn auf einer Stufe selbst mit alten Adelsfamilien.
Als Beteiligter an steirischen Bergwerken holte er sich
seine Frau Anna aus dortigem Adel; und seine Schwester
Elisabeth heiratete den Südtiroler Grafen Bartlme von
Firmian. Sie brachte 80.000 Gulden an Aussteuer und
Mitgift mit in die Ehe. Der immense Reichtum der Tänzl

machte es möglich, weitere Burgen zu kaufen und die Gerichte Imst und Rottenburg in Pfandschaftsbesitz zu übernehmen. In der Tradition des Tiroler Adels trat Veitjakob Tänzl als Mäzen und Stifter auf, so war er einer der maßgeblichen Finanziers des Schwazer Franziskanerklosters. Die Grundsteinlegung im Jahr 1507 nahm er persönlich vor. Es war für den Bergherrn sicher ein Vorteil, dass er mit dem Kaiser in einem vertrauten Verhältnis stand, der ihn auch ganz offiziell zum kaiserlichen Rat ernannte. Die beiden gingen gerne zusammen auf die Jagd und feierten Feste, auch auf Tratzberg. Doch änderte das nichts daran, dass die Geschäfte schwieriger wurden, als die mächtigen Augsburger Unternehmer auf den Plan traten, dank ihrer Finanzkraft die kleinen einheimischen Gewerken allmählich verdrängten und auch den größeren Tiroler Unternehmen Schwierigkeiten bereiteten.

Veitjakob Tänzl mit Familie als Stifter auf dem vom »Meister der Habsburger« geschaffenen St.-Anna-Altar (ehemals Landeck, heute im Tiroler Landesmuseum Ferdinandeum)

Mit dem Tod seines kaiserlichen Jagdgefährten und Geschäftspartners Maximilian fehlte sichtlich dessen schützende Hand, außerdem brachte die Misswirtschaft eines der führenden Mitarbeiter nicht mehr wiedergutzumachenden Schaden, weshalb über einen Teil des Tänzlschen Unternehmens 1525 Konkurs angemeldet werden musste. Im selben Jahr starb Simon Tänzl, 1530 folgte ihm Veitjakob ins Grab. Die Reste der Firma führten seine Neffen Hans Jakob und Kaspar Joachim bis zu deren endgültiger Liquidation 1552 weiter. Schloss Tratzberg erwarb 1554 der wohlhabende Augsburger Kaufmann Georg Ritter von Ilsung. Ein paar Jahrzehnte später kam es in den Besitz der Fugger.

Neben der Familie Tänzl gab es noch andere bedeutende Tiroler Bergherren. Vor allem der 1472 aus Hall nach Schwaz gekommene Hans Fieger spielte im Bergbau eine wichtige Rolle. Er heiratete die zweite Schwester des Christian Tänzl, von ihren Söhnen stieg jedoch nur Sigmund Fieger ins väterliche Geschäft ein und führte es nach dessen Tod im Jahr 1503 weiter. Das Begräbnis des alten und sagenhaft reichen Fieger wurde durch die persönliche Anwesenheit König Maximilians und »*vil andern herrn, fürsten und rittern*«, wie die Chronik berichtet, fast zu einem Staatsakt. Sein Vermögen soll 200.000 Gulden betragen haben, außerdem waren die Schlösser Melans bei Hall, Hirschberg im Pitztal und Friedberg bei Volders in seinem Besitz.

Seine Söhne Hans, Sigmund und Christoph wurden von Maximilian in den Adelsstand erhoben. Während Junker Hans Fieger in Melans das Leben eines großen Herrn führte und häufig Maximilians als Jagdgast beherbergte, zog der jüngste der Brüder, Christoph, mehrmals mit Maximilian in den Krieg und wurde von ihm mit der Ehre ausgezeichnet, zum Goldenen Ritter geschlagen zu werden. Christoph Fieger streifte seine bürgerlichen Wurzeln vollständig ab und lebte als adeliger Burgherr auf Friedberg, das er ausbauen und mit Fresken Jörg Kölderers verschönern ließ. Nur Sigmund Fieger blieb dem Metier seines Vaters treu. Er kaufte zwar noch die Schlösser Kronburg bei Landeck und Matzen bei Brixlegg, doch blieb Schwaz das Zentrum seines Wirkens. 1508 besaß er 32 Gruben am Falkenstein. Als Schmelzfachmann gewann Sigmund Fieger so hohes Ansehen, dass ihn selbst der berühmte Arzt und Gelehrte Paracelsus aufsuchte und sich in der Kunst unterrichten ließ, wie man die wertvollen Metalle vom Gestein trennen kann. Bis zu seinem Tod im Jahr 1543 konnte sich die Firma trotz gesteigerter Produktionskosten, geringerer Ausbeute und vermehrter Konkurrenz der ausländischen Großunternehmen Paumgartner und Fugger recht ordentlich halten. Seine Erben mussten sich um 1560 aus dem Erzgeschäft zurückziehen.

Die dritte Familie im Kreis der bedeutenden Tiroler Bergherrn war in Schwaz zu Hause. Ihre Geschichte begann noch unter Sigmund dem Münzreichen mit dem kleinen Gewerken Hans Stöckl (dem Älteren), der die Protektion des landesfürstlichen Sekretärs Zyprian von Serntein nützen konnte. Stöckls Schwester war dessen Frau. Hans Stöckl wiederum heiratete die Tochter des erfolgreichen Schwazer Gewerken Jörg Perl, sodass ein Firmenzusammenschluss nur eine Frage der Zeit war und 1501 auch zustande kam. Damals war Hans Stöckl der Ältere schon acht Jahre tot, und seine Söhne Jörg und Hans der Jüngere die Firmenchefs. Dass sich auch der inzwischen zum Hofkanzler aufgestiegene Zyprian von Serntein an der Gesellschaft Stöckl-Perl beteiligte, vermehrte deren Chancen, dennoch endete die Zusammenarbeit bald wieder. Auch andere Geschäftsverbindungen

Hofansicht des Wohnpalastes und Handels-
hauses der Gewerkenfamilie Stöckl in Schwaz
(heute Rathaus)

wurden gesucht und genutzt, doch war die Zeit der großen Chancen im Schwazer Bergbau um 1520 vorbei.
Die Tiroler Unternehmer – große wie kleine – mussten
schauen, wie sie gut aussteigen konnten, was angesichts
der in wenigen Jahrzehnten erworbenen Reichtümer
den meisten auch gelang.

Jörg Stöckl hatte das Geschäft fast ganz seinem
Bruder überlassen. Er richtete in seinem Schlösschen
Sigmundslust auf der anderen Talseite eine Druckerei
ein und gefiel sich als Freund der Musen und Mäzen der
Humanisten. Hans Stöckl erbaute inzwischen in Schwaz
einen prächtigen Firmensitz (heute Rathaus) und war
auch in der Politik aktiv. Er saß im Landtag, war Pfleger
von Frundsberg und Hörtenberg, wurde von Maximilian
mit dem Prädikat »von Hörtenberg« geadelt und zum
kaiserlichen Rat ernannt. Wie die Tänzl und die Fieger

hinterließen auch die Stöckl als Stifter und Auftraggeber für Künstler ihre Spuren in der Tiroler Kunst- und Kulturgeschichte. Das schönste Denkmal haben sie sich – zusammen mit anderen Schwazer Bergherren und Kaufleuten – im Kreuzgang des Franziskanerklosters mit seinem einzigartigen Bildschmuck geschaffen. Im Scheitelpunkt jedes der Kreuzrippengewölbe erinnert jeweils das Wappenschild an den Stifter, von einigen kann man noch gut die Stifterfigur samt Wappen am unteren Rand der Passionsdarstellungen erkennen.

Initialholzschnitt mit dem Wappen Stöckl aus der Jörg Stöckls Druckerei Sigmundslust, »Ain andechtiges beetbüchlein« 1521

Rechts oben: Hans Stöckl als Stifterfigur mit seinem Hahn im Wappen
Rechts unten: Kaspar Rosenthaler, ein aus Nürnberg zugezogener Kupferhändler, stiftete auch ein Bild im Franziskanerkreuzgang.

Schwaz, die Silberstadt

Von der »Silberstadt Schwaz« zu sprechen ist eigentlich ein Anachronismus, denn Schwaz war bis zum Ende des 19. Jahrhunderts keine Stadt. Aber das sind nur rechtliche Feinheiten. An Größe und Bedeutung gemessen, überragte Schwaz in den Jahrzehnten nach 1500 die Städte Tirols allesamt. Auch wenn man Erich Eggs Schätzung von 20.000 Einwohnern als zu hoch einschätzen mag, viel weniger werden es am Höhepunkt des Bergbaus nicht gewesen sein, die im und um den alten Ortskern gewohnt haben. Vorher war Schwaz zu unbedeutend, um zur Stadt erhoben zu werden. Jetzt, nach der Zuwanderungswelle vor allem ausländischer Knappen, die eine enorme Ausdehnung des Siedlungsraumes zur Folge hatte, war die Bürgerschaft nicht mehr interessiert daran, ihren rechtlichen Status zu ändern. Eine Stadt hätte ummauert werden müssen, was schwierig und teuer gewesen wäre. Deshalb lehnten die Schwazer Maximilians Angebot der Stadtrechtsverleihung ab und blieben lieber ein Markt. So nannte man die Häuserzeilen und Ansitze westlich des Lahnbachs; was sich östlich des Bachs ausdehnte, war das Dorf, wo sich hauptsächlich Bergbaubetriebe ansiedelten.

Südlich am Berghang, an Markt und Dorf anschließend, wohnten in einfachen Häusern und Hütten die Bergknappen. Sie machten sicher mehr als die Hälfte der Schwazer Stadtbevölkerung aus und unterstanden nicht dem vom Landesfürsten eingesetzten Stadtrichter, sondern zusammen mit den anderen »Bergwerksverwandten« – dazu gehörten die Knappen und Arbeiter in

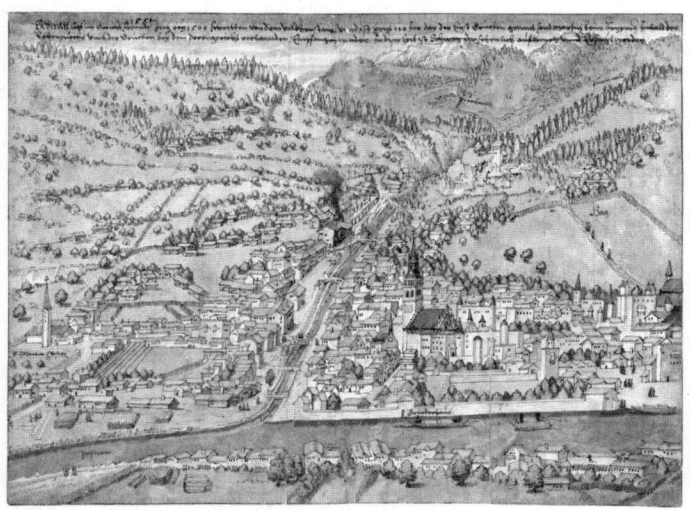

Schwaz im Schwazer Bergbuch (ca. 1555): Der
Lahnbach trennt den Markt vom »Dorf« (links),
oben (Bildmitte) eine »Schmelzhutn« mit
rauchendem Kamin.

den Montanbetrieben, die Bergbeamten und wer sonst
mit dem Bergbau zu tun hatte bis hinauf zu den Gruben-
besitzern – einem Bergrichter. Dieser wurde von Berg-
geschworenen unterstützt und hatte nach den 1490 von
Maximilian erlassenen Berggesetzen für Recht und Ordnung zu sorgen. Sie hatten Sigmunds Bergordnung von
1449 zum Vorbild und sollten durch den Ausgleich der
Interessen von Unternehmern und Arbeiterschaft eine
reibungslose Produktion ermöglichen. Immerhin waren
Streiks der in einer Art Genossenschaft organisierten
Knappen nicht unbekannt, auch Streitigkeiten zwischen
einzelnen Gewerken über Grubenanteile gab es laufend,
denn nicht jeder Kleinunternehmer besaß einen eigenen
Stollen. Man konnte auch das Schürfrecht an einem
bestimmten Abschnitt einer Grube erwerben und auf

diese Weise ins Geschäft einsteigen. Der Kapitalbedarf war hoch, sein Einsatz versprach jedoch am Anfang der Schwazer Erfolgsgeschichte reichen Gewinn.

Auch die Knappen wussten, warum sie in Scharen nach Schwaz kamen, von weit her zum Teil, von Böhmen, Ungarn, ja sogar von Sachsen und Polen. Aber auch weichende Tiroler Bauernsöhne verdingten sich nicht selten im Bergbau. Die Arbeit war gefährlich und u. a. wegen des Mangels an Frischluft in den Stollen der Gesundheit abträglich; die Lebenserwartung bei den Knappen lag mit 35 Jahren noch ein Stück unter der anderer Bevölkerungsgruppen, die damals auch kein langes Leben zu erwarten hatten. Die Löhne waren gut, ihre Höhe genau geregelt. Die Arbeitszeit am Tag betrug acht Stunden, was wegen laufender Kontrollen streng eingehalten wurde. Der Brotpreis bei den Schwazer Bäckern war amtlich festgesetzt, die Mieten für Kammern und ganze Wohnungen in den vom Landesfürsten zur Verfügung gestellten Söllhäusern waren niedrig. Geradezu modern muten die Sozialleistungen an, die Schwazer Bergarbeiter erwarten konnten. Wöchentliche Beiträge in eine Gemeinschaftskasse sicherten Altersversorgung und Renten bei Invalidität und für Hinterbliebene. Auch eine Art Krankenversicherung war inbegriffen, marode oder ernsthaft erkrankte Bergleute fanden im Bruderhaus Aufnahme. Auch Ärzte kümmerten sich um sie und versuchten, die Ursachen für besonders häufig bei Knappen auftretende Krankheiten zu ergründen.

Aus demselben Grund kam 1516 der damals erst 23-jährige Gelehrte und später unter dem Namen Paracelsus berühmt gewordene Arzt Theophrastus Bombastus von Hohenheim nach Schwaz. Er hatte gerade sein Medizinstudium in Ferrara abgeschlossen und wollte bei Sigmund Fieger, dem berühmten Meister des

Erzschmelzens *(siehe Seite 281)*, das Wichtigste über die »Scheidekunst« erfahren, wie das Herauslösen edler Metalle aus einem Brocken Stein genannt wurde. Ziel des jungen Paracelsus war es, den Umgang mit Erzen, Schwefel, Quecksilber, Salzen und Säuren zu erlernen. Dann hoffte er, durch entsprechende Experimente die Quintessenz der Stoffe zu ergründen und das gewonnene Wissen bei der Herstellung von Medikamenten anzuwenden. Er besprach sich auch mit Schwazer Ärzten und zog aus den Erfahrungen der Praktiker als Erster den Schluss, dass Lungenkrankheiten von Bergarbeitern nicht von bösen Geistern, sondern durch das Einatmen metallischer Dämpfe verursacht würden. Immerhin hatte man in Schwaz schon vor Paracelsus durch große Blasebalge Frischluft in die Stollen geblasen, um den Knappen das Atmen zu erleichtern.

Am Höhepunkt des Schwazer Bergbaus wurde allein am Falkenstein in 274 Stollen Erz abgebaut. Hier war der Silbergehalt des Gesteins am höchsten. In anderen Revieren, etwa in der »Alten Zeche« im Westen der Stadt, war der Kupferanteil höher oder übertraf überhaupt den Silbergehalt. Zuerst hatte man nur waagrecht in die Hänge gegraben. 1515 wurde mit dem ersten Schachtbau begonnen, der zuletzt über neun unterirdische Stockwerke mit abzweigenden Stollen schräg nach unten führte, bis 235 m unter die Talsohle. Das immer wieder einbrechende Wasser wurde anfangs in Ledersäcken mittels einer Menschenkette nach draußen transportiert, aber schon bald kam eine eigens dafür konstruierte riesige wasserbetriebene Hebemaschine zum Einsatz, die genügend Wasser schöpfen konnte, um den Schacht begehbar zu halten. Das Fahlerz, das Silber und Kupfer enthielt, wurde – je nach Gelände – von Hand bis zu der Stelle gebracht, wo Fuhrwerke die Last übernehmen

Knappenarbeit in einem Stollen des Reviers
am Falkenstein bei Schwaz

konnten. Sechs von Wasserrädern angetriebene »Poch-
werke« zerkleinerten das zutage geförderte Gestein,
bevor es weiterverarbeitet wurde. Um das Silber aus
dem abgebauten Fahlerz zu bekommen, brauchte man
die Schmelzhütten mit ihren Öfen, Dampfkesseln und
Treibherden. Zuerst wurde beim Schmelzen nach einem
laufend verbesserten Verfahren Blei zugesetzt, um das
Silber von dem im Gestein enthaltenen Kupfer zu trennen, dann musste das Blei durch Verdampfen wieder
aus dem Silber herausgelöst werden. Es war ein ständiges
Kommen und Wegfahren, hinauf auf den Berg und hinunter in die Ebene und dort hin und her, die Öfen der
vielen Schmelzhütten waren Tag und Nacht in Betrieb
und brauchten ständig Nachschub an Kohle. Dann zum
Inn mit den beiden wertvollen Metallen.

332.000 kg reines Silber wurden während der Regierungszeit Kaiser Maximilians allein am Schwazer Falkenstein gewonnen und großteils in der Haller Münzstätte
weiterverarbeitet. Das begehrte Kupfer brauchten die
Innsbrucker Bronzegießer und überhaupt Maximilians

Rüstungsindustrie, es wurde aber auch in die halbe Welt exportiert. Schwaz war zur europäischen Metropole der Silber- und Kupfererzeugung geworden, man sprach von »aller Bergwerke Mutter«.

Nach und nach war im mittleren Unterinntal ein regelrechtes Industriegebiet entstanden. Alle Errungenschaften der damaligen Technik kamen zum Einsatz. Die gezielte Anwendung der Hebelwirkung und die auf Räder übertragene Wasserkraft spielten die größte Rolle. An allen zum Inn fließenden Bächen reihte sich ein Betrieb an den anderen. Das zum Trennen von Silber und Kupfer benötigte Blei kam übrigens aus den Bergwerken südlich des Brenners. Wegen der Spuren von Silber im dortigen Gestein (Bleiglanz) hätte sich dessen Abbau nicht rentiert, so aber florierten auch die Bergwerke in Klausen und Gossensaß. Das beste Kupfer kam übrigens seit 1470 aus dem innersten Ahrntal. Einige Schwazer Gewerken engagierten sich auch dort.

Von Pferdekraft betriebene Maschine zum Hochziehen der mit eingesickertem Grundwasser gefüllten Ledersäcke

Schmelzhütte am Schwazer »Industriegelände«

Der Betrieb der Bergwerke und der Verkauf der gesamten Produktion unterlagen der strengen Kontrolle von Regierungsbehörden. Die einzelnen Gruben waren im Besitz privater Gewerken, deren unternehmerische Freiheit jedoch durch Gesetze und Verordnungen eingeschränkt war. Zehn Prozent der abgebauten Metalle musste der Bergbauunternehmer als Steuer dem Landesfürsten überlassen. Während das Kupfer ansonsten frei verkauft werden durfte, musste das gewonnene Silber zur Gänze an die Haller Münze geliefert werden. Der König kaufte es, bezahlte aber ein Drittel weniger als am Markt üblich. Aus dem Gewinn dieses Handels konnte Maximilian die Darlehen zurückzahlen, die ihm die verschiedenen Unternehmer gewährten, vor allem Jakob Fugger in Augsburg. Ob Hochzeit mit standesgemäßem Aufwand zu feiern, ein Krieg zu führen oder Bestechungsgeld für die Kurfürsten fällig war, der Fugger – oder ein anderer dieser modernen Kapitalisten – streckte das Geld vor. Mit seinem Anteil am gewonnenen Silber zahlte der König zurück. Als die benötigten Summen immer größer wurden, wechselte man das System und verpfändete gleich das ganze Silber, das über einen gewissen Zeitraum aus einem Revier zu erwarten war. 1515 war die Schwazer Silberproduktion auf acht Jahre an die Fugger verpfändet, trotzdem streckte die Firma dem Kaiser zur Ausrichtung der Wiener Doppelhochzeit noch einmal 40.000 Gulden vor.

Die Kapitalkraft der heimischen Gewerken reichte nicht aus, um der Konkurrenz aus Augsburg Paroli zu bieten. Zunächst zogen die Fugger dank ihres über ganz Europa ausgedehnten Vertriebsnetzes und niedriger Preise, die durch den Besitz der ungarischen Kupferbergwerke möglich waren, den europäischen Messinghandel an sich, bis sie nach 1515 praktisch ein Monopol auf diesem Sektor innehatten. In Tirol war ihnen das Silber dank des Kaisers Schuldenpolitik auf Jahre hinaus sicher, doch zielte Jakob Fuggers Politik auf lange Sicht darauf ab, auch die Produktion in seine Hand zu bringen und eigene Gruben zu betreiben. Damit begonnen hatten die ebenfalls aus Augsburg stammenden Stunz und Baumgartner (auch Paumgartner geschrieben). Die Fugger ließen sich Zeit. Allmählich verdrängten Augsburger Firmen die Tiroler Unternehmen. Am längsten mithalten konnten die Tänzl, Stöckl und Fieger. Andere gaben auf, verkauften ihre Gruben an die Konkurrenz, sodass von den 18 in Schwaz tätigen Gewerken des Jahres 1490 bei Maximilians Tod nur mehr acht übrig waren.

Jakob Fugger, der Reiche genannt, stieg erst 1522 in größerem Umfang als Gewerke in den Schwazer Bergbau ein. Sein Neffe Anton Fugger, der die Firma nach Jakobs Tod übernahm, intensivierte das direkte Engagement in der Silberstadt, bis ca. ein Fünftel der Silberproduktion

Der Schwazer Ansitz des Augsburger Handels-
hauses der Fugger. Rechts hinter dem Fuggerhaus
sieht man hinauf zur Burg Freundsberg, die seit
1467 im Besitz des Landesfürsten war.

aus Gruben der Fugger kam. Schon Jakob Fugger hatte
– wie in anderen wichtigen Städten ganz Europas von
Lissabon bis Danzig – in Innsbruck einen Firmensitz
gegründet, wo Tiroler Mitarbeiter die Geschäfte führten
und es zu hohem Ansehen brachten. Ihr Innsbrucker
Faktor Wendel Ypphofer wurde sogar zum Bürgermeister
gewählt. In Schwaz waren die Fugger natürlich ebenfalls
präsent. Zwischen 1520 und 1525 errichten sie einen
prächtigen Ansitz, der sowohl Wohn- und Repräsenta-
tionszwecken als auch als Sitz der Tiroler Faktorei diente.
Während der in Deutschland unruhigen Jahrzehnte um
1540 wurde sogar das gesamte Fugger-Imperium von hier
aus dirigiert.

Von Bedeutung und Reichtum einstiger Tiroler Silberbarone künden ebenfalls zwei repräsentative Gebäude: das Handelshaus der Firma Stöckl mit einem eindrucksvollen Arkadenhof, heute als Rathaus genützt *(siehe auch S. 282);* und der vom späteren Besitzer Graf Enzenberg im Stil barocker Stadtpaläste umgebaute ehemalige Sitz der Familie Tänzl in unmittelbarer Nachbarschaft zur Pfarrkirche. Das Haus eines kleineren Gewerken aus der Blütezeit des Bergbaus mit Treppenturm und gotischen Gewölben beherbergt heute als Rabalderhaus (früher »Hundertpfundhaus«) Kunstausstellungen und ein Museum. Das Orgler-Wohnhaus in der Ludwig-Penz-Straße ist ebenfalls ein typisches Gewerkenhaus des 16. Jahrhunderts. Es gehörte Sigmund Fieger, der hier seinen »Schüler« Paracelsus in die Geheimnisse des Silberschmelzens eingeführt haben soll. Es sind jedoch nur mehr Reste (Portal) des einst sicher umfangreicheren Gebäudes erhalten. Vieles an alter und zum Teil kostbarer Bausubstanz, geschaffen auch von den Handwerkern und Kaufleuten, die nicht selbst im Bergbau tätig waren, aber für den täglichen Bedarf aller Einwohner zu sorgen hatten, ist beim großen Brand des Marktes während der Kriegsereignisse des Jahres 1809 zerstört worden.

Eine Gemeinschaftsleistung aller Schwazer, weil vom Landesfürsten über die Gewerken und Knappen bis zu den Bürgerfamilien jede Bevölkerungsgruppe etwas beisteuerte, war die Finanzierung zweier großartiger Kunstdenkmäler, die heute noch jeden Besucher von Schwaz begeistern: die Pfarrkirche und die Franziskanerkirche samt freskengeschmücktem Kreuzgang des Klosters.

Als die Pfarrkirche zu Unserer Lieben Frau Mariae Himmelfahrt 1478 fertig gebaut war, musste man erkennen, dass sie bald zu klein sein würde. Niemand hatte mit einer derartigen Bevölkerungsexplosion gerechnet, wie sie der erste Boom des Silber- und Kupferbergbaus auslöste. Bergleute wurden gebraucht. Und sie kamen. Dass die fremden Arbeiter ihnen den Platz in der Kirche wegnahmen, passte den braven Bürgern aber gar nicht. Und auch die Knappen hatten keine Freude daran, dem Gottesdienst womöglich unter die hochnäsigen Bürger gemischt beizuwohnen. So waren beide mit der Idee einverstanden, der Kirche ein weiteres Schiff samt Chor

Blick in die doppelchörige Schwazer Pfarrkirche

anzufügen, das speziell den Knappen und anderen Bergwerksverwandten zur Verfügung stehen sollte. Maximilian unterstützte die Erweiterung der Kirche und das Projekt einer zweigeteilten Kirche und beauftragte den berühmten Münchner Baumeister und Bildhauer Erasmus Grasser mit der Umsetzung des Vorhabens. Die Schwierigkeit bestand darin, trotz Zubau und Zweiteilung einen organisch entstandenen Raum zu schaffen. Schwer zu sagen, wie Grassers Zusammenarbeit mit dem zum ausführenden Baumeister bestellten Tiroler Christoph Reichartinger funktionierte, wer von beiden welche Ideen beisteuerte und wem schließlich das Hauptverdienst am gelungenen Umbau des dreischiffigen Langhauses zu einer vierschiffigen Hallenkirche zuzuschreiben ist.

Das Bergvolk hatte jetzt also eine eigene Kirche in der Kirche. Die beiden Hälften konnten sogar durch eingezogene Bretter voneinander getrennt werden. Dem zweigeteilten Inneren entsprechend gibt es auch zwei Portale in der raffiniert gestalteten Westfassade. Im Inneren staunt man über die großartig-harmonische Wirkung der spätgotischen Raumschöpfung und bewundert, was an Details der Ausstattung erhalten geblieben ist. Der von den Schwazern bei Veit Stoß in Nürnberg, dem berühmtesten Bildhauer der damaligen Zeit, bestellte und 1503 gelieferte Altar ist leider verschollen. Dem Turm der Kirche setzten das Gewicht der sieben Glocken und die Schwingungen beim Läuten im Lauf der Jahrhunderte immer mehr zu, bis er sich zu neigen begann und die Glocken nicht mehr läuten durften. Ein 1906 eingebauter neuer Glockenstuhl konnte das Problem nicht beheben, weshalb man beschloss, an der Südecke des Friedhofs einen neuen, stilistisch der spätgotischen Kirche angepassten Turm zu errichten. Dort hängt nun neben anderen Glocken die berühmte, 1503 gegossene »Maria Maximiliana«, auch »Große Löfflerin« genannt, mit 4,2 Tonnen eine der schwersten und mit ihrem reichen Schrift- und Wappenschmuck auch eine der schönsten Glocken von Maximilians Meistergießer Peter Löffler (*siehe auch S. 242/243*).

Die gute Versorgung der Knappen war Maximilian ein ehrliches Anliegen, seine Berggesetzgebung ist der beste Beweis dafür. Er schätzte ihre Arbeit, die ihm ja auch meisten Geld einbrachte, besuchte sie mehrmals in ihren dunklen und engen Stollen, brach sogar eigenhändig einen »*tüchtigen Handstein*« und ließ sich daraus das Silber für einen Daumenring schmelzen. Um neben dem leiblichen Wohl der Bergleute auch etwas für ihre Seele zu tun, rief der König die Franziskaner nach Schwaz

Fresken des Bruders Wilhelm von Schwaben im Kreuzgang des 1507 gegründeten Schwazer Franziskanerklosters

und trug zusammen mit der Familie Tänzl und anderen Bergherren und Spendern aus Bürgerkreisen wesentlich zur Errichtung ihres Klosters bei. Zwischen 1508 und 1515 erbauten Christoph Reichartinger, der ausführende Werkmeister beim Pfarrkirchenumbau, zusammen mit Ulrich Klotz eine für die berühmten Predigten der Franziskaner geeignete Hallenkirche, die Klostergebäude und den Kreuzgang, den ein paar Jahre später der Ordensbruder Wilhelm von Schwaben mit 24 Szenen der Leidensgeschichte und Auferstehung Christi bemalte. Er verwendete dabei Holzschnitte berühmter Zeitgenossen wie Dürer, Schongauer und Schäufelein als Vorlagen. Das Grafische der Darstellungsweise wird durch das Verblassen oder Verschwinden der ursprünglichen Farbflächen eindrucksvoll verstärkt. Jedes Joch wurde von einem Gewerken, einer Bruderschaft oder einem anderen Wohltäter finanziert, im Scheitelpunkt des jeweiligen Kreuzgewölbes erinnert dessen Wappen daran. Die Konsolen der Kreuzrippen zeigen die Wappen der Länder Maximilians, des Hauptstifters.

Was haben eigentlich die Herren von Freundsberg oder Frundsberg mit der Bergwerksmetropole zu tun, warum ist von den Gründern des Marktes Schwaz später nicht mehr die Rede? Weil sie Schwaz Mitte des 15. Jahrhunderts verlassen haben. Sie sahen sich durch die Entwicklung der Gegend zu einer Bergbau- und Industrieregion in ihren grundherrschaftlichen Rechten so sehr beschränkt, dass sie ihre Burg am Hügel über Schwaz dem Landesfürsten Sigmund dem Münzreichen verkauften und dafür die Herrschaft Mindelheim in Schwaben erwarben. Von dort kehrte ein Mitglied der Dynastie, Georg von Frundsberg, als Landsknechtführer im Dienste Maximilians nach Tirol, aber nicht auf den ehemaligen Familienbesitz in Schwaz zurück und stand als Feldhauptmann während des achtjährigen Venedigerkrieges fast immer an vorderster Front.

Die Schwazer Knappen traten in Maximilians Heer auch mehrmals mit eigenen Abteilungen in Erscheinung und galten als ausgesprochene Elitetruppe. Sie hatten einen eigenen Schießstand am Inn, auf dem sie regelmäßig übten und sich militärisch ausbilden ließen. Der »stählin haufen« von 1000 Bergleuten mit 897 langen Spießen, 27 Hellebarden und 48 Handbüchsen errang 1499 gegen die Schweizer und 1516 vor Verona einige Berühmtheit.

Warum Hall so besonders war

Das kleine Städtchen Hall bei Innsbruck war im Mittelalter das wirtschaftliche Zentrum Tirols. Dafür waren
mehrere Faktoren verantwortlich. Jahrmärkte mit über-
regionaler Bedeutung – unseren heutigen Messen entsprechend – gab es sonst nur noch in Bozen. An zwei
Terminen kamen Kaufleute aus Italien und Deutschland
hier zusammen, boten gegenseitig ihre Waren an und
belebten gleichzeitig Handel und Wandel in der Stadt.
Zweitens hatte Hall, was den Warenverkehr zwischen
dem nördlichen Italien und Süddeutschland anbelangt,
eine stärkere Position als die politisch wichtigere, wenn
auch bis um 1500 kaum größere Nachbarstadt Innsbruck.
Grund war die Innschifffahrt, die hier begann. In Hall
querte ein großer Holzrechen zum Auffangen von Brennholz für die Saline den Fluss und sperrte auch kleineren
Schiffen die Durchfahrt. Weiter flussaufwärts konnten
Waren nur auf flachen Frachtbooten transportiert werden, die vom Ufer aus von Pferden gezogen wurden.
Die Wagenkolonnen von Oberitalien in den östlichen
bayerischen Raum mussten Innsbruck erst gar nicht
berühren, sondern fuhren von Matrei am Brenner über
die Ellbögener Straße und das östliche Mittelgebirge
direkt nach Hall zum Umladen an der Schiffslände.

    Der dritte und vielleicht bedeutendste Wirtschafts-
faktor war die Salzproduktion: der Abbau im Halltal
und die Verarbeitung in der Stadt. Salz wurde im Gericht
Thaur schon gewonnen, als es die Stadt Hall noch nicht
gab. Stark salzhaltiges Quellwasser wurde bereits im
frühen 13. Jahrhundert in Hütten geleitet, wo durch

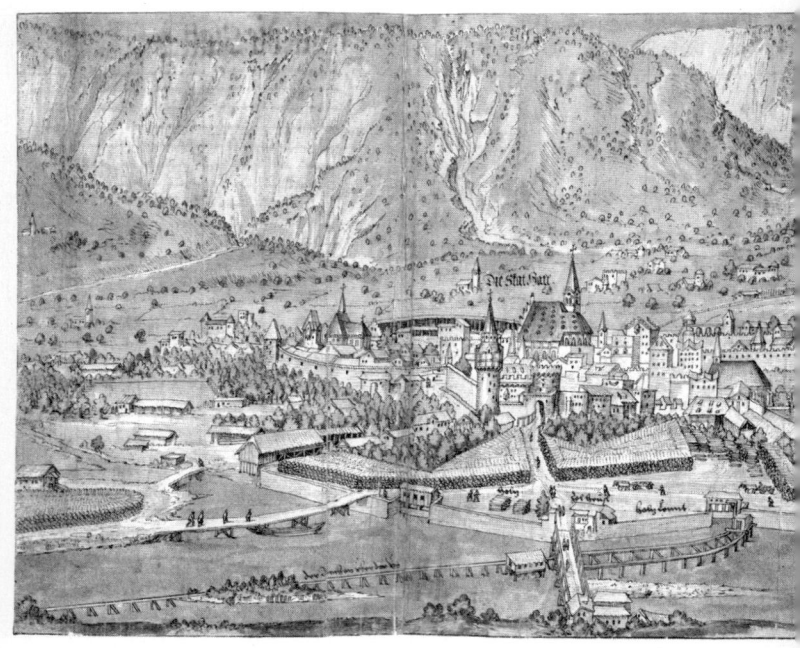

Ansicht der Stadt Hall aus dem Schwazer Bergbuch: Das gestapelte Schwemmholz im Vordergrund brauchte man für die Befeuerung der
Salzsiedepfannen im anschließenden Salinengelände. Gut zu erkennen das Münzertor und
der Münzerturm.

»Sieden« Salz gewonnen wurde. Meinhard II. war es
dann, der einen Fachmann für den Salzbergbau aus dem
steirischen Aussee holte und die ersten Stollen schlagen
ließ, in die Wasser geleitet wurde, um das Salz aus dem
Gestein zu lösen. Da gab es auch schon eine Rohrleitung
für die Sole hinunter in die Stadt, wo das vom Inn ange-
schwemmte Holz zum Beheizen der geschmiedeten Eisen-
pfannen im Pfann- oder Sudhaus genutzt werden konnte.
Im Prinzip waren die Methoden der Salzgewinnung, und

deren organisatorische Struktur und die spezialisierten
Berufe und Tätigkeiten der Arbeiter und der Beamten
Ende des 15. Jahrhunderts voll ausgebildet.

Von Anfang seiner Tiroler Regierung an war Maximilian das Gedeihen der Haller Saline ein vordringliches
Anliegen. Er war erst zwei Jahre hier, als er am Königs-
berg einen neuen »Horizont« anschlug, dessen Haupt-
stollen nach ihm »König-Max-Stollen« benannt wurde.
Gleichzeitig wurden neue »Schürfe«, »Schachtrichten«
und »Sinkwerke« errichtet. Wenn man diese Fachaus-
drücke in zeitgenössischen Quellen liest, muss man sie
nicht verstehen, um eine gesteigerte Aktivität im Haller
Salzbergbau erkennen zu können. Vielleicht waren die

Die Erschließung des Salzberges im
Schwazer Bergbuch

Reformen Maximilians im Betrieb der Salinenverwaltung
noch wichtiger und nachhaltiger. Denn er regelte bis ins
kleinste Detail alle Vorgänge, forderte genaue Aufzeich-
nungen und Kontrollen im Rechnungswesen und sorgte
für Investitionen, wo sie für die Modernisierung und
weitere Entwicklung notwendig waren.

Die 1502 für Pfannhaus und Salzberg erlassene Ordnung nahm den ganzen Bereich der Salzgewinnung und
Produktion räumlich wie personenbezogen aus der
Gerichtsbarkeit sowohl des Landgerichts Thaur als auch
des Haller Stadtgerichts heraus. Von der Kapelle beim
Eingang ins Halltal bis hinauf zum Bergkamm hatte keiner
der beiden Richter das Recht, eine Person festzunehmen,
auch wenn sie sich etwas zuschulden hatte kommen

lassen. Das durften nur der Salzmair als oberster Salinenbeamter und seine Amtmänner. Salzarbeiter und Salinenbeamte waren auch außerhalb dieses »gefreiten« Gebietes »exempt« und damit vor Zugriffen in Sachen niederer Gerichtsbarkeit geschützt, wenn sie sich auf dem Weg zur Arbeit befanden. *»Sein sagkh auf dem ruggen«* machte ihn als exempte Person kenntlich.

Durch das Einfuhrverbot für ausländisches Salz sicherte Maximilian die Monopolstellung des Haller Salzes in Tirol – mit Ausnahme der Unterländer Gerichte, wo auch Salz aus dem Salzkammergut verkauft werden durfte – und förderte durch verschiedene Privilegien dessen Absatz in Vorderösterreich, Schwaben, der Schweiz und Oberitalien. Als »Staatsbetrieb« konnte die Saline auch das benötigte Brennholz günstig aus den landesfürstlichen Wäldern beziehen. Dessen Schlägerung und Zulieferung wurde von Maximilian weitgehend zentralisiert, die dazu eingesetzten Arbeiter unterstanden dem Haller Salzamt. Die Einnahmen aus dem Salzgeschäft waren beträchtlich, wenn sie auch nicht annähernd an die Summen herankamen, die das Silber und diverse Erze aus den Gruben des ganzen Landes einbrachten.

Neben der Saline beherbergte die Stadt Hall einen einen weiteren landesfürstlichen Betrieb, nämlich die Münzstätte. Sie wurde bereits 1477 von Sigmund dem Münzreichen aus Meran hierher verlegt. Wie in fast allen Bereichen der Verwaltung und der Kultur konnte König Maximilian auch im Münzwesen an die Leistungen seines Vorgängers anknüpfen. Denn die Reform des Münzwesens mit Einführung der großen Silbermünze, des Guldiners, geht auf Erzherzog Sigmund bzw. seine Finanz- und Münzfachleute zurück *(siehe S. 148)*. Unter Sigmund kamen immer neue Münzen mit unterschiedlichem Wert

Der Weißkunig (Maximilian) besucht
die Haller Münzstätte.

heraus, die beliebtesten – vor allem die »Sechser« zu sechs
Kreuzern und später die Guldiner im Wert von 60 Kreuzern – wurden bald von anderen Münzstätten nach-
geahmt. Sie rechtfertigen den Beinamen Sigmund als
»der Münzreiche«. Sein Nachfolger als Tiroler Landesfürst, König Maximilian I., hatte kein Interesse mehr
daran, das in immer größeren Mengen aus Tirols Bergen
geholte Silber zu Münzen zu verarbeiten. Er wusste diesen enormen Schatz besser angelegt, wenn er ihn an
zuverlässige Geldgeber verpfändete, die mit ihren Kredi-
ten seine Kriege und Politik finanzierten.

Was die Münzen betrifft, ging es ihm weniger um Nominale, Münzfuß und die Anzahl von Prägungen, ihm ging es um ihr Aussehen, um die Gestaltung, denn Münzen mit seinem Porträt und einer entsprechenden Umschrift waren in erster Linie Propagandamittel. Sie machten sein Profil mit der markanten Hakennase in ganz Europa bekannt, ja geradezu zu einem Markenzeichen. Deshalb waren ihm auch die großen Münzen am wichtigsten und sollten von höchster Qualität sein. Um das zu erreichen, berief er die besten Münzgraveure seiner Epoche nach Hall. Die wichtigsten waren der Innsbrucker Goldschmied Benedikt Burkhard (ab 1496 in Hall), Gian Marco Cavalli aus Mantua (ab 1506) und

Doppelter Schauguldiner von 1505
des Stempelschneiders Benedikt Burkhard,
der zu den berühmtesten Münzgraveuren
seiner Zeit gehörte (hier vergrößert,
Original 45 mm)

– der bedeutendste von ihnen – der 1482 geborene, also noch sehr junge Ulrich Ursentaler d. Ä. (ab 1508). Sigmunds alter Münzmeister Bernhard Beheim d.Ä., unter dessen Leitung die große Münzreform durchgeführt worden war, arbeitete auch noch unter Maximilian und starb 1507. Maximilian nahm regen Anteil an der Arbeit seiner Münzmeister, äußerte Wünsche, lieferte Skizzen als Vorbilder und ließ sich Vorarbeiten vorlegen. Dem Burkhard schrieb er einmal, auf dem gelieferten Probestempel sei *»die Nasen etwas zu hoch, daz Angesicht zu lanngkh und die Pruchst* [Brust] *zu dickh«*.

Maximilian ließ in Hall auch reine Schaumünzen prägen. Oder er bestellte »Goldabschläge« von besonderen Münzen, auch vergoldete Silbermünzen wurden ihm geliefert. Wenn er länger fern von Tirol unterwegs war und dringend etwas zum Verschenken brauchte, ließ er sich schon einmal die Prägestempel nachschicken, um in einer anderen Münzstätte ein paar Stück herstellen zu lassen. So geschehen zum Beispiel mit dem aus Anlass der Kaiserproklamation herausgegebenen Doppelguldiner, auch Kaiserguldiner genannt, den er in Antwerpen nachprägen ließ. Die Haller Münzmeister haben am Münzbild ein Röschen angebracht, bevor sie das Stempelpaar aus der Hand gaben. So vermieden sie, dass sich fremde Münzstätten mit ihren Federn schmückten. Hall hatte auf diesem Sektor einen europaweiten Ruf. Und so wurden Ursentaler & Co. auch von anderen Fürsten beauftragt, für ihre Münzstätten Prägeeisen herzustellen. Sie schnitten auch Stempel für die Siegel von Regierungsmitgliedern und verschiedenen Adeligen. Burkhards Karriere endete abrupt. Der berühmte Stempelschneider war mit seiner Arbeit reich geworden, betätigte sich auch als Unternehmer in Schwaz, kaufte mehrere Häuser in Innsbruck – und hatte immer noch nicht genug. Er wurde

1514 verhaftet, als er mit zwei Saumfuhren Stroh erwischt wurde, in dem ausländische Münzen im Wert von vier- bis fünftausend Gulden versteckt waren.

Kaiser Maximilian brauchte Münzen als Geschenke zu jedem Anlass. Sie waren bei Fürsten und Diplomaten gleichermaßen begehrt, aber auch an weniger vornehme Menschen verteilte er sie. *»An unsern Herbergen«* verschenkte er sie zum Abschied. Am deutlichsten wird die propagandistische Absicht vielleicht weniger im Porträt als vielmehr in den symbolkräftigen Wappen und in der Umschrift. So ist am Guldiner, den er 1508 anlässlich der Annahme des Kaisertitels prägen ließ, auf der Rückseite in lateinischer Sprache zu lesen, er sei *»der meisten europäischen Länder König und mächtigster Fürst«*. Dass unter den abgebildeten Wappenschildern auch auf Länder verwiesen wird, die er – zum Beispiel England – weder regierte, noch darauf Anspruch erhob, ist Ausdruck der Idee des universalen Herrschertums. Maximilian tut kund, dass er sich zur Führung der christlichen Staatenfamilie berufen fühlt und diesen Anspruch auch durchsetzen will. Unter diesem Aspekt ist der Begriff »Europa« zu verstehen. Der Doge von Venedig, dem Maximilian den extra für ihn in Gold geschlagenen Kaiserguldiner zusenden ließ, wird es so verstanden und sich über den Kaiser und seine Selbstüberschätzung geärgert haben.

Untergebracht war die Haller Prägestätte seit ihrer Gründung im Ansitz Sparberegg in der Haller Oberstadt, den Sigmund der Münzreiche 1473 gekauft hatte. Das hier tätige Personal umfasste ca. 20 bis 25 Personen. Am wichtigsten waren die zwei oder drei Stempel- oder Eisenschneider, von denen einer als Münzmeister die Leitung innehatte. Unter ihm arbeiteten der Münzschreiber, der Wardein und um die zwanzig Münzgesellen.

Dem Münzschreiber oblag die Rechnungsführung. Einen Wardein gab es in Hall früher nicht, erst Maximilian führte dieses Amt nach dem Vorbild anderer Prägestätten hier ein. Wie als Münzmeister wurde gern ein erfahrener Stempelschneider als Wardein bestellt, der die Technik der Münzherstellung vom Silberschmelzen bis zum Einlagern genau kannte. Er musste die Qualität des Silbers prüfen und den Verlust beim Weißsieden notieren. Zusammen mit dem Münzschreiber hatte der Wardein schließlich die geprägten Münzen zu zählen. Er war auch für die Sicherheit des Münzhauses verantwortlich. Als es 1492 zu einem größeren Silberdiebstahl kam, wurden eiserne Gitterstäbe in die Fensteröffnungen eingemauert. Die Eisentüren wurden zusätzlich mit Balken und neuen Schlössern gesichert.

Weil aufgrund von Maximilians Verpfändungspolitik immer weniger Silber zur Verfügung stand, obwohl die Produktion in Schwaz rasant zunahm, wurden nicht mehr so viele Münzen für den Zahlungsverkehr und schließlich auch keine Geschenkmünzen mehr geprägt. Die Münzgesellen, die keinen fixen Lohn erhielten, sondern nach geleisteter Arbeit bezahlt wurden, beschwerten sich deshalb bei der Regierung und erhielten, weil man diese Spezialisten nicht abwandern lassen wollte, als eine Art Ausfallzahlung ein »Wartegeld« ausbezahlt. 1516 musste »unnser Münnz zu Hall mannglhalben Silbers« gänzlich eingestellt werden, was sich unter Maximilian nicht mehr ändern sollte. Erst 1524 wurde in Hall wieder geprägt.

Maximilian hatte in Hall alles schon vorgefunden, was die Stadt so besonders machte. Auch eine landesfürstliche Burg hatte bereits Sigmund der Münzreiche bauen lassen, um in dieser wichtigen Stadt eine standesgemäße Unterkunft zu haben. Die es früher einmal gegeben hatte, Königshaus genannt, hatte Herzog Fried-rich IV., Sigmunds Vater, der Stadt zur Benützung als Rathaus geschenkt. Sigmund hatte in zwei Bauphasen den Südflügel der Stadtmauer um das Salinengelände herum ausbauen lassen. Ab 1480 entstand zwischen dem Torturm (später Münzertor genannt), der ursprünglich nur den Eingang in die Saline schützen sollte, und dem Wachturm an der Südwestecke (später Münzerturm genannt) eine neue Burg- und Wohnanlage. Es war am

Von Erzherzog Sigmund begonnen, von Maximilian vollendet: die Haller Burg Hasegg, hier das Münzertor

Münzerturm

»Pfannhauseck«, woraus dann der Name der Burg Hasegg entstand. Das Münzertor wurde 1489, der Münzerturm 1490 fertiggestellt.

Maximilian kehrte mehrmals hier ein, sein wichtigster Aufenthalt in Hasegg war wohl im März 1494, als er hier seine zweite Gemahlin Bianca Maria Sforza empfing und die Hochzeitsnacht mit ihr verbrachte *(siehe auch Seite 169)*. 1515 ließ er das Gebäude erweitern und den bisher nur aus Holz errichteten Ostflügel in Stein neu erbauen. Bei der Gelegenheit erhielt die Burg eine dem heiligen Georg geweihte Kapelle – ein architektonisches Juwel der Übergangszeit von der Spätgotik in die frühe Renaissance. Hofbaumeister Niklas Türing d. Ä. und sein Sohn Gregor mussten sie so in den Wohntrakt einfügen, dass man durch eine Öffnung in der Decke von den darüberliegenden Privatgemächern aus der Messe beiwohnen konnte. Da aber nach altem Brauch niemand über dem Altarsakrament wohnen durfte, brachten die beiden Baumeister die Apsis der Kapelle in einem Erker unter, der in die Münzergasse hinausragt. Maximilian wohnte also nicht über dem Tabernakel.

Es wurde jetzt schon viel aufgezählt, was Hall aus den anderen Tiroler Städten hervorhebt. Fast wäre noch etwas dazugekommen. Wenn nämlich die Reliquiensammlung des Ritters Florian Waldauf von Waldenstein (*siehe S. 46–53*) zu einer überregional bedeutenden Wallfahrtsstätte geworden wäre, wie es Waldauf und sein königlicher Freund Maximilian mit ihrer Stiftung wohl beabsichtigt hatten. Dass nichts daraus wurde, hängt mit dem Aufkommen reformatorischen Gedankenguts zusammen, das in Hall schnell Fuß fasste und die Waldaufkapelle in der Pfarrkirche zu einem Denkmal mittelalterlicher Religiosität und Volksfrömmigkeit machte.

Münzergasse mit dem »Kapellenerker«

Grenzveränderungen unter Maximilian I.

1. Herrschaft Lienz mit Pustertal (1500)

2. Grafschaft Görz kommt zu Krain (1500)

3. Unterinntaler Gerichte Rattenberg, Kitzbühel und Kufstein
   (1504 bzw. 1506)

4. Herrschaften im Etschtal und am Gardasee (1509, 1516)

5. Ampezzo (1516)

6. Prättigau, Unterengadin und Münstertal – Gebiet mit geteilter
   Herrschaft zwischen Tirol und dem Bischof von Chur,
   praktisch bereits von Tirol losgelöst

X

DAS LAND WIRD GRÖSSER

Unter der Regierung Maximilians I. erhielt Tirol jene Grenzen, die bis 1918 gültig waren. Die erste Erweiterung wurde mit dem Aussterben der Görzer Grafen im Jahr 1500 möglich: Die Herrschaft Lienz und das Pustertal wurden mit der Grafschaft Tirol vereinigt. Ein paar Jahre später kamen die Unterländer Gerichte Kufstein, Rattenberg und Kitzbühel zu Tirol, und zuletzt erweiterte der Kaiser das Land im Zuge des großen Venedigerkrieges zwischen 1509 und 1516 mit kleineren Gebieten an der Südgrenze. Schon 1509 endete die venezianische Herrschaft für Rovereto und Ala im Etschtal. Sie hatten vor der Besetzung durch die Lagunenrepublik zum Fürstentum der Trienter Bischöfe gehört. Auch Riva am Gardasee wurde an Tirol angeschlossen (1516). Zwar gaben Maximilians Nachfolger das Etschtal und Riva wenig später wieder den Bischöfen von Trient zurück, doch blieben sie damit eng mit der Grafschaft Tirol verbunden. Und nach 1803 wurde die weltliche Herrschaft der Bischöfe beendet, die Außengrenzen ihrer Territorien waren jetzt die Grenzen Tirols.

Karte der Grafschaft Tirol und der angrenzenden habsburgischen Erblande 1519

⬜ Ober- und Vorderösterreichische Länder

⬜ Niederösterreichische Länder

⬛ Territorien der vertraglich eng an Tirol gebundenen geistlichen Fürstentümer Brixen und Trient

▪▪▪▪▪▪▬ Grenze des Heiligen Römischen Reichs

Leonhard von Görz, Lienz und das Pustertal

Unter den Gästen bei der Hochzeit König Maximilians I. und seiner zweiten Frau Bianca Maria Sforza am 16. März 1494 in Innsbruck war auch Graf Leonhard von Görz-Tirol. Das verwundert, da es für den nicht mehr jungen und kranken Mann sicher kein Leichtes war, von Lienz nach Innsbruck zu reiten. Der Herrscher über Lienz und das Pustertal, Teile Oberkärntens und des Friaul mit Görz als zweiter Hauptstadt stand außerdem weder politisch noch verwandtschaftlich in näherer Beziehung zum römisch-deutschen König und habsburgischen Familienoberhaupt. Zwei Gründe für die beschwerliche Reise sind dennoch auszumachen: Leonhards durch zahlreiche Briefe dokumentierte Freundschaft mit Erzherzog Sigmund dem Münzreichen, mit dem er sicher gerne wieder einmal zusammensaß, um sich über ihre ähnlichen Sorgen – Krankheiten und der fehlende Erbe – auszutauschen; und zweitens die Zukunft seiner Territorien. Denn die Hoffnung auf einen Sohn dürfte Graf Leonhard wohl schon aufgegeben haben. Seine Frau Paola Gonzaga von Mantua war zwar jung – er hatte sie 1478 als Fünfzehnjährige geheiratet –, mit ihrer Gesundheit stand es aber nicht zum Besten. Und er selber hatte für die damalige Zeit mit 50 nicht nur seine besten Jahre längst überschritten.

Aber selbst wenn sich das Wunder einstellen würde, musste der Görzer Graf alle Vorkehrungen für den Fall seines Todes treffen: Wer würde Vormund sein, wie konnte man Begehrlichkeiten der Nachbarn abwehren? Begehrlich schauten auch die Habsburger schon lange nach Lienz und Görz. Sollte Graf Leonhard der letzte Görzer sein, so würden sie erben, das stand schon länger fest. Vielleicht galt der Ritt des Grafen Leonhard nicht zuletzt der möglichen und immer wahrscheinlicher werdenden Erbschaft. Der Görzer hatte einen schriftlichen Erbschaftsvertrag immer abgelehnt, ihn aber in den letzten Lebensjahren doch abgeschlossen, wie wir wissen, weil Ritter Virgil von Graben, der Burghauptmann von Görz, dies nach Venedig berichtete. Die Urkunde kennen wir nicht. Vielleicht wurde sie nach dem Hochzeitsbesuch bei Maximilian im März 1494 ausgestellt. Dann hätte der mühevolle Ritt ein besonderes Ziel und Ergebnis gehabt.

Die Herrschaftsgebiete der Görzer Grafen und Tirol hatten schon früher einmal zusammengehört. Das ursprünglich in Oberkärnten und Friaul beheimatete Geschlecht war 1253 durch Heirat in den Besitz der Grafschaft Tirol gekommen. Meinhard II. teilte jedoch 1271 das im Entstehen begriffene Land mit seinem Bruder Albert II., sodass es jetzt für die Herrschaft Lienz (mit den Gerichten Virgen, Defereggen und Kals), das Pustertal und die görzischen Gebiete in Friaul eine eigene Dynastie gab, die wie ihre Verwandten in Tirol ihre Rechte zur vollen Landeshoheit ausbauen konnte. Als ihren Hauptort nördlich des Plöckenpasses hatten die Görzer im frühen 12. Jahrhundert am Zusammenfluss von Isel und Drau eine Siedlung gegründet, die 1242 erstmals als Stadt erwähnt wird: Lienz. Mitte des 13. Jahrhunderts errichteten sie hier mit Schloss Bruck ihre Residenzburg.

Als Leonhard von Görz 1462 die Regierung antrat, konnte man noch nicht ahnen, dass er der Letzte seines Geschlechtes sein würde. Politischen Rückhalt gegen die Gefahren von drei Seiten (Republik Venedig, Türken,

Kaiser Friedrich III. aus dem Hause Habsburg) fand er – obwohl ebenfalls ein Habsburger – bei Sigmund von Tirol und kleineren italienischen Städten und Fürstentümern. Und einen Erben erhoffte er sich von der jungen Gattin Paola Gonzaga von Mantua. Diese Ehe hatte auch einen machtpolitischen Hintergrund, denn Graf Leonhard schloss sich damit einer antivenezianischen Liga in Oberitalien an. Die Hochzeit fand 1478 unter großem Pomp in der Bozner Pfarrkirche statt, unter den Gästen war auch Herzog Sigmund. Paola war bei der Hochzeit 15 Jahre alt, Graf Leonhard über 30 Jahre älter, ein Haudegen ohne viel Bildung und höfischen Schliff.

Der Wechsel von einem der kulturell führenden Fürstenhöfe Italiens ins mittelalterliche Schloss Bruck und an einen kulturell eher rückständigen Hof dürfte für die hochgebildete Tochter eines Italieners (Markgraf Ludovico II. von Mantua) und einer Deutschen (Barbara von Brandenburg-Hohenzollern) ein Schock gewesen sein. Mit Hilfe eines umfangreichen Brautschatzes, der in zwölf kostbar gearbeiteten Truhen nach Lienz transportiert wurde, sollte sie wenigstens einen Hauch von Renaissancekultur ins mittelalterliche Schloss Bruck bringen. Sie brachte auch einen eigenen Hofstaat mit, der sich mit 16 Personen bescheiden ausnimmt, vergleicht man ihn mit der Unmenge von Hofdamen, Personen von Rang und Dienstpersonal, die beispielsweise Bianca Maria Sforza in der Innsbrucker Hofburg umgaben. Dass es zwischen dem neuen italienischen Personal und der bisherigen einheimischen Dienerschaft zu Reibereien kommen würde, war vorauszusehen.

Größere Umbauten in der Residenzburg wurden beim Einzug der neuen Schlossherrin nicht vorgenommen. Doch geht der größte Schatz von Schloss Bruck, die Fresken in der zweigeschoßigen Kapelle zur Allerheiligsten

Schloss Bruck war bis zu seinem
Tod im Jahr 1500 die Lienzer Residenz
des Görzer Grafen Leonhard I.

Dreifaltigkeit, auf Paolas Zeit zurück. In den 1480er
Jahren erteilte Graf Leonhard dem Maler Simon Marenkl
aus Taisten im görzischen Gericht Welsberg den Auftrag zur Ausschmückung des Sakralraumes mit einem
anschaulichen, Gebet und Frömmigkeit fördernden
Freskenzyklus. Simon von Taisten – unter diesem Namen
ging er in die Kunstgeschichte ein – erfüllte den Wunsch
des Schlossherrn in seiner typischen erzählerischen Malweise mit kräftigen Farben, die dank der damals fort-
schrittlichen Technik, das Fresko direkt auf den feuchten
Putz zu malen, bis heute ihre Frische erhalten haben.
Meister Simon, der für den Görzer Grafen als Hofmaler
fungierte, stattete in den Jahrzehnten um 1500 eine große
Zahl von Kirchen im Pustertal, im heutigen Osttirol
(Hauptwerk die Wallfahrtskirche in Obermauern) und
in Oberkärnten aus. Der traditionellen, aus der Gotik

kommenden Malerei verhaftet, gehört er bei aller aner-
kannten Qualität nicht zu den ganz Großen der damaligen Tiroler Kunst, wohl aber zu denen, die das Volk am
unmittelbarsten ansprechen und einen bleibenden Eindruck hinterlassen. Zweimal hat Simon von Taisten in
der Kapelle das Stifterpaar dargestellt, einmal kniet es
bußfertig auf Holzscheiten am Rande des Bildes vom
Tod Mariens, einmal betet es unter dem Schutzmantel
der Himmelskönigin.

Der große Altersunterschied und das verschiedene
Niveau in Bildung und kulturellen Bedürfnissen haben
das Zusammenleben des gräflichen Paares nicht leicht
gemacht. Es gab Krisen und deutliche briefliche Ermah-
nungen der Mutter Paolas an Leonhard, mit seiner jungen Frau doch sanfter umzugehen und mehr Liebe und

Leonhard von Görz und Paola Gonzaga, bußfertig auf Holzscheitern kniend, auf dem Fresko
vom Tod Mariens in der Schlosskapelle

Simon von Taisten zeigt uns seine
Auftraggeber noch einmal unter dem
Schutzmantel der Madonna.

Fürsorge zu zeigen. Als Beweis für Leonhards Rüpelhaf-
tigkeit und absonderlichen Humor wird immer wieder
eine Episode erzählt, die uns Paolo Santonino, der Sekretär des Patriarchen von Aquileia, in seinem Bericht von
einer Visitationsreise ins Drautal überliefert. Nach einem
Firmgottesdienst verpasste der Graf seinen Dienstleuten,
die gerade das Sakrament mit dem üblichen symbolisch
angedeuteten Backenstreich empfangen hatten, vor der
Kirche zusätzliche Ohrfeigen »mit aller Gewalt«, weil
ihm die des Bischofs zu wenig wirksam erschienen sind.
»Die Fürstin schien sich ein wenig darüber zu ärgern«,
bemerkt Santonino abschließend. Noch interessanter sind

zwei Beschreibungen des Grafen Leonhard: *»Der Fürst trug ein schwarzes und kurzes Kleid, am Wehrgehenke zwei Schwerter, ein kurzes und ein langes, sein Haupt deckte nach Vätersitte ein seidenes Barett, das oben noch einen aus grüner Weide geflochtenen Kranz hatte.«* Und an anderer Stelle: *»Daselbst* [im Burghof] *suchte er sich von den Pferden ein hochgewachsenes aus und schwang sich, ohne eine andere Stütze als seine Hand zu benützen, auch ohne den Steigbügel, in den Sattel. Das kommt einem wahrhaft wunderbar oder unmöglich vor, zumal bei einem Manne von kleiner Statur und vorgerücktem Alter; der Fürst zählte, wie man sagte, etwa 50 Jahre. Er ritt feierlich mit seinem Gefolge ab.«*

Wie ihre Briefe belegen, sind sich Paola und Leonhard im Lauf der Jahre doch nähergekommen. Geradezu rührend bittet sie ihn in einem Brief aus Bad Moos bei Niederdorf, sie doch einmal zu besuchen, und versichert: *»wan ewr lieb pei mir war, wan ich wer vil frulich«* – frei in heutiges Deutsch übersetzt: *»Wenn ihr, mein Lieber, bei mir wäret, wäre ich sehr froh.«* Dass Paola, die übrigens fließend Deutsch konnte, mehrmals zu längeren Aufenthalten ins heimatliche Mantua reisen durfte, war für sie sicher eine Wohltat. Auch konnte sie jederzeit Bauernbäder zur Auskurierung ihrer häufigen Krankheiten besuchen, selbst im damals schon berühmten Abano absolvierte sie Schlammkuren. 1479 gebar Paola Gonzaga ein Mädchen, das jedoch zu früh zur Welt kam und nach der Taufe starb. Danach wurde sie nicht mehr schwanger. Auf Kur in Abano oder während eines anschließenden Venedigbesuchs starb die Gemahlin des letzten Görzers. Man kennt weder das genaue Datum ihres Todes noch ihre Grabstätte. Wahrscheinlich liegt sie im Dom von Görz begraben, wo auch ein Gedenkstein an ihren Gemahl Leonhard von Görz erinnert.

Lienz erlebte als Haupt- und Residenzstadt der Görzer im 15. Jahrhundert eine wirtschaftliche und kulturelle Blütezeit. Alle städtischen Berufsgruppen unter den etwa 1500 Einwohnern – Kaufleute, Handwerker, Künstler, Beamte und Dienstleute – hatten vielfältige Chancen in ihrem Bereich und gute Verdienstmöglichkeiten. Von der Lienzer Bauhütte, die im weiten Umkreis wunderschöne spätgotische Kirchen errichtete, bis hin zur Münzprägestätte gibt es in allen Bereichen des öffentlichen und gesellschaftlichen Lebens zahlreiche Beispiele für das Zusammenspiel von Politik, Wirtschaft und Kultur und für die Bedeutung der Stadt als Mittelpunkt einer von Oberkärnten bis ins westliche Pustertal reichenden Region.

Wahrscheinlich liegt Paola Gonzaga im Dom von Görz begraben. Am Gedenkstein, der in der Hauptkirche seiner zweiten Residenzstadt an Graf Leonhard erinnert, ist auch seine junge Gattin zu sehen.

Das Grabmal für Leonhard I. von Görz-Tirol in der Lienzer Pfarrkirche St. Andrä schuf Maximilians Hofbildhauer Christoph Geiger.

Im Jahr 1500 war alles vorbei. Graf Leonhard starb ohne Kinder, König Maximilian I. trat das versprochene Erbe an. Die Görzer Lande wurden aufgeteilt. Die görzischen Gebiete Friauls wurden an Krain angeschlossen, die Herrschaft Lienz und das Pustertal kamen zu Tirol, was dem Willen der dortigen Ständevertreter entsprach. Allerdings verpfändete schon im Jahr darauf der von Geldnot geplagte Monarch die Herrschaft Lienz an seinen Landhofmeister Michael von Wolkenstein-Rodenegg *(siehe Seite 58–60)* und die anderen Gerichte an den Brixner

Bischof, sodass die Vereinigung mit Tirol noch lange nicht voll zur Geltung kam. Für die Landbevölkerung wirkte sich diese Tatsache höchst ungünstig aus, da im Pustertal die viel schlechtere rechtlich-soziale Stellung der Bauern anders als im übrigen Tirol bestehen blieb.

Eine politische Einheit war das Pustertal und seine Nebentäler auch durch die Verbindung mit Tirol nicht geworden, denn es war von exterritorialen Gerichten geradezu durchsetzt. Bruneck etwa war nicht nur eine Gründung des Brixner Bischofs, sondern unterstand auch seiner weltlichen Herrschaft, ebenso einige Dörfer nördlich der Stadt. Das Tauferer Tal hatte ab Uttenheim immer schon zu Tirol gehört, jetzt war der gesamte Weg vom Haupttal her in Tiroler Hand. Bei der Burg Taufers beginnt das Ahrntal, das sich bis zum Alpenhauptkamm erstreckt und vor allem wegen des Bergbaus von einiger Bedeutung war. Das westlich benachbarte Antholzer Tal war wiederum eine Brixner Enklave. Weiter im Haupttal Richtung Osten ist Innichen eine Pusterer Besonderheit. Dass das hier schon 763 gegründete Stift samt seiner Hofmark unterstand dem Bischof von Freising; und jenseits der heutigen Staatsgrenze unterbrach das zum Hochstift Brixen gehörige Gericht Anras noch einmal das jetzt mit Tirol vereinigte ehemalige Land der Görzer.

König Maximilian dokumentierte die Erweiterung der Grafschaft Tirol gleich in einem seiner Inventarbücher. Während das vor 1500 entstandene »Jagdbuch« keine Reviere in der Herrschaft Lienz und im Pustertal enthält, wurde der neue Landesteil im späteren »Fischereibuch« schon berücksichtigt und zum Beispiel der Krebsfang in der Lienzer Klause sogar bildlich dargestellt. Die Verpfändung änderte nichts an den politischen Grenzen und Maximilians Landeshoheit. Da er sich aber – außer

Krebsfang in der Drau bei der Lienzer Klause.
Diese Miniatur im »Tiroler Fischereibuch« ist
ein Dokument der Vergrößerung Tirols im Jahr
1500. Im »Tiroler Jagdbuch« war das heutige
Osttirol noch nicht vertreten.

der gemeinen Landsteuer – nur Bergbau, Münzprägung und Gämsenjagd vorbehalten hatte, musste er genau genommen zu Krebsfang und Fischen von seinem Landhofmeister Wolkenstein eingeladen werden, wenn er bei einem seiner Aufenthalte in Lienz am Tristacher See dem Fischvergnügen nachgehen wollte. Davon schwärmt sogar der Text im Fischereibuch (in heutiges Deutsch übertragen): »*Dieser See unterm Rauchkofel hat Karpfen, Krebsen, Forellen und Anbeiß, und ein Landesfürst kann an diesem See sein besonderes Vergnügen haben, da der Rauchkofel ein gutes Gämsrevier ist, das unmittelbar an diesen See grenzt; denn wenn der Landesfürst an diesem See fischt, so kann er zu seiner Lust auch die Gämsjagd abhalten lassen, ihr zuhören und die Gämsen in den Wänden laufen sehen.*«

Die jetzt an Tirols neuen Grenzen im Südosten liegenden Befestigungsanlagen – zum Beispiel die wegen der Türkengefahr gerade erst ausgebaute Lienzer Klause – ließ Maximilian in sein Burgenbuch aufnehmen, was für den Baudirektor und Maler Jörg Kölderer weite Ritte und längere Aufenthalte notwendig machte (*siehe S. 185*). Im Venedigerkrieg (1508–1516) richtete der inzwischen zum Kaiser ausgerufene Maximilian in Lienz ein Hauptquartier für das Kampfgeschehen im Cadore und Friaul und eine Kriegskammer ein, die sich um Ausrüstung und den Sold der hier eingesetzten Kriegsknechte kümmern musste. Die Burg Heinfels wurde stärker befestigt und als Waffenlager benutzt. Für einige seiner hohen Beamten und Feldhauptleute (Blasius Hölzl, Michael von Wolkenstein, Erich von Braunschweig) war Lienz jetzt das Zentrum ihrer Tätigkeit. Selbst Kaiser Maximilian kam mehrmals, auch für mehrere Wochen, nach Bruneck, Toblach und Lienz, wenn er dem Kriegsgeschehen in diesem Bereich nahe sein wollte.

Kufstein und der Tod des Pienzenauers

Kein Ereignis aus der Regierungszeit Maximilians I. ist in Tirol so bekannt wie die Eroberung von Kufstein im Jahr 1504. Am ehesten noch die sagenhaft ausgeschmückte Errettung des fürstlichen Jägers aus der Martinswand. Aber die hatte mit der Landesgeschichte nichts zu tun. Dagegen brachten die Ereignisse von Kufstein das Unterinntal und Kitzbühel zu Tirol. Unbedingt muss man in diesem Zusammenhang auch eines Mannes gedenken, dem Maximilians Politik und überlegene Militärtechnik das Leben kostete.

»Muss ich denn sterben, so walte dessen der liebe Gott! Um aller Bayern willen muss ich mich heut tapfer halten. Hab Urlaub, liebe Welt!« Nach diesen Abschiedsworten, die durch ein Volkslied, aber auch durch einen glaubhaften Augenzeugenbericht überliefert sind, beugte der bayerische Pfleger und Kufsteiner Schlosshauptmann Hans von Pienzenau am 17. Oktober 1504 sein Haupt vor dem Scharfrichter Kaiser Maximilians. »Der Pienzenauer« lebt nicht nur in der Erinnerung des bayerischen Volkes als tragischer Held und tapferer Krieger fort. Auch in der heutigen Tiroler Grenzstadt Kufstein, die der Bayer gegen den Tiroler Landesfürsten und deutschen König Maximilian I. verteidigt hat, erinnert man sich seiner mit Hochachtung und Mitgefühl. Der Pienzenauer war nicht etwa das Opfer eines bayerisch-tirolischen Konfliktes, auch wenn als Folge dieses Krieges das Unterinntal mit Tirol vereinigt wurde. Er war das Opfer eines Erbschaftsstreites der Wittelsbacher, der in einen blutigen und brutal geführten Krieg und Bürgerkrieg ausgeartet war

und an dem sich Maximilian in der Hoffnung auf Kriegsbeute beteiligt hatte. So kam es, dass der Eroberung der bayerischen Festung Kufstein und der Hinrichtung ihrer Verteidiger auch Bayernherzog Albrecht der Weise zuschaute.

Der bayerische oder bayerisch-pfälzische Erbfolgekrieg brachte – wenn auch unter großen Opfern und Verlusten – das Ende der jahrhundertelangen Teilung des Herzogtums Bayern. Georg von Bayern-Landshut, der Reiche genannt, hatte keinen Sohn. Nach Reichsgesetz und entsprechend einem kurz vorher zwischen den wittelsbachischen Vettern geschlossenen Vertrag war Herzog Albrecht IV. der Weise sein Erbe und Nachfolger. Dennoch vermachte Herzog Georg in einem Testament alle seine Länder seiner geliebten Tochter Elisabeth und ihrem Gemahl, dem Pfalzgrafen Ruprecht. Nach Georgs Tod im Dezember 1503 war der Krieg unvermeidlich, da der Adel des Landshuter Teilherzogtums die kurpfälzischen Ansprüche unterstützte und für die Rüstung der Pfälzer der reiche Schatz des verstorbenen Herzogs zur Verfügung stand. Außerdem fand Pfalzgraf Ruprecht noch andere Verbündete, z. B. den König von Böhmen. Die oberbayerischen Herzöge hatten zwar auch Bundesgenossen, vor allem den Schwäbischen Bund, doch fehlten ihnen die Reichtümer der Landshuter Wittelsbacher.

In dieser Situation hing viel von der Haltung König Maximilians ab. Obwohl er von Anfang an – schon aus traditioneller Feindschaft zur Kurpfalz – eher der Seite seines Schwagers Albrecht zuneigte, verhandelte er mit allen Seiten und machte Kompromissvorschläge. Maximilian sah nämlich in der ganzen Auseinandersetzung vor allem die Chance, einen Teil des umstrittenen Erbgutes für Habsburg zu gewinnen. Er sprach von einem

königlichen »Interesse« an wittelsbachischen Gebiet-
steilen und von einer Entschädigung für die Vermitt-
lungsbemühungen oder gar eine Kriegshilfe. Worum es
Maximilian in erster Linie ging, waren die Gerichte
Rattenberg, Kufstein und Kitzbühel. Ihr Gewinn sollte
nicht nur Tirols Grenzen im Nordosten abrunden,
sondern dem Haus Habsburg die Bergschätze dieser
bayerischen Herrschaften nutzbar machen.

Das Inntal von Brixlegg bis Kufstein sowie das Leukental, das Brixental und die östliche Seite des Ziller-
tales hatten ursprünglich einen Grafschaftssprengel
gebildet, den bayerische Adelige und später der Bischof
von Regensburg verwalteten. Von 1133 an war dieses
Gebiet im Besitze der Bayernherzöge, zunächst nur als
Lehen von Regensburg, nach Abschüttelung dieser Oberhoheit als Teil des neuen bayerischen Territorialstaates.
Auch die Vereinbarung zwischen den Wittelsbachern
und den Regensburger Bischöfen, wonach die Festung
Kufstein am Eingang ins Gebirge gemeinsamer Besitz
bleiben sollte, verlor zu Beginn des 13. Jahrhunderts ihre
Gültigkeit. Das Gebiet um Kitzbühel und St. Johann war
inzwischen als »Leukental« eine eigene Grafschaft
geworden, die aber bayerisch blieb, während das Brixental 1312 an das Hochstift bzw. Land Salzburg kam.

Der westlichste Teil des bayerischen Inntales, das
Gericht Rattenberg, wurde von den Wittelsbachern in
der zweiten Hälfte des 13. Jahrhunderts, man weiß nicht
genau wann, an den Grafen von Tirol verpfändet. Kurz
nach dem Tod Meinhards II. von Tirol-Görz versuchte
im Jahre 1296 Herzog Rudolf von Oberbayern Rattenberg gegen Rückzahlung der Pfandsumme wieder in
Besitz zu nehmen, um eine Ausdehnung des Tiroler
Territoriums zu verhindern. Doch Meinhards Söhne
gingen darauf nicht ein, weshalb der Bayernherzog ins

Rattenberger Gebiet einfiel, Siedlungen verwüstete und Burgen eroberte. Dennoch blieb Rattenberg für weitere Jahrzehnte zwar nicht staatsrechtlich, doch in der Praxis mit Tirol verbunden. Die Grenzverhältnisse im Unterinntal wurden uninteressant, als es im Jahre 1342 den Wittelsbachern gelang, durch die Ehe Ludwigs des Brandenburgers mit der Erbfürstin Margarete Maultasch ganz Tirol mit Bayern zu vereinen. Die Gerichte Kufstein und Kitzbühel überschrieb der Brandenburger im Jahre 1356 seiner Frau als »Wittum«. So nannte man das damals übliche Geschenk zur wirtschaftlichen Sicherstellung der Frau nach dem Tode ihres Mannes. Als nun 1363 das Land Tirol an Österreich überging und Margarete Maultasch all ihren Besitz sozusagen gegen »Leibrente« an die Habsburger vermachte, galt dies natürlich auch für das Wittum Kufstein und Kitzbühel. Gleichzeitig erhielten die Habsburger auch Rattenberg gegen die Verpflichtung, die Schulden der Margarete Maultasch zu übernehmen. Kamen im Schärdinger Frieden von 1369 Kufstein und Kitzbühel wieder an Bayern zurück, so dauerte dies bei Rattenberg noch gute zehn Jahre länger. Wann die Auslösung dieses Gerichts erfolgte, weiß man nicht genau. Seit ca. 1380 war das ganze Unterland wieder unter bayerischer Herrschaft vereint.

Bei der Dreiteilung des Herzogtums im Jahre 1392 fielen die drei Gerichte nicht an Bayern-München, sondern an das Ingolstädter Teilherzogtum und nach dessen Vereinigung mit Niederbayern (Bayern-Landshut) im Jahre 1447 an die Herzöge dieser Linie. Sie waren es, denen der schier unerschöpfliche Gewinn aus den Silber- und Kupferbergwerken von Brixlegg-Rattenberg, von Kundl und Wörgl, von Kufstein und Kitzbühel zufloss. Ihre Schatztruhen füllten sich, das Geld kam aber auch unters Volk. Handel und Gewerbe blühten, was wieder die Steuereinnahmen in die Höhe schnellen ließ. Aus gutem Grund erhielt jeder der drei Landshuter Herzöge des 15. Jahrhunderts den Beinamen »der Reiche«. Die Herzöge von Bayern-München, von denen oft mehrere zugleich regierten und in verschiedenen Städten residierten, waren im Vergleich zu den Landshutern arm. Im Bayerischen Erbfolgekrieg erhielt denn auch Albrecht der Weise von seinen Gegnern den Spottnamen »Älbl mit der leeren Tasche« – eine interessante Parallele zum Tiroler Habsburger Friedrich IV., der während der Zeit seiner Reichsacht (1415–1418) als »Friedl mit der leeren Tasche« verlacht worden war und unter diesem Beinamen heute noch bekannt ist.

Als sich Herzog Albrecht durch den Tod seines Vetters Georg endlich die Aussicht bot, zusammen mit dem übrigen Landshuter Herzogtum auch die Schatzkammer Unterinntal und Kitzbühel zu gewinnen, da wollte ihm

Maximilians Schwager Albrecht IV. der Weise aus dem Hause Wittelsbach

der König ausgerechnet diese Ämter und Gerichte wegnehmen, um sie zu Tirol zu schlagen. Die anderen Forderungen, die Maximilian stellte, wären eher zu ertragen
gewesen, obwohl es auch viele Schlösser, Städte und
Herrschaften im Grenzgebiet Altbayerns waren. Kein
Wunder, dass Albrecht seinem königlichen Schwager
zunächst eine Absage erteilte. Doch er brauchte dessen
Hilfe. Und Maximilian wollte nicht ohne Aussicht auf
lohnenden Gewinn in den Kampf ziehen. Er hatte alle
Trümpfe in der Hand und konnte den Münchner Herzog
regelrecht erpressen. Schließlich gab Albrecht schweren
Herzens nach und verzichtete im April 1504 auf Kuf-
stein und Rattenberg. In der Herrschaft Kitzbühel ver-
langte Maximilian zunächst nur Wald- und Jagdrechte.
Kaum war der Vertrag geschlossen, begann Maximilian
mit der Aufstellung eines Heeres, das Albrecht bei der
Durchsetzung seiner Rechte helfen sollte. Schon im
März 1504 hatte er die Tiroler Ständevertreter zu einem
Landtag nach Brixen einberufen und sich tausend Fuß-
knechte auf drei Monate bewilligen lassen.

Es wurde ein furchtbarer Krieg, der ein volles Jahr
lang große Teile Süd- und Mitteldeutschlands verheerte.
Die Bevölkerung hatte von allen Heerhaufen nichts
Gutes zu erwarten, ganz gleich, auf welcher Seite sie
standen. Bezeichnend ist, dass selbst unter Adel, Geistlichkeit und führenden Bürgern nur wenige wirklich
wussten, wie die Rechtslage war und wem man den Sieg
wünschen sollte. Die Stimmung war vielfach gleichgültig
oder schwankte je nach dem wechselnden Kriegsglück.
Obwohl Pfalzgraf Ruprecht am 20. August 1504 starb,
ging das Morden und Brandschatzen weiter, da seine
Getreuen aus der Pfalz und aus Niederbayern sich unter
der Fahne von Herzog Georgs Tochter Elisabeth sam-
melten und den Krieg fortsetzten.

König Maximilian hatte zuerst in Schwaben gekämpft und sich von dort im Juni nach Tirol gewandt, um sich von vornherein seine Kriegsbeute zu sichern. Es gelang ihm ohne Schwierigkeiten, Rattenberg und Kufstein in seine Hand zu bekommen. Mit den beiden von Herzog Georg eingesetzten Pflegern Christoph von Laiming und Hans von Pienzenau schloss er Übergabeverträge ab, beließ sie aber auf ihren Posten. Dann zog er wieder weiter auf den schwäbischen Kriegsschauplatz und ins Elsass. Nach Kitzbühel entsandte er einige Tiroler Abteilungen, die das Städtchen besetzten. Im pfälzischen Lager war man nicht bereit, Maximilians leichten Erfolg so einfach hinzunehmen. Von Wasserburg aus wurde eine große Truppenschar über Sachrang und die Untere Schranne nach Kufstein geschickt. Die Pfälzer überrumpelten die Wachen, besetzten die Stadt und begannen mit der Belagerung der Festung. Zur Übergabe aufgefordert, kapitulierte Hans von Pienzenau. Den Grund dafür weiß man bis heute nicht. Hatte er wirklich zu wenig Geschütze, Mannschaften und Vorräte für eine erfolgreiche Verteidigung, wie er behauptete? Oder stimmt das Gerücht, dass der pfälzische Kommandant ihn mit 30.000 Gulden bestochen habe? Wohl kaum. Hans von Pienzenau entstammte einem uralten oberbayerischen Adelsgeschlecht. Die Familie war weitverzweigt und hatte es in allen bayerischen Teilherzogtümern zu Ehren und Ansehen gebracht.

Auch Hans von Pienzenau war als Mann von tadellosem Charakter bekannt. Selbstverständlich war er streng wittelsbachisch gesinnt. Und darin wird man wohl auch die Motive seines Handelns suchen müssen. Wahrscheinlich reute ihn jetzt, dass er die ihm anvertraute Festung voreilig an Maximilian preisgegeben hatte, während seine Landshuter Adelsgenossen in der überwiegenden Mehrzahl für Pfalzgraf Ruprecht und seine niederbayerische Gattin im Felde standen. Vor allem aber konnte er als bayerischer Patriot nicht damit einverstanden sein, dass Herzog Albrecht die Unterinntaler Gerichte an Maximilian »verkauft« hatte. Wenn es stimmen sollte, was viele meinen, dass Hans von Pienzenau dies erst jetzt erfahren hat, so gab sicher diese Enttäuschung den Ausschlag für sein entschiedenes Einschwenken auf die Seite der pfälzischen Partei. Aber auch sonst scheint es verständlich in Anbetracht der allgemeinen Verwirrung und der Pflichtenkollision, in die bayerische Beamte in jenen Jahren geraten konnten. Christoph von Laiming in Rattenberg hielt sich wohlweislich aus solchen Schwierigkeiten heraus, indem er sich beim Anrücken der Pfälzer auf das Schloss zurückzog und sich neutral verhielt, während die Stadt von maximilianischen Truppen verteidigt wurde.

Der Fall von Kufstein brachte die Regierung in Innsbruck, die den neuen Landesteil schon fest in ihrer Hand glaubte, in große Aufregung. Zu einem sofortigen Gegenschlag fehlte es an Geld und Truppen. Beides hatte Maximilian an den Rhein mitgenommen. Erst die Nachricht von seiner Rückkehr gab den Rüstungen neuen Auftrieb. Bei Rattenberg sammelte sich bewaffnetes Fußvolk aus ganz Tirol, auch die Bergleute von Schwaz rückten aus. Harnische und anderes Kriegsmaterial wurden zusammengetragen, im Innsbrucker Zeughaus wurden die Belagerungsgeschütze überholt und Kanonenkugeln aus Eisen und Stein in großen Mengen hergestellt. Doch Maximilians Ankunft verzögerte sich. Zuerst musste er gegen die Böhmen ziehen und bei Regensburg eine Schlacht bestehen, dann legte er im Isartal bei München noch einen Jagdaufenthalt ein. In Tirol angekommen, musterte er seine Truppen und stellte zugleich neue

Geldforderungen an seine Tiroler Untertanen. Am 30. September traf er mit 8000 Mann zu Fuß und 1000 Reitern vor Kufstein ein. Währenddessen lagerte Herzog Albrecht mit seinem bayerischen Kriegsvolk bei Rosenheim, um den Belagerern von Kufstein den Rücken zu decken. Die Pfälzer hielten ja Wasserburg, Burghausen und Braunau besetzt.

Einige Tage brauchte Maximilian, um sein Heer und seine Geschütze in Stellung zu bringen. Bevor er am 6. Oktober mit der Beschießung von Stadt und Festung begann, forderte der König die Verteidiger zur Übergabe auf. Und tatsächlich verhinderte nur das energische Einschreiten des Pienzenauers, dass der Stadtrat die Tore öffnete. Die folgende Kanonade richtete bei den Stadtbefestigungen mehr Schaden an als oben auf der Burg. Dagegen stiftete die Festungsbesatzung beim Beschuss des königlichen Lagers viel Unheil. Da ließ Maximilian alle seine Kanonen und Feldschlangen auf die Stadtbefestigung richten. In Kürze war sie sturmreif geschossen. Darauf ergab sich die Stadt gegen Schonung von Leib, Leben und Gut. Die bayerisch-böhmische Besatzung zog sich auf die Festung zurück und verspottete die Belagerer, indem sie nach neuerlichen Treffern mit Besen den Mörtel von den nur leicht beschädigten Mauern kehrte.

Der Pienzenauer vertraute auf seine Burg, die – obwohl noch nicht so stark ausgebaut, wie sie sich heute präsentiert – als uneinnehmbar galt. Offenbar glaubte er auch Gerüchten, wonach 5000 Pfälzer im Anmarsch wären. Und er hoffte, dass Maximilian aus Mangel an Geld und Proviant nicht durchhalten werde können. Um Zeit zu gewinnen, verhandelte er über einen Waffenstillstand. Maximilian benützte die Atempause, um aus dem Innsbrucker Zeughaus seine schwersten Geschütze kommen

Maximilian I., der »letzte Ritter«, zündet als
»erster Artillerist« eine der großen Kanonen
seiner »beruembt artalerey« (Relief von der
Beschießung der Festung Kufstein am Kenotaph
in der Innsbrucker Hofkirche, Ausschnitt).

zu lassen, den »*Weckauf von* Österreich« und den »*Purle-paus*«. Sie wurden – wie schon früher die anderen Stücke aus Maximilians »*berühmter Artalery*«, auf die der letzte Ritter und erste Landsknecht so stolz war – auf Flößen innabwärts transportiert. Das letzte Wegstück über Land musste jede dieser Kanonen mit 32 Pferden gezogen werden. Maximilian, den man als ersten Artilleristen der Kriegsgeschichte bezeichnen kann, richtete persönlich die gewaltigen Feuerschlünde gegen die Festung. Im Verlaufe von drei Tagen war sie in Trümmer geschossen. Laut schrie die Besatzung um Erbarmen; der Pienzenauer schickte Unterhändler. Maximilian aber ließ dem Kommandanten ausrichten: Er habe das schöne Schloss zerschießen lassen, so möge er jetzt auch die Trümmer haben.

Beim Sturm auf die Festung am 17. Oktober gab es kaum noch Widerstand. Ein Großteil der zusammen-geschmolzenen Besatzung hatte vorher einen vergeb-lichen Fluchtversuch unternommen. Insgesamt wurden 42 Gefangene gemacht. Einige von ihnen waren Böhmen, viele natürlich Bayern, wie z. B. der Stadtrichter Jörg Eginger, aber auch Rheinländer befanden sich unter den Verteidigern der Kufsteiner Burg. In seinem Zorn über die hartnäckige Gegenwehr, die namhaften Verluste in den eigenen Reihen und die mehrmaligen, stets vergeb-lichen Unterhandlungen verurteilte der König alle Ge-fangenen zum Tod, »*zum Exempel für andere Verbrecher*«, wie er an seine Gemahlin schrieb. Man ließ die Verur-teilten beichten, verteidigen durften sie sich nicht. Zuerst musste der 36 Jahre alte Hans von Pienzenau sein Haupt zum Schwerthieb des Henkers beugen, 17 weitere Männer folgten. Als sich ein hünenhafter Böhme so sehr wehrte, dass die Hinrichtung zur Schlächterei ausar-tete, baten die anwesenden Fürsten den König, nun doch

Die Verteidiger der Festung Kufstein als Opfer
der unbeugsamen Härte des Kaisers. Außer im
»Weißkunig« ist die Szene auch in der hand-
schriftlich überlieferten »Historia Friderici et
Maximiliani« des Joseph Grünpeck dargestellt.
(Miniatur eines unbekannten Künstlers)

Gnade walten zu lassen. Daraufhin kamen die restlichen Kriegsleute mit dem Leben davon.

Das brutale Strafgericht erregte in ganz Bayern heftigen Unmut. Die Landshuter Hauptleute forderten in einem Protestschreiben den König auf, den Krieg doch nach dem Herkommen der deutschen Nation zu führen. Maximilian ließ ihnen antworten, die pfälzische Kriegsführung sei viel ärger, sie sei sogar wider Natur und Gesetz der Türken und Heiden. Was den Pienzenauer und seine Leute betreffe, so hätten sich diese des Verrates schuldig gemacht. Das Urteil der Zeitgenossen und der Geschichtsschreibung lässt diese Rechtfertigung Maximilians nicht so ohne Weiteres gelten. Vor allem die Hinrichtung der Untergebenen des Pienzenauers hat den Charakter eines barbarischen Racheaktes.

Die aufsehenerregende Eroberung von Kufstein hat den Krieg nicht beendet, Maximilian jedoch war nicht mehr mit vollem Eifer bei der Sache, hatte er doch alles erreicht, woran er ein »Interesse« hatte. Er ließ Herzog Albrecht noch die Burg Itter erobern und Kitzbühel sichern, dann begab er sich mit seinem bayerischen Schwager für zwei Wochen auf die Gämsenjagd in den neu gewonnenen Unterinntaler Jagdrevieren. Dass pfälzische Abteilungen inzwischen neuerlich Teile Oberbayerns plünderten, störte ihn nicht allzu sehr. Die pfälzische Partei hatte kaum mehr Aussicht, den Krieg und das niederbayerische Erbe zu gewinnen, zumal auch Herzog Georgs Tochter Elisabeth inzwischen gestorben war. Die Kämpfe an der Donau und am Rhein gingen jedoch noch mehrere Monate weiter. Und einmal hielt es auch Maximilian noch für notwendig, seine Kriegsmacht für Albrecht in die Waagschale zu werfen. Ein Heer aus 700 Reitern und 3000 Fußknechten – darunter viele Tiroler – rückte über Reichenhall und Traunstein tief nach Bayern vor. Dörfer, Märkte und Städte wurden eingenommen und geplündert; es kam auch zu Zusammenstößen mit schlecht bewaffneten Bauernscharen, die ihr Eigentum verteidigen wollten.

Im April 1505 war das grausame Morden endlich zu Ende. Bayern war wieder vereinigt, allerdings um einige Randgebiete verkleinert, und sollte es durch ein neues Hausgesetz, das Albrecht IV. im Jahre 1506 erließ, für alle Zukunft bleiben. Maximilian vergrößerte gegenüber Albrecht seine ursprünglichen Forderungen, da die Kriegskosten höher gewesen seien als angenommen. So fiel 1506 auch die ganze Herrschaft Kitzbühel mit ihren 20 Bergwerken an Österreich und nicht nur die Wälder dieses Gebietes, wie es im ersten Vertrag vorgesehen gewesen war. Obwohl es keine diesbezügliche Verordnung gab, stand die Vereinigung der gewonnenen Gerichte mit Tirol von Anfang an fest. Der Tiroler Landtag beriet schon 1506 die Heranziehung der Gerichte Kufstein, Kitzbühel und Rattenberg zu den tirolischen Militärlasten. Und in die Neuordnung der Landesverteidigung im Jahre 1511 wurden sie bereits einbezogen. Allerdings heißt es in Gesetzen und Urkunden dieser Zeit immer noch »Grafschaft Tirol mitsamt den drei Gerichten etc.«.

Eine eigene ständische Vertretung für dieses Gebiet, wie sie sich in dem ebenfalls damals zu Tirol gekommenen Pustertal einige Zeit behaupten hatte können, gab es im Unterland nicht. Der Adel und die Prälaten, die Städte und die Landgemeinden des neuen Landesteils entsandten vielmehr gleichberechtigte Vertreter in den Tiroler Landtag. Worin sich die Gerichte Rattenberg, Kufstein und Kitzbühel freilich noch lange vom übrigen Tirol unterscheiden sollten, waren die Rechtsverhältnisse. Trotz der Vereinigung mit Tirol blieb hier nämlich das alte bayerische Landrecht von 1346 in Geltung. Dies kam vor allem dem Adel zugute, dem das Tiroler Recht weniger Vorteile zugestand. In der praktischen Rechtspflege gab es ebenfalls Unterschiede: Während man in Tirol um 1500 davon abgekommen war, Gerichtsverhandlungen auf offenen Dingstätten vor allem Volk durchzuführen, hielt man im Unterland auch nach 1504 an dieser alten bayerischen Gewohnheit fest. Auch im Brauchtum und in der Mentalität des Volkes hat sich in den ehemals bayerischen Gerichten viel mehr Verwandtschaft zum nördlichen Nachbarn erhalten als in anderen Landesteilen Tirols.

Wie lange es gebraucht hat, bis in den neu erworbenen Gebieten ein Tiroler Landesbewusstsein entstanden ist, kann man nicht feststellen. Wie es scheint, waren aber die Unterländer recht bald schon gute Tiroler. In Bayern hat man den Verlust so schöner und reicher Gebiete lange Zeit nicht verschmerzen können und den Habsburgern auch die Art und Weise nicht verziehen, in der Maximilian seinem Schwager und Verbündeten die Gerichte abgepresst hatte. Wahrscheinlich war es für viele eine Genugtuung, dass Maximilian noch im Jahr der Erwerbung zumindest die Herrschaft Kitzbühel mit ihren reichen Einnahmen an den Erzbischof von Salzburg verpfänden musste.

Nicht nur das Unterland, auch die Festung Kufstein hat sich seit 1504 verändert. Der König ließ die imposante Anlage, die seinen Kanonen nicht standhalten hatte können, stärker und mächtiger wieder aufbauen. Der Name Kaiserturm für den alles überragenden Rundturm kündet davon noch heute.

Ampezzo und die Brüder
Herbst in Toblach

Zur dritten Verschiebung der Grenzen Tirols kam es in den letzten Lebensjahren des Kaisers. Der Gebietsgewinn durch den Frieden von Brüssel (1516) betraf das Talbecken von Ampezzo (heute ist der Hauptort Cortina d'Ampezzo besser bekannt), das Etschtal südlich von Trient mit Rovereto und Ala sowie Riva am Gardasee. Es war ein kleines Trostpflaster am Ende des langen und schrecklichen Krieges, der dem Kaiser nur Verluste gebracht und seine Länder ausgeblutet hatte. In Besitz genommen hatte der Kaiser diese Gebiete schon zwischen 1509 und 1511, die offizielle Eingliederung in die Grafschaft Tirol besiegelte dann der besagte Friedensvertrag zur Beendigung des Venezianerkrieges.

Begonnen hat dieses große Ringen im Februar 1508 (*siehe auch S. 219–224*) mit wechselnden Erfolgen und Misserfolgen beider Seiten im Etschtal. Gleichzeitig wollte Maximilian, der soeben den Kaisertitel angenommen hatte, vom Pustertal aus über das seit 1420 zum Festlandbesitz Venedigs gehörige Gebiet von Ampezzo und durch das südlich angrenzende Cadore einen Angriff vortragen, um den befürchteten venezianischen Vorstoß im Friaul zu unterbinden. Den Auftrag dazu erhielt Feldhauptmann Sixt Trautson. Während der Kaiser persönlich mit einem Teil der zusammengetrommelten Truppen die Festung Peutelstein belagerte, die vor Cortina den Weg nach Süden versperrte, umging Trautson über den Tre-Croci-Pass und den Misurinasee das Hindernis. Es standen ihm neben einigen Söldnern ca. 1500 Kriegsknechte aus dem Kontingent zur Verfügung, das der

Tiroler Landtag seinem Landesfürsten und Kaiser für diesen Einsatz bewilligt hatte.

Es waren also hauptsächlich Tiroler, die am 24. Februar Pieve di Cadore erreichten, die Burg eroberten und sich hier im Tal des Piave festsetzten. Maximilian jubelte, das Tor zur Ebene war in Tiroler Hand. Niemand hatte mit einem sofortigen Gegenangriff der Venezianer gerechnet. Doch einheimische Kämpfer schafften es, zusammen mit venezianischen Einheiten über Gebirgspfade die Stellungen der Kaiserlichen zu umgehen und sie am 2. März von drei Seiten anzugreifen. Sixt Trautson wollte verhindern, dass die Falle sich gänzlich schloss und verließ die Festung, um den Rückweg nach Toblach freizukämpfen. Aber es gab kein Entkommen. Von Steinlawinen überschüttet und in einer engen Klause am Eingang ins Tal des Boite zusammengedrängt, wurden die meisten Kaiserlichen erschlagen. Nur wenige erreichten das Pustertal. Bis zum Waffenstillstand von Santa Maria delle Grazie, der im Juni abgeschlossen wurde *(siehe S. 223)*, befürchtete man in Tirol, dass nun ihrerseits die Venezianer im Pustertal einbrechen könnten.

Als noch vor Ablauf des Waffenstillstandes der Krieg im Mai 1509 wieder aufflammte und sich durch das Bündnis von Cambrai die Machtverhältnisse geändert hatten, fielen kaiserliche Truppen von Süden her ins Cadore ein, verwüsteten die Täler des Piave und des Boite bis weit ins Ampezzanische hinein, zogen jedoch wieder ab, weil ihr Ziel das östliche Friaul und Görz war. Peutelstein blieb nach wie vor in venezianischer Hand. Neuerlich gab es zumindest an diesem Abschnitt eine Kampfpause. Erst im Herbst 1511 verlagerte sich der Schwerpunkt des Geschehens wieder an die östliche Front, wo Herzog Erich von Braunschweig das militärische Kommando führte und eine Kriegskammer in Lienz für Rüstung, Sold

Die vernichtende Niederlage der Tiroler
Kriegsknechte bei Pieve di Cadore (1508),
dargestellt im Weißkunig

und Verpflegung zuständig war *(siehe auch S. 59–84)*.
Die Burg Heinfels bei Sillian diente als Pulver- und Waffenlager und zeitweiliges Hauptquartier, ihre Wehranlagen ließ Maximilian durch einen zweiten Mauerring
verstärken.

Als Maximilian im Herbst 1511 ins Pustertal kam,
um persönlich einen Angriff auf das Cadore zu führen,
das er der Serenissima endgültig abnehmen und mit Tirol
verbinden wollte, quartierte er sich in Toblach ein, wofür
sich die Herbstenburg der Brüdern Kaspar und Christoph Herbst am besten eignete. Kaspar Herbst war ein

hochgebildeter Mann, von dem man annimmt, dass er schon länger zum Mitarbeiterstab des Königs gehörte und sogar am Weißkunig mitarbeitete. Er war auch Geschäftsmann und wurde 1510 Miteigentümer der Quecksilberminen von Idra in Krain. Ausschließlich Soldat war sein Bruder Christoph. Maximilian sammelte seine Truppen – wieder hauptsächlich Tiroler – im Raum Toblach und unterstellte sie dem Kommando des Landeshauptmanns Leonhard von Völs. Erstes Ziel des Anfang Oktober begonnenen Angriffs war die Festung Peutelstein, die diesmal von den mitgeführten großen Kanonen sturmreif geschossen werden konnte und am 18. Oktober kapitulierte.

Am 21. Oktober 1511 war der Kaiser persönlich vor Ort und vereinbarte mit den Vertretern der Ampezzaner Bauern deren Unterwerfung unter das Haus Österreich. Dafür beurkundete er ihnen, dass sie ihre lokalen Gesetze und Gebräuche, ihre Weiderechte, Mautstellen und eine gewisse Selbstverwaltung behalten durften. Seit diesem Tag war Ampezzo mit dem Land Tirol vereinigt, auch wenn der Friede mit Venedig und die offizielle Abtretung des Gebiets noch fünf Jahre auf sich warten lassen sollte. Christoph Herbst, der Haudegen unter den Brüdern, wurde 1515 zum Kommandanten der Festung Peutelstein ernannt, die von da an immer in österreichischem Besitz bleiben sollte. Der Festungskommandant fungierte auch als Verwalter und Richter des gesamten Ampezzo (deutsch: Hayden). Als solcher machte sich Christoph Herbst bei der Bevölkerung wegen seiner Härte und Verständnislosigkeit ihren Anliegen gegenüber verhasst. Als er 1525 abgelöst wurde, forderte die Innsbrucker Regierung den Nachfolger ausdrücklich auf, die Ampezzaner mit weniger Härte und mit mehr Respekt vor ihren Bräuchen und Rechten zu behandeln. Auch in seiner späteren

Funktion als Richter von Welsberg (mit Sitz in Toblach) zeichnete sich Christoph Herbst durch äußerste Strenge aus, was in den zwanziger und dreißiger Jahren vor allem die Anhänger der Bewegung der Hutterer zu spüren bekamen.

Kaspar Herbst starb 1523, Christoph Herbst 1538. Beide wurden in einer Kapelle der alten Toblacher Pfarrkirche beigesetzt, die im 18. Jahrhundert dem barocken Neubau zum Opfer fiel. Nur Fragmente des Grabmals blieben erhalten. Der Familienname des Brüderpaars ist bis heute in der Herbstenburg erhalten geblieben. Sie haben diesen beeindruckenden Ansitz anstelle eines alten görzischen Wehrturms in den Jahren vor 1510 errichtet.

Die schönste Erinnerung an diese beiden Männer an des Kaisers Seite ist der älteste Kreuzweg Tirols, der von Kaiser Maximilian I. angeregt wurde und an die Leiden erinnern soll, die der Venezianerkrieg so vielen Menschen auferlegt hat. Die Brüder Herbst haben dem Wunsch des Kaisers entsprochen und den Kreuzweg 1519

Die Brüder Kaspar und Christoph Herbst kniend auf dem Relief der Rundkapelle in Lerschach

Ein wenig bekanntes zeitgenössisches
Porträt des Kaisers auf dem Fresko
in der Rundkapelle

errichtet. Er führt noch heute von der Toblacher Pfarrkirche zur Rundkapelle nach Lerschach (heute unübersehbar neben der Staatsstraße am sogenannten Viktoria-
hügel) mit einer Nachbildung des Heiligen Grabes von
Jerusalem in der Mitte. Links und rechts vom Altar zeigen zwei zeitgenössische Fresken Kaiser Maximilian I.
und Herzog Erich von Braunschweig. Der Toblacher
Kreuzweg hat, wie bis in die Barockzeit hinein üblich,
nicht vierzehn, sondern nur fünf kapellenartig gestaltete Stationen, von denen jede mehrere der traditionellen
Etappen des Leidensweges zusammenfasst. Die jeweiligen Szenen sind auf Reliefs des spätgotischen Bildhauers Michael Parth dargestellt. Der Künstler stammte
aus München und war in der ersten Hälfte des 16. Jahrhunderts in Bruneck tätig. Das erste Relief zeigt, am
unteren Rand kniend, die Brüder Herbst, die Maximilians
Idee im Jahr seines Todes verwirklicht haben.

Anhang

Zeittafel zum Leben Kaiser Maximilians I.

1459
- Maximilian wird am 22. März in Wiener Neustadt geboren.

1477
- Maximilian heiratet am 19. August in Gent Maria von Burgund. Es beginnt eine rund 15-jährige Auseinandersetzung mit Frankreich um das burgundische Erbe.

1478
- Philipp der Schöne wird am 22. Juni in Brügge geboren.

1479
- Maximilian besiegt in der Schlacht von Guinegate (7. August) die Franzosen.

1480
- Margarethe wird am 10. Jänner in Brüssel geboren.

1482
- Maria von Burgund stirbt am 27. März an den Folgen eines Jagdunfalls.
- Im Frieden von Arras (23. Dezember) muss Maximilian Teile des burgundischen Erbes an Frankreich abtreten und seine Tochter Margarethe mit dem französischen Thronfolger Karl verloben.

1485
- Der ungarische König Matthias Corvinus zieht am 1. Juni in Wien ein und macht es zu seiner Residenz.
- Maximilian beendet im Sommer einen Aufstand der Städte Brügge und Gent und bestraft die Rebellen streng (Genter Blutgericht).

1486
- Maximilian wird am 16. Februar in Frankfurt zum römischen König gewählt und am 9. April in Aachen gekrönt.

1487
- Erzherzog Sigmund wird von den Tiroler Ständen entmachtet.

1488
- Maximilian wird von den Bürgern von Brügge gefangen genommen und vom 1. Februar bis 16. Mai festgehalten. Ein Reichsheer unter Friedrich III. erzwingt seine Freilassung.

1490
- Erzherzog Sigmund übergibt am 16. März die Grafschaft Tirol und die habsburgischen Vorlande an Maximilian.
- Nach dem Tod des ungarischen Königs Matthias Corvinus erobert Maximilian Wien. Im folgenden Feldzug gegen Ungarn gelingt ihm die Einnahme von Stuhlweißenburg.
- Ein Stellvertreter Maximilians vollzieht in Rennes per procuram die Ehe mit Anna de Bretagne (19. Dezember).

1491
- Im Frieden von Preßburg (7. November) muss Maximilian zwar Wladislaw Jagiello als König von Ungarn anerkennen, ihm wird jedoch im Falle von dessen Kinderlosigkeit die habsburgische

Erbfolge in Ungarn und Böhmen zugesprochen.

- Anna de Bretagne ergibt sich Karl VIII. Er heiratet sie (»Bretonischer Brautraub«) und verstößt Maximilians Tochter Margarethe, was zum Ausbruch des bretonischen Krieges führt.

1493

- Maximilian besiegt die Franzosen in der Schlacht von Salins (17. Jänner) und erobert die Freigrafschaft Burgund zurück.
Mit dem Frieden von Senlis (23. Mai) werden die Auseinandersetzungen mit Frankreich um Burgund beendet.
- Kaiser Friedrich stirbt am 19. August in Linz.
- Maximilian heiratet am 20. November in Mailand per procuram Bianca Maria Sforza.

1494

- Feierliche Vermählung Maximilians mit der Mailänder Herzogstochter in Innsbruck (16. März)
- Im August fällt der französische König Karl VIII. in Italien ein.
- Maximilian entlässt Philipp aus der Vormundschaft; dieser übernimmt die Regierungsgewalt in den burgundischen Landen.

1495

- Am 31. März schließen sich Maximilian, der Papst, Venedig, Spanien und Mailand zur Heiligen Liga zusammen, um die Franzosen aus Italien zu vertreiben.
Karl VIII. entgeht in der Schlacht von Fornovo di Taro (6. Juli) der geplanten Vernichtung und zieht sich nach Frankreich zurück.
- In Mecheln wird am 5. November der Vertrag über die österreichisch-spanische Doppelhochzeit (Philipp und Johanna, Johann und Margarethe) abgeschlossen.

1496

- Erzherzog Sigmund stirbt am 4. März in Innsbruck.
- In Mals und Glurns beratschlagt Maximilian am 20. und 21. Juli mit den Gesandten der Heiligen Liga den sogenannten »Großen Plan« zur Vernichtung Frankreichs.
- Philipp der Schöne heiratet am 20. Oktober in Lier Johanna von Kastilien.

1497

- Philipps Schwester Margarethe heiratet am 3. April in Burgos den spanischen Infanten Johann, der nur wenige Monate später, am 4. Oktober, stirbt.
- Am 24. Juli empfängt Maximilian in Stams eine türkische Gesandtschaft und vereinbart einen längeren Waffenstillstand.

1499

- Im Schweizerkrieg unterliegt Maximilian in mehreren Schlachten; an der Calven bei

Glurns im Vinschgau wird das Tiroler Aufgebot am 22. Mai von den Eidgenossen und Bündnern vernichtend geschlagen.

- Ludwig XII. verbündet sich mit Venedig und den Schweizern; Mailand wird erobert (17. September) und Ludovico Sforza vertrieben.

1500

- Ludovico Sforza erobert am 5. Februar Mailand zurück.
- Philipps Sohn Karl (der späterer Kaiser Karl V.) wird am 24. Februar in Gent geboren.
- Die Franzosen erobern am 10. April Mailand und nehmen Ludovico Sforza durch Verrat gefangen.
- Durch den erbenlosen Tod Graf Leonhards von Görz (12. April) fällt dessen Besitz im Pustertal, Oberkärnten, Görz und Friaul an Maximilian. Die Herrschaft Lienz und das Pustertal werden mit Tirol verbunden.

1503

- Geburt von Philipps Sohn Ferdinand (der spätere Kaiser Ferdinand I.) am 10. März
- Tod Herzog Georgs des Reichen von Bayern-Landshut (1. Dezember). Maximilian stellt sich im Erbstreit auf die Seite der Münchener Linie der Wittelsbacher.

1504

- Maximilian fällt im bayerisch-pfälzischen Erbstreit einen Schiedsspruch (23. April)

zugunsten seines Schwagers Albrecht IV. von Bayern-München und bekommt für seine Vermittlung die drei Unterinntaler Gerichte Rattenberg, Kufstein und Kitzbühel und einige weitere Herrschaften zugesprochen.

- In der Schlacht am Wenzenberg bei Regensburg besiegt Maximilian das Aufgebot der Pfälzer (12. September).
- Maximilian und sein Sohn Philipp schließen zu Blois einen Friedens- und Freundschaftsvertrag mit dem französischen König (22. September).
- Maximilian nimmt die Festung Kufstein ein (17. Oktober).

1505

- Kriegszug gegen Geldern; am 8. Juli wird Arnheim erobert.
- Mit dem Kölner Schiedsspruch (30. Juli) wird der Landshuter Erbfolgekrieg beendet.

1506

- Nach dem Tod seiner Schwiegermutter, der Königin Isabella von Kastilien am 26. November 1504, begibt sich Philipp der Schöne mit seiner Gemahlin Johanna nach Spanien und tritt die Regierung in Kastilien an.
- Tod König Philipps in Burgos (25. September).
- Sein Schwiegervater Ferdinand von Aragon übernimmt die Regentschaft über

Philipps sechsjährigen Sohn und Nachfolger Karl I. (später als Kaiser Karl V.).

1508

- Am 4. Februar verkündet Maximilian in Trient, dass er den Titel eines »Erwählten Römischen Kaisers« annimmt.
- Es beginnt ein achtjähriger Kampf um Italien (Venezianerkrieg).
- Die Kaiserlichen erleiden am 2. März bei Pieve di Cadore eine schwere Niederlage, worauf die Venezianer Görz, Triest und Istrien erobern.
- Waffenstillstand von Santa Maria delle Grazie zwischen Maximilian und Venedig (6. Juni).
- Maximilian, der Papst, Frankreich und Spanien verbünden sich in der Heiligen Liga von Cambrai gegen Venedig (10. Dezember).

1509

- Bei Agnadello werden die Venezianer von den Franzosen vernichtend geschlagen (14. Mai).

1510

- Papst Julius II. verlässt die Heilige Liga und schließt mit Venedig einen Sonderfrieden. Auch Spanien wechselt im Oktober auf die Seite Venedigs.
- Bianca Maria Sforza stirbt am 31. Dezember in Innsbruck.

1511

- Maximilian erlässt das Tiroler Landlibell (23. Juni).

1512

- Die französischen Truppen in Italien werden von Venedig, Spanien und den Eidgenossen angegriffen und müssen sich zurückziehen. Die Sforza werden wieder in Mailand eingesetzt.
- Maximilian verlässt die Allianz mit Frankreich und verbündet sich mit dem Papst; Venedig wiederum schließt sich Frankreich an.

1513

- Tod von Papst Julius II. (21. Februar)
- In Mecheln schließen sich Papst, Kaiser, Spanien und England zu einer neuerlichen Heiligen Liga gegen Frankreich zusammen (5. April).
- Am 6. Juni besiegen die Schweizer die Franzosen bei Novara.
- Maximilian und Heinrich VIII. von England schlagen in der »Sporenschlacht« von Guinegate ein französisches Reiterheer (16./17. August).
- Die Eidgenossen brechen bei Dijon den Vormarsch gegen Frankreich ab und schließen einen Waffenstillstand (13. September).
- Am 7. Oktober besiegen deutsche Landsknechte und spanische Truppen die Venezianer bei Vicenza.

1514

- Der französische König kann Maximilian und Ferdinand

mit einem Heiratsangebot ködern, worauf sich England mit Frankreich verbündet. Während Ludwig XII. seine Einkreisung erfolgreich durchbricht, gerät Maximilian zunehmend in eine isolierte Lage.

1515

- König Karl I. wird volljährig und übernimmt die Herrschaft in den Niederlanden, wie die nördlichen Grafschaften des ehemaligen Burgund jetzt allgemein genannt werden.
- Er schließt einen Freundschaftsvertrag mit König Franz I. und scheidet damit aus dem Bündnis gegen Frankreich aus.
- Habsburgisch-ungarische Doppelhochzeit in Wien (22. Juli).
- Frankreich fällt neuerlich in Italien ein, besiegt am 13./14. September bei Marignano die Eidgenossen und erobert Mailand.
- Venedig belagert vergeblich das von Kaiserlichen gehaltene Verona (Oktober bis November).

1516

- Mit dem Tod Ferdinands von Aragon (23. Jänner) übernimmt Karl I. die Regierung der bisher nur in Personalunion zusammengeschlossenen Königreiche Aragon und Kastilien und tritt als König Karl I. von Spanien das Erbe an.

- Am 3. Dezember schließen Karl I. und Maximilian in Brüssel mit Frankreich Frieden. Der Kaiser muss auf Verona verzichten, darf jedoch einige kleinere Gebiete im Süden Tirols behalten.

1518

- Österreichischer Ausschusslandtag in Innsbruck (Jänner bis Mai).
- Auf dem Reichstag zu Augsburg wird die Königswahl Karls V. vereinbart (27. August).
- Maximilian reist von Augsburg über Innsbruck nach Wels (September bis Dezember).

1519

- Am 12. Jänner stirbt Kaiser Maximilian I.
- in Wels und wird am 3. Februar in Wiener Neustadt beigesetzt.

Die Zeittafel wurde von Christoph Haidacher für das Buch: Forcher / Haidacher, »Kaiser Maximilian I. Tirol-Österreich-Europa« zusammengestellt (siehe Literaturhinweise S. 360).

Personenregister

Ortsregister

*Es sind nur Städte, Dörfer,
Ortsteile, Ansitze und Burgen
aufgenommen, weiters Täler
und kleinere geographische
Einheiten, aber keine Länder.*

*Innsbruck ist nicht
aufgenommen.*

Literaturhinweise

Für die Erarbeitung dieses Buches habe ich mich auf eine große Zahl ausgezeichneter und detailreicher Bücher und Aufsätze stützen können. Ich nenne im Folgenden die für mich wichtigste allgemeine Literatur zu Maximilian und seine Beziehung zu Tirol, anschließend jene Arbeiten, die für die einzelnen Kapitel am meisten fundierte und quellenmäßig belegte Informationen enthalten. Vorausschicken möchte ich, dass es fast kein Thema gab, seien es Personen oder Orte oder Sachfragen, für das ich nicht im fünfbändigen Werk Hermann Wiesfleckers interessante Fakten und eine gut begründete Meinung gefunden hätte. Auch der schöne und inhaltsreiche Band über Maximilian und Tirol von Erich Egg von 1969 in der bewährten Gestaltung durch Wolfgang Pfaundler, den ich als Haymon-Verleger 1992 neu auflegen durfte, enthält eine Fülle an einschlägigem Material und war im gewissen Sinn ein Leitfaden für meine Arbeit. Ich nenne diese beiden Werke deshalb am Beginn:

Hermann Wiesflecker: Kaiser Maximilian I. Das Reich, Österreich und Europa an der Wende zur Neuzeit, 5 Bände, Wien 1971–1986

Erich Egg / Wolfgang Pfaundler: Maximilian I. und Tirol, Innsbruck 1969 (Neuauflage im Haymon Verlag 1992)

Weitere allgemeine Literatur zum Thema:

Erich Egg (Hrsg.): Ausstellung Maximilian I. Innsbruck, 1. Juni – 5. Okt. 1969, Ausstellungskatalog Innsbruck 1969

Michael Forcher / Christoph Haidacher: Kaiser Maximilian I. Tirol-Österreich-Europa 1459–1519. Mit Beiträgen von Christian Lackner, Mark Mersiowsky und Ellen Widder, Innsbruck 2018

Christoph Haidacher / Dorothea Diemer: Maximilian I. Der Kenotaph in der Hofkirche zu Innsbruck, Innsbruck 2004

Manfred Hollegger: Maximilian I. (1459–1519). Herrscher und Mensch an der Zeitenwende, Stuttgart 2005

Eva Michel / Maria Luise Sternath (Hrsg.): Kaiser Maximilian I. und die Kunst der Dürerzeit, Ausstellungskatalog Albertina 2013

Rudolf Palme: Tirol unter Maximilian I. (1490–1519), in: Geschichte des Landes Tirol, 4 Bde., Bozen 1986

Sabine Weiss: Maximilian I. – Habsburgs faszinierender Kaiser, Innsbruck 2018

Hermann Wiesflecker: Österreich im Zeitalter Maximilians I., Die Vereinigung der Länder zum frühmodernen Staat. Der Aufstieg zur Weltmacht, Oldenbourg 1999

Hermann Wiesflecker: Die Bedeutung des Landes Tirol für Kaiser Maximilian I., in: Tiroler Heimat 46–47/1983

Für die einzelnen Kapitel herangezogene Bücher und Aufsätze:

Veit von Wolkenstein (S. 28–31)

Hans von Voltelini: Wolkenstein, Veit Freiherr von, in: Allgemeine Deutsche Biographie 44 (1898), S. 140–141 [Online-Version]; URL: *https://www.deutsche-biographie.de/ pnd138464308.html#adbcontent*

Eduard von Lichnowsky: Geschichte des Hauses Habsburg, Bd. 8, Wien 1844 (Google-Digitalisat). Beilage 4: Wiedergabe des Briefs vom Dr. Johannes Fuchsmagen vom 1. Juni 1488 an Erzherzog Sigmund über die Befreiung König Maximilians aus der Gefangenschaft durch die Bürger von Brügge.

Florian Waldauf (S. 32–53)

Ernst Verdroß-Droßberg: Florian Waldauf von Waldenstein (= Schlern-Schriften 184), Innsbruck 1958

Heinz Moser: Florian Waldauf von Waldenstein und seine Stiftung, in: Waldaufstiftung. Hall in Tirol. Urkunden aus den Jahren 1490–1856 (= Tiroler Geschichtsquellen Nr. 44), S. 6–47, Innsbruck 2000

Michael von Wolkenstein (S. 56–60)

Erich Egg: Michael von Wolkenstein und das Goldene Dachl in Innsbruck, in: Veröffentlichungen des Tiroler Landesmuseums Ferdinandeum 78/1998, Innsbruck 1998, S. 151–158

Gustav Pfeifer, Kurt Andermann (Hrsg.): Die Wolkensteiner. Facetten des Tiroler Adels in Spätmittelalter und Neuzeit (= Veröffentlichungen des Südtiroler Landesarchivs, Band 30), Innsbruck 2009

Paul von Lichtenstein (S. 61–69)

Inge Friedhuber: Lichtenstein, Paul von, in: Neue Deutsche Biographie 14 (1985), S. 464 f. [Online-Version]; URL: *https://www.deutsche-biographie.de/pnd13227406X.html#ndbcontent*

Werner Köfler: Land-Landschaft-Landtag. Geschichte der Tiroler Landtage von den Anfängen bis 1808 (= Veröffentlichungen des Tiroler Landesarchivs 3), Innsbruck 1985, vor allem S. 270–273

Eingesehene Quellen:

> **TLA, MaxAkt IV,** fol. 92 »Mein Paul von Lichtenstein Antwort« (22. 3. 1498)
>
> **TLA, MaxAkt XIII/256/VIII,** fol. 47 ff. (Rechtfertigungsschreiben vom Juli 1512)
>
> **TLA, MaxAkt I/44,** fol. 22 (Doge an Lichtenstein, 20. 3. 1509)

Zyprian von Serntein (S. 70–75)

Jan Hirschbiegel: Nahbeziehungen bei Hof – Manifestationen des Vertrauens. Karrieren in reichsfürstlichen Diensten am Ende des Mittelalters, Köln-Weimar-Wien, 2015, 176–181, S. 130 ff.

Blasius Hölzl (S. 78–89)

Andreas Erhard / Eva Ramminger: Die Meerfahrt. Balthasar Springers Reise zur Pfefferküste. Innsbruck 1998

Johanna Felmayer: Blasius Hölzl. Eine markante Persönlichkeit am Hofe Kaiser Maximilians. In: Tiroler Heimatblätter 37 (1962), S. 93–104

Tanja A. Kraler: Sillianer Persönlichkeiten. Das Wirken verdienter Menschen (Abschnitt Blasius Hölzl – der »Finanzer« Kaiser Maximilians I.), in: Sillian. Geschichte und Gegenwart, Innsbruck 2015, S. 409–416

Dr. Johannes Fuchsmagen (S. 90–97)

Sebastian Ruf: Doctor Johannes Fuchsmagen, in: Zeitschrift des Ferdinandeums für Tirol und Vorarlberg, 1877. 3. Folge. Heft 21, S. 97–302

Hans Ankwicz von Kleehoven: Fuchsmagen, Johannes, in: Neue Deutsche Biographie 5 (1961), S. 684 [Online-Version]; URL: *https://www.deutsche-biographie.de/pnd136011357.html#ndbcontent*

Christof Metzger: Bildteppich des Dr. Johannes Fuchsmagen, in: Katalog der Ausstellung »Kaiser Maximilian I. und die Kunst der Dürerzeit«, Albertina, Wien 2013, S. 204 f.

Marx Treitzsaurwein (S. 98–103)

Rochus Freiherr von Liliencron: Treitz-Sauerwein, Marx, in:
Allgemeine Deutsche Biographie 38 (1894), S. 559–562
[Online-Version]; URL: *https://www.deutsche-biographie.de/
pnd11915708X.html#adbcontent*

David Schönherr: Ueber Marx Treytz-Saurwein, in: Archiv
f. Oesterr. Geschichte Bd. 48 (1872), S. 355–374.

Eva Michel: Maximilian I. diktiert Marx Treitzsaurwein, in:
Katalog »Kaiser Maximilian und die Kunst der Dürerzeit«,
Abertina, Wien 2013, S. 220 f.

Bürgerliches und höfisches Innsbruck (S. 196–144)

Michael Forcher: Die Geschichte der Stadt Innsbruck,
Innsbruck 2011, S. 75–115 (dort weitere einschlägige
Literatur)

Sigmund der Münzreiche (S. 145–159)

Wilhelm Baum: Sigmund der Münzreiche. Zur Geschichte
Tirols und der habsburgischen Länder im Spätmittelalter,
Bozen 1987

Michael Forcher: Friedl mit der leeren Tasche, Sigmund der
Münzreiche und Tirol im 15. Jahrhundert, in: Tirol – immer
einen Urlaub wert, Heft 16, Innsbruck 1980, S. 39–66

Bianca Maria Sforza (S. 160–175)

Heidemarie Hochrinner: Bianca Maria Sforza. Versuch einer
Biographie. Phil. Diss. Graz 1966

Christina Lutter: Geschlecht, Beziehung, Politik. Welche
Möglichkeiten und Grenzen »erfolgreichen« Handelns
hatte Bianca Maria Sforza?, in: Maximilian I. (1459–1519).
Wahrnehmung – Übersetzung – Gender (= Innsbrucker
Historische Studien Bd. 27), Innsbruck 2011

Sabine Weiss: Die vergessene Kaiserin. Bianca Maria Sforza –
Maximilians zweite Gemahlin, Innsbruck 2010

Künstlerkreis um Maximilian (S. 177–205)

Erich Egg: Die Hofkirche in Innsbruck. Das Grabdenkmal
Kaiser Maximilians I. und die Silberne Kapelle,
Innsbruck 1974

Andrea Scheichl: Wer war(en) Jörg Kölderer? Innsbrucker
Hofmaler und Tiroler Baumeister, in: Kaiser Maximilian I.
und die Kunst der Dürerzeit, Katalog Albertina,
Wien 2013, S. 81–89

Dorothea Diemer: Kaiser Maximilians Kenotaph in der Innsbrucker Hofkirche – seine Vorgeschichte, seine Entstehung und seine Künstler, in: Christoph Haidacher / Dorothea Diemer: Maximilian I. Der Kenotaph in der Hofkirche zu Innsbruck, Innsbruck 2004, S. 32–64

Cornelia Plieger: Plastik der Renaissance, in: Paul Naredi-Rainer / Lucas Madersbacher: Kunst in Tirol, Bd. 1, Von den Anfängen bis zur Renaissance, Innsbruck 2007, S. 595–604

Veronika Sandbichler: Die Ahnen Kaiser Maximilians I., in: Kaiser Maximilian I. und die Kunst der Dürerzeit, Katalog Albertina, Wien 2013, S. 170 f.

Thomas Schauerte: Die Ehrenpforte, in: Kaiser Maximilian I. und die Kunst der Dürerzeit, Katalog Albertina, Wien 2013, Katalogteil S. 373 ff.

Vinzenz Oberhammer: Die Bronzestandbilder des Maximiliangrabmales in der Hofkirche zu Innsbruck, Innsbruck 1939

Friedrich Kobler: Sesselschreiber, Gilg, in: Neue Deutsche Biographie 24 (2010), S. 273–274 [Online-Version]; URL: *https://www.deutsche-biographie.de/pnd118764799. html#ndbcontent*

Erich Egg: Godl, Stefan, in: Neue Deutsche Biographie 6 (1964), S. 498 f. [Online-Version]; URL: *https://www.deutsche-biographie.de/pnd136545033.html#ndbcontent*

Brixen und Melchior von Meckau (S. 208–214)

Franz Huter: Historische Städtebilder aus Alt-Tirol, Innsbruck 1967, S. 33–53

Hermann Kellenbenz: Melchior von Meckau, in: Neue Deutsche Biographie 17 (1994), S. 7 f. [Online-Version]; URL: *https://www.deutsche-biographie.de/pnd129044342.html#ndbcontent*

Trient und seine Bischöfe (S. 215–225)

Friedrich Hausmann: Georg von Neudegg. Humanist und Staatsmann zur Zeit Maximilians I., in: Mitteilungen des Instituts für Österreichische Geschichtsforschung 71 (1963), S. 333–353.

Jan Hirschbiegel: Nahbeziehungen bei Hof – Manifestationen des Vertrauens. Karrieren in reichsfürstlichen Diensten am Ende des Mittelalters, Köln-Weimar-Wien 2015

Franz Huter: Historische Städtebilder aus Alt-Tirol, Innsbruck 1967, S. 148–158

Oskar Lechleitner: Der Kampf um die Rechtskraft der deutschen Konkordate im Bistum Trient, in: Zeitschrift des Ferdinandeums III/57, 1913, S. 3–132

Josef Riedmann / Anja Grebe / G. Ulrich Großmann: Schloss Buonconsiglio in Trient, Regensburg 2007

Stams und die türkische Delegation (S. 228–223)

Meinrad Pizzinini: Stams als Stätte europäischer Diplomatie, in: Tiroler Heimatblätter 3/1997, S. 70–76

Michael Forcher: Unersättliche Gäste und schamlose Jäger, in: Michael Forcher: Stift Stams. Ein Tiroler Juwel mit wechselvoller Geschichte, Innsbruck 2016, S. 56

Glurns (S. 224–245)

Franz Huter: Historische Städtebilder aus Alt-Tirol, Innsbruck 1967, S. 8–13

Christoph Haidacher: Verkehr am Oberen Weg im Mittelalter, in: Rainer Loose (Hrsg.): Von der Via Claudia Augusta zum Oberen Weg (= Schlern-Schriften 334), Innsbruck 2006

Die Martinswand und die Jagd (S. 248–260)

Gert Ammann: Kaiser Maximilians I. Rettung aus der Martinswand, in: Katalog zur Ausstellung »Heldenromantik. Tiroler Geschichtsbilder im 19. Jahrhundert von Koch bis Defregger« im Tiroler Landeskundliches Museum im Zeughaus Kaiser Maximilians I. in Innsbruck, 23. April bis 7. Juli 1996, S. 30–82

Th. G. von Karajan: Kaiser Maximilians I. geheimes Jagdbuch und von den Zeichen des Hirsches. Eine Abhandlung des vierzehnten Jahrhunderts, Wien, 2. Auflage 1881

Jagdschlösser und Runkelstein (S. 261–271)

Jan-Dirk Müller: Kaiser Maximilian I. und Runkelstein, in: Schloss Runkelstein. Die Bilderburg, Bozen 2000, S. 459–468

Tratzberg und die Tiroler Bergherren (S. 274–283)

Erich Egg: Die Stöckl in Schwaz – Eine Tiroler Gewerkenfamilie im Frühkapitalismus, in: Bergbauüberlieferungen und Bergbauprobleme in Österreich und seinem Umkreis, Festschrift für Franz Kirnbauer zum 75. Geburtstag, Herausgegeben von Gerhard Heilfurth und Leopold Schmidt, Wien 1975, S. 51–64 (digitale Version: *www.SAGEN.at*)

Paul Naredi-Rainer / Lukas Madersbacher: Kunst in Tirol, 2 Bände, Innsbruck 2007, Bd 1, S. 188, 211

Olaf Sailer: Silberner Segen, in: Echo-Spezial 07/2002, [Online-Version]; URL: *http://www.echoonline.at/submenu -content/geschichte/silbernes-zeitalter/familienbande/*

Wolfgang Tschan: Tänzl, Veit Jakob / bis 1502, in: Neue Deutsche Biographie 25 (2013), S. 756–757 [Online-Version]; URL: *https://www.deutsche-biographie.de/ pnd1080334564.html#ndbcontent*

Schwaz und der Bergbau (S. 284–298)

Alexandra Keller: Silberdampf & Tod & Teufel, in: Das silberne Zeitalter, Echo-Spezial 07/2002, [Online-Version]; URL: *http://www.echoonline.at/submenu-content/geschichte/ silbernes-zeitalter/paracelsus/*

Hall in Tirol (S. 299–311)

Heinz Moser: Die Münzstätte Hall in Tirol 1477–1809, in: Stadtbuch Hall in Tirol, Innsbruck 1981, S. 93–114

Moser / Rizzolli / Tursky: Tiroler Münzbuch. Die Geschichte des Geldes aus den Prägestätten des alttirolischen Raumes. Innsbruck 1984

Rudolf Palme: Geschichte des Salzbergbaus und der Saline Hall, in: Stadtbuch Hall in Tirol, Innsbruck 1981, S. 67–93

Die Görzer, Lienz und das Pustertal (S. 314–325)

Wilhelm Baum: Sigmund der Münzreiche. Zur Geschichte Tirols und der habsburgischen Länder im Spätmittelalter, Bozen 1987, S. 519 f.

Meinrad Pizzinini: Lienz – Das große Stadtbuch, Lienz 1982

Meinrad Pizzinini: Das letzte Jahrhundert der Grafschaft Görz, in: circa 1500. Katalog der Landesausstellung 2000 in Lienz, Brixen und Castel Beseno, S. 3–12

Meinrad Pizzinini / Silvia Ebner: Schloss Bruck. Von der Residenzburg zum Museum, Lienz 2011

Kufstein und das Nordtiroler Unterlandes (S. 326–340)

Michael Forcher: Bayern-Tirol. Die Geschichte einer freud-leidvollen Nachbarschaft. Wien-Freiburg-Basel 1981

Rudolf Sinwel: Hans von Pienzenau, der Schlosshauptmann von Kufstein im Jahr 1504, Kufstein 1905

Ampezzo und die Brüder Herbst (S. 341–346)

Guido Bocher: Das Erbe Kaiser Maximilians I. in Toblach.
Der Leidensweg zum Lerschach. Tirols ältester Kreuzweg,
Bozen 2009

Erich Egg: Ältester Kreuzweg Tirols in Toblach. Toblach 1988

Josef Richebuono: Schloss Beutelstein in Ampezzo, in:
Der Schlern 3/1975, S. 109–136

Pius Wassermann: Grenzveränderungen in Alt-Tirol durch
den Krieg Maximilian I. gegen die Republik Venedig, in:
Der Schlern 12/1982, S. 618–622

Bildnachweis

Albertina, Wien 104/106

Belvedere, Wien 156

Foto Christian Forcher 21, 114, 115, 141, 174, 175, 180, 188, 193,
196, 197, 201, 202, 229

Foto M. Forcher 12, 19, 28, 31, 33, 123, 150, 179, 213, 222, 224,
263, 265, 268, 269, 270, 282, 283 (2×), 292, 296, 297, 309, 310,
311, 317, 321, 346

Foto M. Pizzinini 60, 89, 345

Foto Vinzenz Oberhammer 163 *(aus dem Buch »Die Bronzestandbilder des Maximiliangrabes in der Hofkirche zu Innsbruck«, 1939),*
191 *(aus dem Buch »Das goldene Dachl zu Innsbruck«, 1970)*

Foto Gaudenz Blaas 238

KHM-Museumsverband, Wien 185 *(KK 5333)*

Kunstsammlung der Zisterzienserabtei Stift Heiligenkreuz 96

Kuratorium des Hofkirche-Erhaltungsfonds/Haymon Verlag
(Foto B. Monz/Hubert Hatzl) 42, 76, 155 , 204, 226, 335

Museum Schloss Bruck, Lienz 318 (Foto M. Forcher),
319 (Foto Christof Gaggl)

Museum/Galerie Rabalderhaus, Schwaz 143

Museum-Archiv der Stadt Villach 166

Österreichische Nationalbibliothek, Wien, Sammlung von
Handschriften und alten Drucken 101 *(Cod. 2835 fol. 2v,
http://digital.onb.ac.at/rep/access/open/10035C6E),*
182 *(Tiroler Fischereibuch, Cod. 7962, fol. 3v),* **232** *(Tiroler Fischereibuch, Cod. 7962, fol. 12v),* **324** *(Cod. 7962, fol. 47v)*

Österreichisches Staatsarchiv, Wien 74, 337